繟然善謀

——高校学生思想政治教育理论与实践

CHANRAN SHANMOU

GAOXIAO XUESHENG SIXIANG ZHENGZHI JIAOYU LILUN YU SHIJIAN

主　编　任志国

副主编　金锦华　厉星星　王歆玫　李建伟

浙江工商大学出版社·杭州

图书在版编目(CIP)数据

缂然善谋：高校学生思想政治教育理论与实践 / 任志国主编. —杭州：浙江工商大学出版社，2018.11

ISBN 978-7-5178-3046-7

Ⅰ.①缂… Ⅱ.①任… Ⅲ.①高等学校—思想政治教育—研究—中国 Ⅳ.①G641

中国版本图书馆 CIP 数据核字(2018)第 268122 号

缂然善谋——高校学生思想政治教育理论与实践

CHANRANSHANMOU

GAOXIAO XUESHENG SIXIANG ZHENGZHI JIAOYU LILUN YU SHIJIAN

任志国 主编

责任编辑 谭娟娟

封面设计 林朦朦

责任印制 包建辉

出版发行 浙江工商大学出版社

(杭州市教工路 198 号 邮政编码 310012)

(E-mail:zjgsupress@163.com)

(网址:http://www.zjgsupress.com)

电话:0571-88904980,88831806(传真)

排　　版 杭州朝曦图文设计有限公司

印　　刷 虎彩印艺股份有限公司

开　　本 710mm×1000mm 1/16

印　　张 19.25

字　　数 315 千

版 印 次 2018 年 11 月第 1 版 2018 年 11 月第 1 次印刷

书　　号 ISBN 978-7-5178-3046-7

定　　价 58.00 元

序

2016年12月，习近平总书记在全国高校思想政治工作会议上强调，要坚持把立德树人作为中心环节，把思想政治工作贯穿教育教学全过程，实现全程育人、全方位育人，努力开创我国高等教育事业发展新局面。2018年9月，习近平总书记在全国教育大会上强调，要坚持中国特色社会主义教育发展道路，培养德智体美劳全面发展的社会主义建设者和接班人。

近年来，浙江工商大学以习近平新时代中国特色社会主义思想为指导，不断推进全国、全省高校思想政治工作会议精神落地见效，坚持立德树人，努力提高辅导员思想政治理论水平和职业素质能力，提升学生思想政治工作质量，促进学生“专业成才，精神成人”。辅导员一直注重理论研究与经验总结，注重探讨学生工作中的难点、热点和焦点问题，梳理大学生思想政治教育与管理工作中的经验和好的做法，以研究推动工作，以高质量的思想政治教育培养高质量的青年人才。

一直以来，我校辅导员队伍有个最大优势，就是形成了自己独特的工作理念和组织文化——“TREES学工文化”。学校以“TREES学工文化”为发展理念和指导原则，积极开展辅导员队伍建设，在职业化、专业化上取得了较好的成绩。这些成绩的取得，本质上就是率先坚持理念创新、率先更新理念与思路的必然结果。正是在“TREES学工文化”的指引下，学校致力于不断优化辅导员队伍的结构，致力于打造一支学习型、研究型、专家型的高素质辅导员团队。他们先后在课题研究、素质能力竞赛、学生工作实践中取得了优异的成绩。在职业能力上，我校辅导员获得了7个浙江省辅导员素质能力比赛一等奖，显示了他们过硬的职业能力水平。在辅导员队伍专业化建设上，我校探索出了一条辅导员专业化发展的科学道路。目前，我校辅导员已申报了一批教育部、省哲社等课题，发表了一系列具有较高水平的学术论文。正是我校辅导员队伍职业化、专业化建设的一系列得力措施，才使得辅导员队伍取得可喜成绩，这支队伍的“TREES学工文化”也被评为浙江省内大学生思想政治教育唯一的省级教职工优秀文化品牌。

为了传承优良传统，顺应新形势、新要求，近年来，我校辅导员紧紧围绕新时代大学生思想政治教育现代化内涵与路径、“三全育人”、网络育人、重点学生群体的教育管理、学生满意度提升、“TREES学工文化”与辅导员专业化和职业化等教育与管理主题，紧密结合学生工作实际，深度思考，勇于探索，加强经验总结，着力于提炼学生工作模式，为学生工作的可持续、科学和高质量发展提供内在动力。

为此，我们编辑了近两年来辅导员的部分优秀学术论文，这些论文都是当前大学生的教育、管理和服务中的热点问题，主题都集中在思想政治教育、中国特色社会主义文化、党团建设、学生事务管理、心理健康教育、职业生涯规划、创新创业教育等领域，这些都是辅导员在学生工作中的可贵理论与实践探索，具有较强的现实性、时代性和参考性。

育人的关键是教师队伍，辅导员队伍建设是高校思想政治教育工作质量提升的关键因素之一。为推进辅导员队伍走上更高水平，继续传承学生工作队伍善于思考、善于总结、勇于实践的优良传统，力争更加显著地提升辅导员队伍的育人成效，交出满意的思想政治教育答卷，让我们一起努力做到：主动学习、加强研究；牢固树立思想政治教育工作是第一职责的意识；在具体学生工作实践中不断提升思想政治教育工作的能力水平；养成高尚的教师道德，热爱学生工作，不慕浮华，脚踏实地，光明磊落，言行一致。

新时代的学生工作有其独特的内在规律，需要我们真正做到“繟然而善谋”，沉稳做事，默默奉献，坦然而善于筹划，体现学生工作的科学性。

育人之路无止境，辅导员队伍发展之路也永无止境，让我们不断学习、研究和实践，努力成为“有理想信念、有道德情操、有扎实知识、有仁爱之心”的“四有”好老师、好辅导员！

任志国

2018年11月8日

目录

思想政治教育篇

中国特色社会主义理论篇

党团建设篇

学生事务管理篇

思想政治教育篇

双刃剑:浅析移动网络发展对高校思想政治教育的影响

方大军

(浙江工商大学　工商管理学院　浙江杭州　310018)

摘　要:随着信息时代的深入发展,我们都成了虚拟网络中一个小小的信息节点。人类文明的传播方式从语言到文字,从文字到书信、电话、电脑,再到手机——一个成为我们日常必不可缺的小小机器,我们的交流方式和生活方式发生了天翻地覆的变化。在移动网络逐渐深入我们生活的背景下,高校的思想政治教育工作也遭遇了前所未有的新境况:机遇和挑战并存。如何认识移动网络对高校大学生思想政治教育的影响,趋利避害,发挥移动网络在大学生思想政治教育中的正面作用,成为思想政治教育工作的重要课题。

关键词:移动网络　大学生　思想政治教育

2011年5月《互联网周刊》发表报道《社交进化史:移动社交大战在即》:"在移动互联网时代,我们的眼睛已经不再属于自己,它不在电脑屏幕上,就在手机屏幕上,我们正被裹挟在一个滚滚的时代潮流里向前奔跑,并在奔跑中不断抛弃旧有的社交方式。"①可见,在移动互联网的"入侵"下,我们的生活已经发生了惊人的变化:我们可以通过小小的手机知道千里之外的朋友此刻正在做什么;我们可以通过手机查询附近的酒店、餐厅、商场;我们可以用手机付款买单、打的叫车、视频通话、阅读小说……我们的生活在不知不觉中被一个叫作"手机"的小小机器彻底地改变了。而大学生作为最容易接受新事物、最需要受到信息轰炸的青年一代,成了手机用户中最中坚的力量。大学生手机和移动网络的使用也让高校思想政治教育工作面临着新机遇和新挑战,如何发挥移动网络在大学生思想政治教育中的积极作用,并趋利避害,就成了思想政治教育工作者必然要面临的问题和使命。

---

① 吴倩.社交进化史:移动社交大战在即[J].互联网周刊,2011(5):31-34.

一、从语言到手机:移动网络的发展

(一)人类社交方式的历史发展

人类的社交起源于语言。语言的出现使得每个独立的个体有了丰富的社会联系,它通过无穷无尽的组合方式表达着无穷无尽的含义,使得人类的每一项活动都有了社会意义。而文字作为人类文明出现的标志,更是极大地拉近了人类之间的空间和时间距离。文字通过不同的方式被记载下来,然后在不同空间和时间内进行传播和展现,从而使人类远距离和长时间内的社会交往成为可能。语言和文字的出现使得烽火台、书信等文字符号的传递成了可能。我们耳熟能详的“飞鸽传书”便是相隔甚远、暂时无法见面的人们之间相互交流情感和传达信息的工具。书信虽然成了语言和文字的载体,进一步扩大了人们之间的社会交往空间,然而它所需的漫长的等待和极低的交往效率还是成为人们社会交往进一步深化扩大的阻碍。这种阻碍一直到 19 世纪才被传真和电话的出现所冲破。1875 年 6 月 2 日,贝尔和他的助手华生在试验多工电报机的时候,因为一个偶然的事故而发明了电话机。从此,电话的发明彻底改变了人们的生活:只需拨几个号码就可以与远隔他方的对方表情达意、互通有无。至此,人们的社会交往变得前所未有的便捷与快速。

然而,对于人们社会交往史的重大变革来说,这还只是刚刚开始。1946 年,第一台正式的电脑 ENIAC(埃尼阿克)在美国诞生,尽管它十分耗电但却作为标志性物件开启了人类社交的新纪元。此后微电脑发展突飞猛进,1982 年之后,随着微电脑开始进入校园和家庭,多种应用脱颖而出成为杀手级产品,并且彻底改变了人与人之间沟通联系的方式。从即时通信工具到被大家昵称为“伊妹儿”的电子邮件,从网络游戏到虚拟社区,目不暇接的同时我们已经开始从 Web2.0 向移动互联网过渡。但是互联网和电脑的出现仍然没有“将我们的屁股从凳子上移开”,人们的社会交往还离不开固定的时空限制。而手机的出现更加彻底地打破了一切的时空局限,实现了实时对讲、视频交流、位置服务等强大功能,使移动社交网络成为现实。

(二)移动网络的出现及其现代特征

确实,当我们还在为互联网的普及、强大和快速瞠目结舌的时候,“手机”也正以它的小巧、便捷、实时定位等更强大的优势席卷着整个社交网络。1973

年，摩托罗拉推广的第一款民用手机成了移动网络里程碑式的起点。这里的移动网络是指基于浏览器的 Web 服务，使用移动设备，如手机、掌上电脑或其他便携式工具并将其连接到公共网络，既不需要台式电脑，也不需要一个固定连接。

移动网络作为一个现代社会的新型词汇具有三大特征：一是便捷性。通过手机、iPad 等能随意携带的“移动网络”，能够使用户随时随地实现查找信息、语音视频通话、日常办公等功能，这比起电话、电脑等更加便捷。二是互动性。用户作为在移动网络中不受他人限制的个体，可以根据自己的偏好选择需要的信息，使个体之间真正做到自由、平等、民主地沟通交流，并将自己的意见反馈给对方，这拉近了人与人之间的距离，有利于调动人们表达自我的积极性。三是私密性。像手机等移动网络终端一般是针对具体的个人用户的，里面记录着与个人相关的通讯录、软件、图片和视频、聊天记录等私密信息，有一定的个体性和私密性。

正是移动网络具备的这三大特征，才使得手机、iPad 等移动网络终端成为现代人，尤其是当代大学生日常必不可少的设备。曾有调查研究显示，早在 2006 年就有九成大学生使用手机[①]，手机持有率为 99.1%[②]，甚至有调查者针对某高校的调查显示，该校大学生的手机持有率已经达到了 100%。[③] 在使用手机的时间段方面，大学生在课堂上的手机使用率竟然达到 96.1%；甚至有 17%—30%不等比例的学生出现“手机依赖”的现象。这些数据都客观地呈现了中国大学生持有移动网络设备的数量、使用频率、使用时间和所产生的影响等方面的情况。而移动网络设备的普遍使用，或积极，或消极，都对高校大学生教育的开展和效果产生了巨大的影响。

二、移动网络对高校思想政治教育的积极影响

(一)移动网络是思想政治教育主客体的信息库

移动网络作为“便携式”的互联网，毫不夸张地说，它基本上是把整个世界

---

① 赵宝刚，尹勒，韩柯．大学生手机使用情况调查[J]．市场研究，2006(10)：15-19.

② 邹云飞，邹云青，姚应水．某高校大学生手机使用依赖症的横断面调查[J]．皖南医学院学报，2011(1)：77-80.

③ 王小运．伍安春．大学生手机成瘾行为的成因及其对策[J]．重庆邮电大学学报(社会科学版)，2012(1)：40-43.

都装进了口袋。这样，无论是思想政治教育的主体(教育者)还是客体(受教育者)，都可以通过移动网络设备随时随地获取任意一种信息。思想政治教育的教育者可以运用移动网络设备查找教学信息、掌握思想政治教育的主体内容和扩展内容。例如，一个思想政治老师在课前查找相关资料、整理案例、制作PPT。同样地，思想政治教育的受教育者也可以借助手机等移动网络设备获得与思想政治教育课程相关的内容信息和教育资源。比如一个学生在课堂上听到“社会主义核心价值观”，但不知其具体的内容，于是通过手机查询“社会主义核心价值观”的内涵。这些都显示出移动网络具有成为思想政治教育主、客体信息库的强大功能。可见，移动网络的发展和移动网络设备的发明大大充实了思想政治教育的信息库，丰富了思想政治教育的教育资源。

另外，移动互联网极大地丰富了思想政治教育的内容。在互联网出现以前，报刊、书籍、广播等传统媒介是传统思想教育主体获取资源的主要来源，这些媒介不仅更新慢、篇幅小，而且涵盖的信息量非常有限，严重制约了思想政治教育工作的进展。而新兴的互联网尤其是移动网络，在老师和学生面前打开了一个百科全书式的世界，让他们能够在滚滚而来的信息潮流中，随时随地掌握最新、最快的信息。可以说，带上一个移动网络设备就等于把整个世界都装进了口袋。

(二)移动网络是思想政治教育主客体的信息桥梁

移动网络除了有便捷性、即时性的特点外，还有互动性的典型特征。这样，思想政治教育的主、客体，也就是老师和学生之间就能够实现在课堂之外的交流，从而使得移动网络成为思想政治教育的主、客体之间的信息桥梁。在传统的思想政治教育中，教育者能够运用的教育方式仅限于课堂上的“传道授业解惑”，或者私下里特定时空内的面对面交流，这种教育方式虽然能够拉近教育者与受教育者之间的空间距离，但是造成了对时间和空间成本的浪费。而移动网络的出现刚好弥补了思想政治教育方式上的这个缺憾。在老师下班后，甚至是老师已回到家里、外出出差或度假、开会听课等的情况下，学生都能够通过移动网络的客户端与老师取得联系并交流，使得老师能够及时、准确地了解学生的最新动态。这在高校思想政治教育工作，尤其是辅导员工作中起了无可比拟的信息沟通作用。

而且，在获得移动网络上信息的同时实现资源的共享，使得思想政治教育的受教育者和教育者成为彼此平等的双方。随着信息时代的特征对生活的深入渗透，我们渐渐发现原本站在讲台上高高在上的老师不知何时已经走下了讲台，扮演起了学生父母、朋友，甚至是受教育者的角色。这与移动网络的发展不无关系。因为在这个信息爆炸的时代，无论是老师还是学生每天面对的信息流都是差不多的，而信息量的庞大又决定了任一方获得权威信息的不可能性。有的时候学生对某件事情的经过、真相了解得更加全面，他们的分析、评判或许更加深刻全面。这样，老师和学生渐渐就走向了平等。这对思想政治教育课堂模式的改革和创新具有重要意义。

(三)移动网络是创新思想政治教育课堂形式的法宝

传统的思想政治教育课堂非常的单一。老师拿着课本在讲台上讲，学生捧着书本在下面画，稍不留神开了小差，老师一个粉笔头飞过来以表惩罚。这样的课堂确实是刻板生硬，了无生趣。幸运的是，移动网络的发展给我们带来了巨大的转机。对于思想政治教育老师来说，课前通过移动网络可以丰富教学内容、制作精美的 PPT，也可以尽可能地获知与课程相关的内容；课堂上可以与学生分享在移动网络中出现的实时信息和当红潮流，拉近与学生之间的距离，从而引导学生对世界和人生的认知；课后通过移动网络还可以与学生分享各种知识内容、哲理故事、历史佳话等，丰富思想政治教育的教授形式。

除了课前、课中和课后，我们还可以通过移动网络扩展思想政治教育的实践方式。比如开设网络讨论课堂，老师可以在网络中发布议题和相关信息，供学生思考讨论，实现不同时空下的相互交流，延长思想政治教育的课堂教育。曾经有位高校的思想政治教育老师就为每一个班级申请了一个 QQ 群。在这个群里，老师会分享一些小故事、一些经典文章或经典议题供学生讨论，让每一位学生都能够随时随地参与讨论，并在讨论中收获一些生活智慧与能力。这都是移动互联网带给思想政治教育的机遇。

三、移动网络对高校思想政治教育的消极影响

(一)移动网络导致思想政治教育课堂的失效

移动网络因为其便携性和即时性的特征而决定了移动网络信息的强制性。移动网络信息的强制性，是指信息的收取是不由人的主观意志来决定的。也就是说，只要携带移动网络设备并保持开启状态，机主就不得不接收各式各样的

信息，从而打断正在进行的现实事务。

思想政治教育课堂也正面临着这种挑战。曾有调查显示：81.5%的学生都表示自己曾经在上课时间或自习时间使用过手机上网，并有17.6%的学生表示自己经常在课堂上使用手机上网。[①] 的确，移动网络设备由于其方便携带和可随时登录网络的特征，学生们对其的使用不受时间、空间和场景等客观条件的限制，而只能依靠其主观约束和意志力来抵制手机、iPad的诱惑。另外，移动网络上庞大而丰富的信息量，完全能够供学生在课内“遨游”在手掌上的信息世界里面，这也为学生课堂内使用移动网络创造了条件。可想而知，在信息内容相对狭隘、封闭的思想政治教育课堂内，再加上教师教学方式的落后，学生们的注意力就很容易从课堂转移到手中的移动网络之中。这样，思想政治教育课堂上教学活动的开展、知识的传授等就受到了来自移动网络世界的巨大挑战。因此，移动网络便捷、即时的优势反而变成了思想政治教育课堂失效的罪魁祸首。

(二)移动网络给思想政治教育内容带来挑战

众所周知，我国的思想政治教育内容是经过多年的理论积累和实践经验而总结、凝练出来的。马克思主义经典理论、毛泽东思想、邓小平理论和“三个代表”重要思想等思想政治教育内容，都是经过历史的千锤百炼而烙刻在课本上的[②]。然而互联网的发展却给思想政治教育内容带来了巨大的挑战。

其一，互联网的出现改变了人们主要的阅读方式和获取信息的方式。书籍、报纸、杂志等传统媒体无一不成为互联网发展的牺牲品，在教育中也是如此。在课堂内，老师开始采用更多的现代技术媒体，如通过PPT、视频、网页等来引起学生的注意；而学生也更乐意去观看视频、图片等互联网信息，更乐意将注意力放到移动网络上，而早已把课堂的主体——课本遗忘在一边。在毕业季，书店门口堆放的被卖的崭新如初的教材比比皆是，很多还没被翻过一次的书都已经遭到了被遗弃的命运。而移动网络上的信息和教育内容往往是零散的、没有经过实践认证的甚至是非主流的、有人信口雌黄的。因此移动互联网带来的这种阅读方式的变化，导致了思想政治教育内容传播的误导。

---

① 邵士昌，刘传俊，等．大学生“隐性逃课”现状调查研究——以沈阳某高校为例[J]．科学文汇，2010：207.

② 陈万柏，张耀灿．思想政治教育学原理[J]．2版．北京：高等教育出版社，2010.

其二，西方国家凭借其强大的现代信息技术和互联网技术对我们国家的信息渗透对我国思想政治教育内容的权威发起了挑战。互联网联结的是整个世界，学生可以通过移动网络接收到来自世界的各种信息，包括西方发达国家强行推行的西方文化传统、思想观念和生活方式，这对大学生的思想意识产生了强烈冲击，也导致了学生价值观念的多元化①，影响了大学生的判断能力。因此，学生们会用西方的价值理念和道德标准来质疑和评判中国的问题，使得中国的特色社会主义理论体系遭受巨大的质疑和冲击，也使得高校的思想政治教育内容的权威性受到了挑战。

（三）移动网络削弱思想政治教育的教育效果

移动网络的出现使得相隔千里的两个人的即时交流变成了可能，也使得人们的交往更加简洁、抽象。以前人们相互交流时可以通过对方的面部表情、肢体语言和眼神流转，可以通过语气、姿态等直观地获取交流的信息，而移动网络的出现使得两个人不用看见彼此、不用听到声音就可以实现毫无障碍的交流和沟通。这种交往方式的变化虽然便捷、简单和高效，却也给大学生带来了很多的问题，从而影响思想政治教育的目标效果。

移动网络的使用削弱了大学生面对面交流的人际能力，从而削弱了思想政治教育的教育效果。对大部分的人来说，网络是一个神奇的世界：因为看不见彼此，他们可以掩盖现实世界中的紧张；因为听不见彼此，他们可以忽略自己在口头表达上的不足；因为网络的隐蔽性和私密性，他们又可以无所畏惧地表达自己的想法。这样，有些性格原本偏内向的学生，他们在网络上能够勇敢地表达自己，但是一到现实生活中，现实的开放性、坦诚性就让他们望而却步了。而对现实交流的惧怕又进一步显示了网络交流的优势，使他们更加依赖网络的交流而害怕现实的面对面交流。因此，大学生群体中出现了这么一批人，他们在网络世界中信心满满、侃侃而谈，在现实世界中却沉默不语，甚至直接回避现实世界中的面对面交流，利用网络来找回自我。这样就导致了他们面对面交流能力的不断下降，性格更加内向。这与思想政治教育的目标背道而驰。

综上所述，移动互联网的爆炸式发展使它日益成为思想政治教育工作的主阵地。为了适应新的工作阵地和平台，提升思想政治教育的权威性，思想政治

---

① 余丽.美国互联网战略对我国的严峻挑战及其对策[J].红旗文稿，2012(7)：33-36.

教育工作者必须要懂得趋利避害，高度重视对高校移动网络环境的整顿和管理，同时不断提高自身的专业素质和运用移动网络的能力，从而创新思想政治教育课堂形式，维护思想政治教育的权威。

参考文献

[1] 陈万柏，张耀灿．思想政治教育学原理[M]．2版．北京：高等教育出版社，2010.

[2] 黄荣怀．移动学习：理论・现状・趋势[M]．北京：科学出版社，2008.

[3] 江泽民．江泽民文选：第3卷[M]．北京：人民出版社，2006.

[4] 李丹丹．手机媒体概论[M]．北京：中国电影出版社，2010.

[5] 李凡，李德才．关于网络思想政治教育方法创新的思考[J]．思想理论教育导刊，2012(6)：102-105.

[6] 刘晓翠．手机成第一大上网终端[J]．上海国资，2012(9)：11.

[7] 邵士昌，刘传俊，等．大学生"隐性逃课"现状调查研究——以沈阳某高校为例[J]．科学文汇，2010.

[8] 王长友．发展信息高速公路中思想政治工作的任务及对策[J]．思想教育研究，1997(3)：21-22.

[9] 王小运．伍安春．大学生手机成瘾行为的成因及其对策[J]．重庆邮电大学学报(社会科学版)，2012(1)：40-43.

[10] 韦吉锋．科学审视网络时代思想政治教育的趋势——对网络思想政治教育学的理性思考[J]．广西教育学院学报，2003(1)：94-97.

[11] 吴倩．社会进化史：移动社会大战在即[J]．互联网周刊，2011(5)：31-34.

[12] 谢志芳．利用网络加强和改进高校思想政治工作[J]．江苏高教，2002(2)：103-104.

[13] 夏键强，宓佳，徐丰．大学生自我管理网络模式探索与实践[J]．思想・理论・教育，2003(5)：43-46.

[14] 熊龙雨．移动互联网环境下大学生思想政治教育研究[D]．上海：华中师范大学，2008.

[15] 许苏民．文化哲学[M]．上海：上海人民出版社，1990.

[16] 佘丽.美国互联网战略对我国的严峻挑战及其对策[J].红旗文稿,2012(7):33-36.

[17] 曾伟.3G手机上网对大学生思想政治教育的影响[D].杭州:杭州电子科技大学,2010.

[18] 赵宝刚,尹勤,韩柯.大学生手机使用情况调查[J].市场研究,2006(10):15-19.

[19] 邹云飞,邹云青,姚应水.某高校大学生手机使用与手机依赖症的横断面调查[J].皖南医学院学报,2011(1):77-80.

[20] FLANAGIN A J,METZER M J. Internet use in the contemporary-mediaenvironment[J]. Human communication research, 2001,27(1):153-181.

[21] GARDON L,WELLMAN B. Social impacts of electronic mail in organization: areview of the research literature[R]. Communication Yearbook,1995.

电子媒介环境下高校隐性思想政治教育探索*

刘望秀

（浙江工商大学　财务与会计学院　浙江杭州　310018）

摘　要：在电子媒介环境下，高校思想政治教育者的权威受到挑战，教育内容受到冲击，教育方式遭遇困境。电子媒介的传播特性使隐性思想政治教育具有独特的优势。当下，高校应利用电子媒介搭建隐性思想政治教育平台，打造隐性思想政治教育队伍，健全思想政治教育机制，借助视觉传播创新思想政治教育的形式，依托积极的校园网络文化活动丰富隐性思想政治教育内容。

关键词：电子媒介　隐性教育　思想政治教育

习近平总书记在2016年全国高校思想政治工作会议上强调，要把思想政治工作贯穿教育教学全过程，实现全程育人、全方位育人。他指出，要运用新媒体技术使工作活起来，推动思想政治工作传统优势同信息技术高度融合，增强时代感和吸引力。[1]开展思想政治教育的方式，历来有显性教育和隐性教育两条路线，反映在教育目的的公开性与隐蔽性、教育内容的显著性与渗透性、教育方式的直观性与潜在性、教育载体的稳定性与多样性的区别上。直接设置思政课程，把既定的教育内容向学生讲授的显性教育在我国思想政治教育过程中一直发挥着主导作用，在印刷文化占据统治地位的时期，发挥了重要作用。然而，当下以网络、手机和电视为代表的电子媒介已经占据了强势地位，我们正逐渐从"读文时代"的纸质媒介转向"读图时代"的电子媒介，印刷文化语境下行之有效的显性教育模式面临严峻考验。在新形势下，强调教育场域的全面性、教育对象的自主性、教育途径的间接性的隐性教育在高校思想政治教育中的地位应得到重新评估，其价值应引起足够的重视。

相对于显性教育，隐性教育是指以潜移默化的形式对对象客体的思想、行为、情感和心理等发生影响的教育。[2]这种潜移默化的方式和润物无声的效果是借助于间接的、内隐的和无意识的教育活动实现的，是个体在自我感受、自我

---

*　项目来源：本文系浙江工商大学高等教育研究项目"视觉文化背景下高校思想政治教育的路径探索：隐性教育视角"（项目编号：xgy17016）的阶段性成果。

领悟和自我提升中获取知识经验的过程。在这个过程中,隐性教育没有教育痕迹,发生作用的机制是人们的易受暗示性和强烈的归属动机。隐性教育的信息传递以间接的、隐蔽的、不易为个体所发现的方式呈现,使受暗示者在没有明确目的、无意识的情况下接受某种思想价值且按照一定的方式行动。

一、电子媒介环境下高校隐性思想政治教育何以必要

(一)高校思想政治教育者的权威在电子媒介环境下受到挑战

高校思想政治教育中,在强调受教育者的人格平等和主动性的同时,历来尊重教育者的权威地位和主导性。教育者的权威,一方面来自思想政治教育教师这一特定角色所承担的历史使命,另一方面来自教育者的知识储备、信息量和人生阅历处于优势地位等方面。但在电子媒介环境下,成就高校思想政治教育者权威的两大因素均受到了挑战。

约书亚·梅罗维茨借鉴欧文·戈夫曼的社会场景理论指出,电子媒介通过对场景的融合,改变了人们对各种社会角色的认识。[3]电子屏幕拉开了思想政治教育的舞台幕布,直通社会生活的后台,使大学生知晓了在学校生活之外的大千世界中被“善意”隐瞒的社会阴暗面。尤其是有些网站为了吸引眼球,对社会负面行为进行过分揭露,使辨别力不强的大学生对社会产生愤懑和抵触情绪,开始怀疑思想政治教育者所描绘的美好世界是否真实存在,质疑教育者传递的真善美是否是用来哄骗自己的,进而开始对思想政治教育者产生不信任感。这种不信任和质疑瓦解了大学生对思想政治教育者权威的认同感,随之而来的是对正面德育内容的排斥感。

师生间知识差距的缩小也影响了思想政治教师的权威性。在纸质媒介时代,师生之间的信息是不对称的,教育者对信息的优先和控制是其保持权威的原因所在。在电子媒介时代,信息获取的便利性和无边界性使思想政治教育者的知识优势不复存在。在网络中,教师不再是学生信息的主要来源,甚至有些知识具有后喻文化的特征,是由年轻一代向前辈传递的。在电子媒介环境下,在某种程度上由年轻人主导的文化占据主体地位,学生所主导的文化反向影响着教师。如此,师生间的信息不对称性正在慢慢消逝,教师的权威性自然也受到质疑和挑战。思想政治教育者若不重新对自己的角色进行定位,若仍然以真理传播者自居,必然将招致学生的不屑和嘲弄。

（二）高校思想政治教育内容在电子媒介环境下受到冲击

在电子媒介环境下，各种新兴媒体精心打造了一个足以让青年学生沉迷的视觉花花世界，屏幕上的流光溢彩和五光十色所带来的视觉感知和冲击能最大限度地满足青年人渴求刺激的视觉享受。在如此“幸福”的视觉虚拟世界中，一切的接收都以视觉享受、身体快感和心理满足为前提，各种清规戒律是九霄云外之物，道德规范是被束之高阁之品，真理和理想那更是外星球的怪物。法国哲学家居伊·德波曾说过：“世界转化为形象，把人的主动的创造性活动转化为被动的行为，形象是独裁和暴力的，它不允许对话。”这就不难理解，在铺天盖地的视觉形象的世界里，青年学生为何不愿意也不屑于费脑费力费时地理解乏味的文字，更不会钻研、思考人生真理与努力方向了，任由自己的思想在视觉图像的大海中漂泊。久而久之，这会让大学生屏蔽严肃的思想政治教育内容、戏谑权威的主流价值观、不屑与轻描淡写思想道德规范。这种嬉戏心态使大学生不愿意花费时间去理解崇高理想和枯燥乏味的教育文本，当青年学生选择让自己的思想毫无目的地徜徉于视觉图像制造的虚拟世界中时，很容易被诱使认同那些视觉图像表达的价值观，在快速切换的场景中没有时间也没有能力去怀疑视觉图像传输的思想和价值是否真实正确。被这些视觉图像支配和控制的大学生会慢慢失去自己的创造性。相比于去审视、批判这些娱乐视觉图像的价值，选择沉迷于娱乐视觉图像显得轻松许多，这也反过来使视觉图像文化呈现出越来越多的肤浅和低俗，深沉的、理性的观点在视觉图像的暴政下被无情地排挤了，使得诉诸主流价值观的、进行明确的、规范严肃的显性思想政治教育活动在美轮美奂、光怪陆璃的视觉图像面前毫无竞争力。此时，我们首要重视的是视觉文化对高校思想政治教育的价值中心的解构。在视觉文化的这条大河中，道德虚无主义、个人功利主义和极端享乐主义等各种社会思潮泥沙俱下，每种流派的思潮都打着自己倡导的意识主张、价值取向和行为范式，这对我们倡导的中心主流价值无疑是一种解构和离析。对主流和中心的疏离、对理性的拒斥、对权威的挑战会给青年大学生带来极大的精神干扰和价值冲击。

（三）高校思想政治教育方式在电子媒介环境下遭遇困境

如何调整高校思想政治教育的方式、处理好教育者与受教育者之间的关系也是在电子媒介环境下高校思想政治教育工作亟须解决的一个问题。在传统的思想政治教育中，教育者往往将教育内容直接地、主导地传输给学生，而学生很少有话语权和参与性，这种不对等的地位关系在电子媒介环境下显得不合时宜了。如同我们的身体一样，对于异己的思想我们会本能抗拒，当有人试图将不同的价值观强行输入时，我们能立刻辨别出来，进而采取相应的措施进行排斥。传统的显性思想教育工作的主要依托是课堂，主要形式有专题教育、文件报告和主题讨论等，以既定式的、不容置疑的预设性话语为主，目的明确，集中组织，带有一定强制性。其与电子媒介环境下的价值展现方式相比，显得单一、枯燥，其效果也经常是培养了大批思想政治考试取得高分的学生，而真正有理想信念的学生仅有少量；会背诵价值理论的学生占多数，而真正有价值信仰的学生占少数。

另外，随着媒体技术的发展普及，电子媒介把海量的信息同时呈现在教育者和受教育者面前，受教育者和教育者获取知识的机会均等了，在信息的选择、判断和讨论上同样具有了主动权。加上自媒体的兴起，只要你愿意，任何人都可以成为信息、观念的传播者，这些传播的信息、观念和态度等都可能成为一种潮流、思想，乃至上升到价值观。如此，思想和价值观的创造者、传播者和接受者不再是固定不变的了。在这样的环境下，教育者在思想政治工作中强调的对与错，学生不再轻易地认同了；相反，他们渴望与教育者一起交流、讨论甚至争论辩论一番，他们更信服经过这一过程得出的结果。若此时仍然以传统的灌输式方式进行教育，必然导致学生的抵触和戏谑，其倡导的思想道德行为最终也难逃被搞笑式处理。

二、电子媒介环境下隐性思想政治教育的独特优势

(一)电子媒介的“图像”语言有利于体验式教学

电子媒介的主要“语言”是图像，图像渐渐取代文字阐述世界的主导地位。因此，学生也习惯于用图像而非文字来把握世界。相比思考，图像语言要求我们更多的是感受，图像诉诸感情，而不是理智。当人们习惯用图像去思考时，诉诸理性的“认识论”被身心体验所替代。高校思想政治教育在本质上是一种价值信念教育，价值信念要达于人心，一定需要情感、感受和体验的参与。休谟认为，信念是我们天性中感性部分的活动，而非认识部分，所谓信念绝不是合理的东西。涂尔干在《道德教育》一书中也指出，思想道德教育遵循预先确定的规

范，尊重传统行为，秉承传统的价值观，某种意义上思想道德教育并不特别强调理智的批判，思想道德教育的首要之务并不是理论的解释，而是心灵的安置。如此，强调教育过程的体验性与分享性的隐性教育在图像的语言环境下更为有利，图像语言环境为无须直接理智把握、无须有意识地去发现外显规则的隐性学习创造了环境。

(二)电子媒介的“潜在空间”有利于无意识教育的开展

尼尔·波兹曼认为，电子媒介为沉迷于其中的人们提供了一个“潜能空间”，“潜能空间”中进行的无意识活动将极大影响个体的日常行为。[4]英国电视研究学者罗格·希尔福斯通指出：“如果说书写——印刷媒介倾向于培养显意识，让人们远离口语媒介所培养的自然、无意识的原始状态，那么电子媒介的出现从某种意义上又使人回到无意识的状态。”[5]这个“潜在空间”和电子媒介的“无意识”特性使得强调教育过程隐蔽性和无意识性的隐性教育在电子媒介环境下更有效。隐性思想政治教育通过学生无意识的非特定心理机制进行教育，避开直述教育、反复劝导，也并非一人主讲众人听，而是将思想政治教育目的和意向隐蔽在载体中，通过无意识模仿、接受暗示、从众等心理机制让学生获得熏陶，在无意识情况下走进教育境界，这种含而不露的非标准格式教育很少会引起学生的反对与抵触。学生获得的价值信念不是直接教会的，而是潜移默化的结果。

(三)电子媒介的“临在性”仪式感有利于渗透式教育的开展

《周礼》有曰：“以礼教敬而民不苟。”仪式具有强大的社会和文化功能，能增强族群认同或进行文化传承。对于思想政治教育，任何时代都需要仪式，只不过形式各异而已。在现代化的浪潮中，血缘、地缘、种族等自然纽带不再像过去那样让人产生高度的认同感，这个社会出现离散多元的趋势。在自然共同体日益解体的情况下，人们认同和归属的心理需求更为强烈。于是，具有“临在性”传播特点的电子媒介所承载的各种线上仪式应运而生。沃尔特·翁用“二度口语”命名电子媒介，指出“临在性”是其突出的传播特性。[6]这种“临在性”让用户产生亲临其境的感觉，进而唤起神秘的参与感，会把自己投射到电子媒介展现的虚拟世界中，进而产生高度的认同感，这有助于产生强烈的群体意识。电子媒介这种独特的“临在性”仪式为强调教育过程间接性与渗透性的隐性教育提供了独特的载体。

三、电子媒介环境下隐性思想政治教育的实现路径

(一)利用电子媒介搭建隐性思想政治教育平台

沃尔特·翁认为:“媒介不仅是外在的手段,而且可以内化为人的意识,使之发生变化。”[6]麦克卢汉也认为,媒介不仅仅是一种工具,不是客观中立的,其具有“偏好”,会影响其所负载的“内容”,甚至它本身就是一种内容。[2]媒介用一种隐蔽但有力的暗示来定义现实世界,帮助我们观察、理解和解释这个世界。谁在电子媒介上掌握话语权,谁就能绕过给接受者提供信息,进行忠告和教化,通过电子媒介潜意识地改变接受者的意识。因此,高校要提高对利用电子媒介开展隐性思想政治教育的重要性的认识,主动抢占电子媒介教育平台,拓宽思想政治教育的覆盖面,提高思想政治教育的影响力。建立融思想性、知识性、服务性和趣味性于一体的思想政治教育主题网站,提供学习资源和互动平台。在校园贴吧、博客和微博等个性网络空间适当发声,使之朝文明健康的方向发展。充分利用QQ、微信等即时通信方式,合理构筑思想政治教育的元素。教育者按照预定的教育要求和教育内容,在不大张旗鼓地宣扬教育目的的情况下,将教育主题渗透到网络空间。在文化娱乐活动中加强高尚精神的感染,在影视作品中渗透思想品德教育,在公益广告中给出品行提升的途径,以学生喜闻乐见的视觉图像表征的方式呈现,引导学生去感受、体味,让学生在不知不觉中接受预先所设定的教育内容,进而达到教育目的。

(二)打造隐性思想政治教育队伍,健全思想政治教育机制

现在,我们要充分认识电子媒介环境下隐性思想政治教育队伍的价值,确定科学合理的选拔标准,做好队伍的选拔工作,积极组建高素质的隐性思想政治教育队伍。加强对工作队伍主体意识、网络技术和思想政治专业知识的培训,培养一批网络意见领袖、有影响力的自媒体发言人。电子媒介环境能淡化教育者的角色地位,教育者在电子媒介中的号召力能吸引学生自主服从和认同其教育内容,学生所产生的认同和模仿行为是自身无意识的反应,而不是受外在的灌输、教化或是强制命令而发生的。柏拉图曾说过,只有当学生自觉自愿地受教育时,才有可能达到目的。隐性思想政治教育过程中,学生是在无意识的状态下接受教育的,其自身的思想体系没有受到威胁,也没有启动心理防御机制,这个过程是自然的、和谐的。

(三)依托积极的校园网络文化活动丰富隐性思想政治教育内容

积极开展校园网络文化活动,营造清朗、健康的网络文化环境。隐性教育方法绕开直接的、正面的灌输,采用的是渗透式教育方式,即把教育目的、内容和要求等潜隐融入受教育者的生活领域,使受教育者像置身于空气一样沉浸在无意识的教育氛围中。隐性思想政治教育把教育要求、教育内容附着在大学生的日常网络文化活动中。在活动过程中,学生是动力主体、实践主体和价值主体,对自己需要的信息主动筛选接收、理解吸收。学生对思想和价值观的接收是一种自觉的过程,如能自主选择和参与各种教育活动,他们就不再是被动接受的客体,而是具有了主动性和能动性。在丰富的校园网络文化活动中,学生受教育过程完全是由其自行决定的,是主动选择与主动参与的结果。在渗透式的教育过程中,学生可以充分表达自己的思想价值,也可以自由地接纳别人的观念,可以在无意识中接受教育,也可以在无意识中教育别人。人人是受教育者,同时,人人也都可能是教育者。

(四)借助视觉传播创新思想政治教育的形式

在电子媒介环境下,传统的语言文化符号传播系统正面临以视觉图像为中心的视觉文化符号传播系统的极大挑战。视觉图像占据了我们文化的主导地位,看字赏画时代已经被读图视觉图像时代渐渐取代。视觉文化以图像符号为构成元素,以视觉和知觉这些可感知的样式为外在表现形式[1],具有可视性和可感性。丰富的图像资源给人提供一种视觉上的审美享受和视觉冲击,使人们的价值观念和生活方式在潜移默化的环境中悄然改变。隐性思想政治教育者只需设计好需要传递的主流中心价值观,并附着在一定的试听媒介载体上,这些体现主流中心价值观的信息、观念和态度就会随着媒体信息的传播悄无声息地进入受教育者的脑海中,统战其精神世界,指导其行为。在这一过程中,没有强化和固守的规则,无须强求记忆的参与,而是在无形中行进,教育内容日积月累地积淀在受教育者的脑海世界,形成一种无意识的、自动化的条件反射。一旦这些主流中心价值观形成这样无意识的、自动化的条件反射,就会成为个体的思想品德应对资源,并渗透灵魂,很难被轻易转变。由此可知,隐性思想政治教育能把主流中心价值寓于试听载体中,生动而不空洞,论道而不说教,能长久地发挥思想政治教育的效果。当感觉不到教育的目的性时,无论教育主体、教育内容或教育载体以何种姿态呈现,在学生眼中已经没有了教育的色彩,也自然不会觉得有人对他们的思想行为指手画脚，学习成了学生本身的内部需要，教育学习过程就转化为满足其自身需要的一种自愿的、自主的学习过程，学生对思想政治的学习态度就转化为正向的、积极的，同时，学习过程会处于一种愉悦的、热情的状态之中。在这种状态中，其思想是开放的，认知是主动的，行为效率是高的。这个过程摒除了学生对思想教育的排斥和抵触心理，将接受思想政治教育转变成学生内心的教育需要，使思想政治教育的效果更为显著。

参考文献

[1] 习近平在全国高校思想政治工作会议上的讲话[N]. 人民日报，2016-12-09.

[2] 罗建明. 思想政治工作方法论[M]. 北京：解放军出版社，2006.

[3] 易前良. 美国“电视研究”的学术源流[M]. 北京：中国传媒大学出版社，2010.

[4] 尼尔·波兹曼. 娱乐至死[M]. 北京：中信出版集团，2015.

[5] SILVERSTONE R. Television, Rhetoric, and the Return of the Unconscious in Secondary Oral culture, edited by Gronbeck, Bruce, (1991), Media[M]. CA: Sage Publications.

[6] ONG W. The Orality and Literacy[M]. New Haben: Yale University Press.

[7] 徐巍. 国内视觉文化理论研究及其反思[J]. 中州学刊，2008(3)：216-220.

新形势下当代大学生思想政治教育工作的深化
——以第二课堂思想政治教育为例

郝 洁[1] 范剑飞[2]

（浙江工商大学 1.财务与会计学院 2.金融学院 浙江杭州 310018）

摘 要：高校思想政治教育承担着培养国家未来合格建设者和可靠接班人的重大使命，打造一个具有时效性和吸引力的思想政治教育平台，这对增加思想政治教育成效，提高思想政治教育工作对当代大学生的吸引力有一定的现实意义。无论从学校层面、学生层面还是从社会层面都要求我们提高对第二课堂的指导和探索，夯实思想政治教育工作。本文将从第二课堂思想政治教育的内涵入手，讨论现阶段存在的问题，从而探讨加强第二课堂思想政治教育的可能途径。

关键词：高校思想政治教育 第二课堂思想政治教育

随着2017年高校新生入校，我国大学生主要群体开始从“90”后向“00”后过渡。这一代的大学生群体相比以往有着更加鲜明的时代烙印：由于互联网技术的发展，他们在成长过程中接触了大量的新鲜事物和信息，他们拥有了更加广泛的知识面，早早形成了自己的人生观、价值观、世界观，拥有较强的自尊心、自我成长和成功意识；另外，大量的信息使得学生群体依旧稚嫩的认识摇摆不定，且强烈的成长成才意愿使其行为具有较强目的性。高校思想政治教育承担着培养国家未来合格建设者和可靠接班人的重大使命，目前我国传统的思想政治教育工作大多数情况下可能采用相对表面的劝说教导的方式。因此打造一个具有时效性和吸引力的思想政治教育平台，对增加思想政治教育成效、提高思想政治教育工作对当代大学生的吸引力有一定的现实意义。

一、第二课堂思想政治教育的内涵

党中央提出课堂思想政治教育的指导方针，是事关社会主义教育现代化建设的一大决策。高校思想政治教育承担着培养国家未来合格建设者和可靠接班人的重大使命。在现代经济突飞猛进、互联网技术日新月异的新媒体时代，如何创新高校思想政治教育的方式，是摆在高校和思想政治教育工作者面前的一道难题。而思想政治教育的第二课堂，具有很强的延伸性，其开展地点不仅仅限于校园、教室，还拥有大量走出校园的机会，与社会紧密联系。因此无论从学校层面、学生层面还是从社会层面都要求我们提高对第二课堂的指导和探索，夯实思想政治教育工作。

如何在新形势下不断加强思想政治教育是众多学者研究的焦点，有学者通过研究第二课堂的功能、存在的问题及其改进对策来提高思想政治教育的效果。第二课堂的定位在传统意义上是作为第一课堂的延伸。从这一定位出发，以高校思想政治理论课第二课堂为重点，正确认识高校思想政治理论课第二课堂的教育功能、工作机制，创立高校思想政治理论课第二课堂的实践感悟，实现第二课堂对第一课堂教学效果的夯实和深化，使两个课堂有机结合[1]。也有学者认为，由于第二课堂的传统定位很大程度上阻碍着其功能的有效发挥，高等教育阶段的第二课堂具有更加重要的育人功能，要充分发挥其功能需要进一步厘清第二课堂与第一课堂的关系，对第二课堂重新定位，并创新第二课堂的形式，统一规划第一课堂与第二课堂的内容[2]。进一步地，有学者重新定位第二课堂的地位，更多地考虑第二课堂作为独立课程在思想政治教育中起到的作用。第二课堂作为高校思想政治教育的优秀载体，能够充分激发学生团体的凝聚力，引导大学生开展具有思想性、知识性、趣味性的各种活动，在活动中潜移默化地进行思想政治教育[3]。

学者们在如何发挥第二课堂的思想政治教育功能这一点上，大多还是从第二课堂作为第一课堂的延伸出发，讨论如何通过第二课堂更好地巩固第一课堂的教学成果，发挥思想政治理论课的育人功能。作为思想政治理论课的第二课堂，在培养大学生思维能力上有重要意义，因此需要充分利用其来培育学生的逻辑思维能力、辩证思维能力、创造性思维能力、批判性思维能力和良好的思维品质。[4]以正确处理好两个课堂的关系为前提，以明确的目的为导向，充分发挥学生主体、教师主导的作用，通过自主性的调查研究、师生互动的讲座、学生互相竞争的辩论赛、与热点相关的时事评论及各类社会实践等形式活动，着重培养学生的综合能力。[5]第二课堂具有丰富性、互动性、活动性的特点，利用好第二课堂的这些特点，从机制、功能、内容上科学地设计好第二课堂的内容，通过第二课堂增强思想政治教育的针对性和时效性。[6]

二、第二课堂思想政治教育目前存在的问题

在大多数情况下，第二课堂被定位为第一课堂的延伸和附属，导致第二课堂和第一课堂形式较为重复，收效甚微。传统的高校思想政治理论课教学采用以理论教学为主、辅之以社会实践教学的第一课堂和第二课堂共同教学的形式，严重削弱了思想政治理论课的作用。[7]“高校第二课堂因其特有的作用和地位被划归为思想政治教育阵地，与学校的教学中心割裂，被学校育人系统边缘化。”“第二课堂在‘纯粹’的德育面孔下存在影响力弱、时效性差、投入多产出少等问题，这造成第二课堂定位不准确，没有与第一课堂有效衔接。”[8]由于这种重复性和低时效性，学生认为第二课堂只是思想政治课堂的另一种形式，缺乏吸引力，这导致学生在参与第二课堂的活动时，积极性不高，无法避免“被”参与的情况，不能真正发挥出第二课堂的活泼性和潜移默化性。

第二课堂自身设置存在的问题。第二课堂的设置目前存在缺乏系统的理论支持、课程内容随意化、课程指导表层化、课程评价主观化的问题；大多通过规定主题开展课程，但主题更换频繁，内容变动较大，学生自主组织和管理的部分较多，没有延续性和发展性，停留在自娱自乐的层面[8]。大多数学生活动每年需要“推陈出新”，百花齐放的活动虽然在一定程度上丰富了课余生活，发挥了学生的主观能动性，但总体形式上缺乏统一的思想引领，学生疲于参与各类活动，对第二课堂活动缺乏持久的热情和兴趣。第二课堂目前还存在着社团活动与社会工作占比较小、教师和学生重视与参与度不够、内容与第一课堂内容脱节等问题，因此需要从激发学生的自主管理、自觉学习的内在动力为着力点，建立内容模块化、形式多样化、资源丰富化、制度完善化的第二课堂育人模式。[9]

第二课堂思想政治化程度不高，内容停留在表面，部分活动存在形式主义的情况，缺乏一定深度的挖掘和思考。在第二课堂开展思想政治教育的时候，也有遇到与第一课堂同样的问题，口号式活动比较多，没有深入拓展活动内涵，对学生缺乏吸引力。在第二课堂思想政治化过程中，尚未形成一定的授课教学逻辑，导致在授课过程中出现了课程内容与课程实践形式相分离的情况。在第二课堂的运行过程中，最重要的理论指导和实践学习两个部分存在割裂的情况，使得理论无法具体地指导第二课堂的实践过程和实践内容，而实践学习环

节也无法深入体会理论的内涵意义。以上这些情况都会造成第二课堂思想政治教育达不到理想效果的结果。

三、改善第二课堂思想政治教育的途径

第一课堂作为传统高校思想政治教育的第一线与当代大学生特点之间的鸿沟，使得第二课堂的思想政治教育成为必然需求。第一课堂作为传统的高校思想政治教育阵地具有理论性强、指导意义明确的特点，而当代大学生的特点决定了这一群体对第一课堂的教育方式的不敏感，这导致了第一课堂的思想政治教育成效下降。相比第一课堂而言，第二课堂的吸引力和实效性更强，其地点也不仅仅限于校园、教室，更多的情况下会走出校园，与社会紧密联系，更强的实践性和更具体的实践内容使其在思想政治教育的时效性和成效性上有着天然的优势。通过将第二课堂思想政治化，一方面能够更好地针对当代大学生群体的特点进行思想政治教育工作，另一方面也能够赋予第二课堂新的内涵。

第二课堂与思想政治教育工作相结合也是第二课堂发展的必然方向。第二课堂作为学生开阔思维扩展能力的平台，目前其发展也遇到了许多问题。如何解决第二课堂存在的问题是真正发挥第二课堂作用的关键：

第一，从构建主义出发对第二课堂及其中的师生关系进行重新定位，据此来加强第一课堂和第二课堂的衔接，完善第二课堂教师的培训机制，优化并充实第二课堂的活动形式和内容，规范第二课堂的评价机制，改变评价标准，并建立促进教师、学生对第二课堂的参与、讨论的激励机制，引导其发挥积极功能。[10]对第二课堂重新设计，让第二课堂在思想政治教育领域焕发新的光彩。

第二，第二课堂的开展应注重主题性和导向性。以团日活动为例，主题团日活动目的性不够明确、缺乏自身特色的缺点一直阻碍着团日活动的进一步深化，其原因在于缺乏一定高度的理论指导及没有明确的目的导向性。将思想政治教育工作与第二课堂相结合，一方面，能够拓宽思想政治教育工作的路径和方式，提高工作的时效性和成效性；另一方面，可以充分发挥思想政治工作的理论指导作用，提高第二课堂的目的性，深化第二课堂的内涵，并赋予第二课堂思想政治育人的新作用。通过第二课堂与思想政治教育工作的融合，学生在进行第二课堂活动时，通过课堂上思想政治化的指导，以思想政治教育为目标导向，提高活动的主题性和导向性。并且通过团日活动等形式的参与性和趣味性吸

引更多的学生参与其中，学生在第二课堂提高了个人综合能力，同时达到了思想教育工作的目的。

第三，第二课堂思想政治教育注重形式创新和空间拓展。第二课堂思想政治教育并不局限于校园或校区，可以拓展到生活区、社区，校园建设和改造的硬件的呼应，校训和校园文化的软性传播，丰富多彩的社区文化活动等，这些都可以成为思想政治教育的载体。推进对校园文化品牌活动的继承和创新，如创新团日活动、青年志愿者活动等的内容和形式，使教育内涵化、深入化和有效化。

参考文献

[1] 王新华，刘永志. 以特色主题活动为载体创设思想政治第二课堂[J]. 中国高等教育，2012(21)：52-53.

[2] 罗海燕. 高等教育阶段第二课堂的定位反思[J]. 当代教育科学，2013(13)：12-13，41.

[3] 任建波，谭成. 对新形势下高校思想政治教育有效载体的思考[J]. 德育天地，2016(3)：34-36.

[4] 刘汉民. 思想政治理论课第二课堂大学生思维能力的培养[J]. 黑龙江高教研究，2008(6)：159-161.

[5] 马桂芳. 思想政治理论课开展第二课堂的实践与思考[J]. 中国成人教育，2009(7)：130-131.

[6] 刘大允. 基于优化第二课堂活动设计的大学生思想政治教育新模式探析[J]. 中国高教研究，2007(3)：84-85.

[7] 张军琪，刘娜娜. 基于"两个课堂"视角建构高校思想政治理论课教学模式的探析[J]. 学术界(增刊)，2013：309-312.

[8] 彭巧胤. 高校第二课堂课程建设的探索与思考[J]. 教育与职业，2011(2)：147-148.

[9] 袁丹丹. 新形势下职业师范院校第二课堂育人模式探讨[J]. 职业技术教育，2016(26)：61-64.

[10] 魏昌东. 第二课堂：以建构主义为指导的创新人才培养体系[J]. 江苏高教，2010(6)：58-60.

基于“90后”学生特点的高校新生始业教育途径研究

郭海洋

（浙江工商大学　财务与会计学院　浙江杭州　310018）

摘　要：始业教育是大学教育的第一课，关系到高等教育的质量。当前填鸭式、集中式的始业教育模式已经不能满足“90后”大学生的需求，更是得不到大学生的重视。目前，高校新生始业教育主要存在的问题是组织上缺乏系统性、时间上缺乏连续性、方式上缺乏创新性及内容上缺乏全面性。结合当前“90后”大学生的特点，做好新生始业教育要做到以下几点：一是构建多元化的始业教育队伍，分别从教师、学生及社会三个群体开展；二是科学合理地安排始业教育时间，拓展入学之前的教育、延伸入学之后的教育；三是丰富始业教育的内容，包括环境适应教育、价值观教育、学业指导教育、专业思想教育、职业规划教育等五方面；四是创新始业教育形式，包括开展朋辈互助活动、“互联网＋始业教育”活动及以第二课堂为载体，嵌入始业教育。

关键词：“90后”　新生　始业教育　途径

一、引　言

始业教育是高校新生步入大学生涯的第一堂课，也是高校思想政治教育工作中的一项重要内容。早在1888年，美国波士顿大学就开始探索入学教育并指导新生入学。而中国高校的始业教育起步相对较晚，最早由胡坚达在1999年发表的《谈高师学生的始业教育》文章中提出[1]。在这十多年时间里，始业教育的概念、内容等也随着研究的深入而不断扩展和完善。目前，学术界普遍认为，高校新生始业教育是为了帮助大学新生了解学校、认识专业、熟悉校园、适应环境，以最短最快的时间完成角色的转变而开展的引导性教育活动，主要由讲座、会议报告、游览校园及主题讨论等形式组成，它能为学生的成长成才打下坚实的基础，也是做好学生全程教育的关键一课。

新生是大学生中的一个特殊群体，尤其是“90后”新生。他们从紧张而忙碌的高中步入自由自主的大学，思想尚未成熟及自身独有的特点使他们很难适应新环境及新角色。因此，新生始业教育就显得尤为重要。始业教育是高校人才培养的客观需要，有助于新生了解大学要学什么、怎么学，以及如何树立正确的价值观、养成良好的行为习惯；始业教育是新生适应大学生活的现实需要，有助于新生缩小理想大学生活与现实认识之间的差距，尽快适应大学生活，顺利完成角色转变。[2]所以，如何做好新生始业教育工作，是当前高校思想政治教育工作者面临的一项新课题。本文将从目前高校始业教育存在的问题出发，结合“90后”学生的特点，探讨做好新生始业教育工作的途径。

二、新生始业教育存在的问题

随着“90后”（甚至是“95后”）大学生的入学，传统的始业教育面临着极大的困难和挑战。集中式的大会和报告等始业教育的方式、填鸭式的授课模式及大信息量的传播途径已经无法满足当前“90后”大学新生对信息的需求了。

（一）始业教育在组织上缺乏系统性

始业教育是一项系统性工作，需要结合学校各方资源形成合力共同完成。国外部分大学会根据新生入学教育内容设立专职机构，如美国耶鲁大学在院长办公室下设新生事务办公室，全权负责新生入学工作，使入学教育工作系统化，教育效果最大化。但是，目前国内高校始业教育工作中普遍存在一个误区，认为始业教育是学校学工部门及各二级学院从事高校思想政治工作者的任务。从学校层面而言，没有对涉及始业教育的相关职能部门进行统一部署，造成各自为政的局面，导致新生始业教育内容支离破碎；从二级学院来讲，始业教育从组织到实施基本上是由学工线老师完成的，专业教师参与相对较少，导致始业教育缺乏系统性和专业性。

（二）始业教育在时间上缺乏连续性

始业教育是一项持续性工作，并非是短暂而集中式的学习。国外大学比较重视新生入学教育，因而教育时间持续较长。美国许多高校为大学新生制订了“新生头年计划”，在长达一年的时间里为新生制订学习和生活的规划。[3]然而，国内新生始业教育持续时间相对较短，基本集中在新生入学到军训结束这一时间段，其间新生还要接受为期两周的军训，可想而知新生接受始业教育的时间集中而又短暂。始业教育的时间到底要多久，目前学术界没有定论，但至少是一个持续的过程。一部分新生在入学后的两三个月才反映出对学习方式的不适应、对新环境的不适应、对人际交往的不适应，而这时始业教育早已结束，新生在面对困难时束手无措。如果不及时消除这些不适应，会阻碍新生的成长成才，这也违背了始业教育的初衷。

（三）始业教育在方式上缺乏创新性

始业教育是一种双向性的互动教育，而非学校填鸭式灌输、学生被动式接受的教育活动。目前，国内高校的始业教育主要以开大会、听讲座、集体参观等集中式的学习方式为主，教育过程中很少会针对新生特有的特点去修改始业教育的内容和方式。在整个始业教育过程中老师很少与学生交流互动，给人一种只为完成任务而进行教育活动的错觉。这种始业教育很难让富有个性、追求创新的“90后”大学新生满意，也无从谈收获。相反，法国、新加坡等发达国家的新生入学教育方式相对丰富且新颖，包括志愿者活动、午餐会及新生研讨会等，让新生在实践、交流互动中更全面地了解大学、了解专业，快速融入大学生活。

（四）始业教育在内容上缺乏全面性

始业教育不仅仅是向新生介绍与学习、生活息息相关的内容，还应提供更多的个性化服务、建议等。国内始业教育内容往往以校史校情、规章制度、学校软硬件设施及专业背景等的介绍为主，殊不知这些“90后”的新生早已通过新媒体平台对那些内容有了普遍的了解，如果新生始业教育再以此为内容，不免会让新生觉得毫无新意可言。国外一些大学还为新生提供医疗保健、法律咨询等方面的个性化服务，为学生接触社会做足了铺垫。[4]所以，国内高校始业教育可以根据“90后”新生的时代特征，安排一些与职业生涯规划、专业实习基地等相关的教育内容，以提高学习的积极性和认同感。

三、“90后”新生的特点

早在2009年，“90后”已成为踏进大学校门的主力军，而如今的新生也都是1995年后出生的学生。每个时代都有其独特的时代特征，“90后”学生群体也不例外，他们身上都带着时代赋予的鲜明印迹。在这高速发展的时代，“90后”年轻人更具想象力和创造力，对未知社会表现出更强的好奇心；同时，优越的生活环境和单纯的成长经历，使这群“90后”新生缺乏生活的磨炼，呈现出抗压能力和受挫能力差、自我意识强等的特点。

（一）以自我为中心的意识强，团体意识弱

随着我国社会经济的发展，部分“90后”从小就在优越的家庭环境中过着饭来张口、衣来伸手的生活，父母和长辈的疼爱与呵护让他们觉得世界的中心就是他们自己，养成了以自我为中心，向家庭和社会索取的习惯。部分“90后”处于“6＋1”的家庭模式中，是独生子女，在考虑和处理问题时都从自身角度出发，不考虑其他人的感受，团体意识相对缺乏。

（二）奋斗目标缺失与强烈竞争意识的并存

在进入大学之前，他们的唯一目标就是考上大学。正是在这股动力的驱使下，可以让他们为之付出全部的时间和精力。然而一旦进入大学，很多同学在丰富多彩的校园文化中开始迷失自己，认为大学就是混文凭、就是60分万岁，毫无奋斗目标和方向。但同时，内心深处强烈的竞争意识又让他们觉得不甘心，认为自己可以和别人一样成功，甚至比别人更好。这种自己不奋斗又希望比别人好的矛盾心态，使其与大学生活的正常轨道渐行渐远。

（三）独立性与依赖性并存

随着网络新媒体的普及，“90后”学生比任何年代的学生都具有更加丰富的信息资源，思考问题更加的理性与独立，独立意识也比较强烈，希望生活在自己的独立空间中，不希望父母、老师及同学过多地干涉自己的事情。但与此同时，部分“90后”由于从小就过着“锦衣玉食”的日子，对家务、劳动等束手无措，因此在日常事务和经济方面对父母的依赖性非常大。另外，远离家庭外出求学，对父母也存在强烈的情感依赖，但同时又不愿意和父母做情感交流。独立性与依赖性的矛盾存在，使得他们的生活圈子越来越小，空间越来越狭窄，不利于他们的健康成长。

（四）抗压能力弱，易受挫

大学新生能够进入大学，说明其在高中阶段的学习是不错的，家长、老师及同学的肯定也让其自信满满。而进入大学以后，全国各地的同学汇聚于学校，相比之下，他们发现自己没有想象中的突出，甚至还不如很多同学，于是开始怀疑自己、否定自己，无法接受理想自我与现实自我之间的巨大差距，面对这些问题束手无措。[5]此外，在高中的时候，他们的唯一任务就是努力学习，其他一切事务均由老师、家长包办。这也导致他们在进入被称为“小型社会”的大学之后无法处理一些因角色变化而带来的现实问题，容易受到挫折。

四、构建始业教育的途径

高等教育大众化、大学招生规模扩大已成为当前高等教育的趋势，所以丰富始业教育的内容、改善始业教育的方法等构建多元化的始业教育的途径显得尤为重要，以确保始业教育的有效开展。

（一）构建多元化的始业教育队伍

始业教育过程中，教育队伍发挥着令人不可小觑的作用，利用好教师、学生及社会群体三方面的资源，才可能实现始业教育效益的最大化、效果的最优化。首先要发挥教师群体的主导教育，这是始业教育的基础。一方面，学工线老师应从人生观、价值观等理想信念，校纪校规、校史校风等学校情况，心理健康、安全防范等个人情况这几方面出发开展始业教育活动，帮助新生养成良好习惯、熟悉校园环境、适应大学生活；另一方面，专业教师应从专业情况、学科特色、培养方案及就业前景等方面出发开展专业导论课，增强新生的专业认同感，稳定新生的专业思想。其次要提倡学生群体的自我教育，这是始业教育的重要组成部分。当前新生更加追求独立与个性，容易对老师的教育产生逆反和排斥心理，而朋辈教育和引导可以减少“教与被教”的对立性，让新生更好地适应大学生活；榜样的力量是无穷的，通过优秀学生的言传身教，可以帮助新生更好地规划自己的大学生活，让始业教育变得生动具体。最后要重视社会群体的辅助教育，这是始业教育的补充部分。一方面，利用实务精英进课堂的方式，帮助新生尽早认识专业、了解专业前景，增强新生对专业的认同感和归属感；另一方面，邀请优秀校友回校，以讲座、报告及交流会等形式与新生进行互动和交流，引导新生坚定理想，树立学习目标。

（二）科学合理安排始业教育时间

新生始业教育不是阶段性的，而是一种连续性的教育，它不仅仅体现在新生开学阶段，更是贯穿整个大学生活。新生适应大学生活需要一个过程，其间所呈现出的问题也各有不同，在时间上也有滞后性，所以高校开展的始业教育应当有连续性，针对不同阶段产生的问题给予不同的指导。始业教育在时间上可以向前延伸和向后延长。向前延伸是指始业教育在开学之前就可以开展，比如寄送录取通知书时，附带介绍学校及校纪校规等的相关材料，建议学生与家长一起学习；向后延长是指始业教育要注重连续性，而不是只看重入学后几周内的集中教育。为实现始业教育的连续性，可以分为四个阶段：第一周、第一月、第一学期及第一学年。每个阶段的教育内容各有不同，第一周的始业教育主要集中在熟悉校园环境，认识同学与老师，适应新的生活；第一月的始业教育可以在学校的规章制度、校风校史、心理健康、消防安全等方面开展，让新生了解学校，尽快转变身份；第一学期的始业教育可以安排爱校荣校主题教育、理想信念养成等方面的活动，帮助新生养成正确的人生观、价值观等，培养新生的爱校情怀；第一学年的始业教育更多地关注学业和专业方面，帮助新生养成与大学适应的思维方式和学习方式，帮助新生更好地认识专业，让他们具有更强的专业认同感。

(三)丰富始业教育内容

始业教育内容越丰富，新生所获得的指导更多，也就能更快适应大学生活。一是环境适应教育。从高中进入大学，面对全新的学习生活环境和陌生的社交环境，很多新生都会产生不适应感。这方面的始业教育可以集中在对校园、宿舍环境、学校的规章制度、奖助学金政策等的介绍，加强心理健康和消防安全教育，尽快使新生产生安全感和归属感。二是价值观教育。2016 年 12 月，在全国高校思想政治工作会议上，习总书记指出，要将立德树人作为中心环节，把思想政治工作贯穿教育教学全过程。因此，价值观教育要重点开展理想信念教育、爱校荣校教育、爱国主义教育及集体主义教育，帮助新生树立正确的人生观和价值观。三是学业指导教育。大学与中学在课程设置、学习教室、学习方式等方面均有差异，新生难免会有所不适应。因此，学业指导旨在通过学习交流会、座谈会等帮助新生尽快适应新的学习方式、思维方式，激发学习兴趣，使新生学得轻松、学得快乐。四是专业思想教育。通过专业导论课、优秀学姐学长分享会议及优秀校友讲座等形式，让新生了解专业、认识专业，稳定新生专业思想，使其明确自身学习目标，增强专业认同。五是职业规划教育。新生经过高考这个独木桥后容易造成理想目标的缺失和对未来的迷惘。开展职业规划教育，可以让新生尽早地明确大学四年生活的规划，或是考研，或是考公，抑或是创业、就业等，并开展与之相关的实践活动，为实现目标打好基础。

(四)创新始业教育形式

面对一群“90 后”如何开展好始业教育，关系到高等教育的质量。过去填鸭式的、集中式的始业教育模式已经不能满足当代大学生的需求，更不能吸引大学生的关注。创新始业教育形式，一是开展朋辈互助活动，让优秀的学生、党员及学生干部担任新生的“小先生”、助理辅导员，让他们通过亲身经历以平等互助的形式帮助大家了解学校、认识专业，以最快的方式适应大学生生活。二是开展“互联网＋始业教育”活动，利用微信公众号、微博等新媒体发布新生始业教育相关资料，实现信息交互、资源整合，以轻松易懂的方式潜移默化地改变大学生对始业教育“呆板”的印象，让始业教育真正地入脑入心。三是以第二课堂为载体，嵌入始业教育。在开展演讲比赛、辩论赛、主题班会、文明寝室建设等内容丰富、形式多样的第二课堂活动时，融入理想信念、班级集体荣誉感、价值观等始业教育的内容，做到真正的寓乐于教。

参考文献

[1] 胡坚达. 谈高师学生的始业教育[J]. 宁波大学学报(教育科学版)，1999，12(2)：110-111.

[2] 王伟，寿萌吉. 大学新生始业教育探析[J]. 湖南人文科技学院学报，2007(3)：83-85.

[3] 夏坤，沈鹏. 新生头年计划：美国高校入学教育的有效途径[J]. 贵州教育学院学报(社会科学版)，2007(3)：1-4.

[4] 刘云. 国外大学新生入学教育对我国的借鉴与启示[J]. 焦作师范高等专业学校学报，2013(4)：72-74.

[5] 陈明，汪满满. 关于大学新生特点和高校始业教育的思考[J]. 高教高职研究，2009(8)：198-199.

表情包“热”现象对“95后”大学生思想政治教育的影响探析

陈祎翀

（浙江工商大学　金融学院　浙江杭州　310018）

摘　要：本文通过对“95后”大学生及高校辅导员的专项调查，对表情包“热”进行数据化分析，探讨其持续升温之因，解读其对大学生思想政治教育带来的四项挑战：稀释主流信息传播力、社交向“浅”加大教育阻力、增加情感解读难度、易引发群体性情绪发酵，并有针对性地提出了四项应对策略：建构主流信息与大学生受众双向互动新渠道、创新与大学生的交流沟通模式、读懂大学生的真实情感诉求、培养大学生的情绪管理能力，以期更有针对性地开展思想政治教育。

关键词：表情包　“95后”大学生　思想政治教育

一、“95后”大学生群体中表情包“热”的现状分析

（一）表情包“热”现象阐述

互联网表情自1982年诞生以来，不断丰富，已衍化出一种新的形式——表情包。表情包伴随社交软件的兴盛，风靡青少年群体，成为一种亚文化现象。

表情包，顾名思义，为一系列互联网表情的集合。集合内各表情多以夸张的脸部表情或肢体动作的图片搭配文字的形式呈现，自成体系，可进行较完备的情绪表达。其具备的视觉性、易溶性、戏剧性重塑了网络文化，而作为互联网原住民的“95后”大学生群体成为表情包不断升温的重要推动力。

大学生处于构建知识体系、塑造价值观、健全情感心理的关键时期，对该群体的成长需求及思想状态的深入分析，是开展思想政治教育的前提，亦是使大学生能在“灌浆期”茁壮成长的重要保障。深入解读流行于该群体的表情包“热”现象，对加强和改进新形势下高校思想政治工作，使其更有针对性，具有重要意义。

（二）"95 后"大学生表情包使用情况的调查结果

笔者针对"95 后"大学生群体中表情包的使用情况开展了专项问卷调查。共发放问卷 125 份，回收有效问卷 124 份，有效问卷回收率为 99.2%。问卷就大学生表情包的使用频率、使用习惯、使用偏好、交流对象等进行问题设计，调查结果如下：

日常网络社交中，有 79.03%的大学生"总是"使用表情包，"很少"使用的仅占 3.23%，"从不"使用的人数为 0。而大学生在与家长、老师等长辈聊天时，表情包使用频率明显降低，"总是"使用的仅占 9.68%，"经常"使用与"很少"使用的各占 43.55%，有 3.22%甚至"从不"使用表情包。

微信与 QQ 是表情包流行的主渠道，分别有 91.94%与 83.87%的调查对象表示在这两个软件中使用、收集和交换表情包。

在使用习惯中，一对一私聊时的表情包使用率（61.29%）较之多人群聊（38.71%）更高。此外，有 59.68%的大学生更愿意和有近似表情包使用习惯的人进行网络互动。更有部分同学（67.74%）已尝试自行制作表情包，其主要的素材来源为相熟的同学和朋友，而用萌宠为素材来源的占比次之（20.97%），明星偶像则为第三大素材来源（9.29%）。

在对表情包发展的预判中，有 51.61%的学生认为"表情包会继续衍化，以新的形式长久存在于网络空间"，45.16%的学生认为"作为一种必然的文化趋势，表情包将在网络空间长久地存在下去"，仅 3.23%的受访者认为"表情包仅为当下的一股潮流，随后便会逐渐消失"。

（三）高校辅导员表情包使用情况的调查结果

笔者亦向高校辅导员群体发放了表情包使用情况专项问卷。共发放问卷 80 份，回收有效问卷 80 份，有效问卷回收率为 100%。问卷就辅导员的表情包使用习惯、与"95 后"大学生的交流习惯、对表情包发展的预判等进行问题设计，调查结果如下：

有 60%的辅导员表示在日常网络社交中"总是"使用表情包，32%的辅导员表示使用频率为"经常"，仅 8%的辅导员表示"很少"使用，不存在"从不"使用的情况。但当与学生聊天时，辅导员的表情包使用频率则发生了变化，"经常"使用表情包的占比为 80%，"很少"使用的则为 20%，而"总是"和"从不"两个极端的则均为 0。

在被问及“在何种情境下使用表情包频率较高”时，80%的辅导员选择了“与学生一对一私聊”，6%的选择了“学生群中的多人群聊”，另有14%的选择了“微信朋友圈、QQ空间等状态的书写过程中”。与大学生相同的是，辅导员表情包的来源同样以“微信与QQ”为主。

而对表情包发展的预判，有60%的辅导员认为“表情包会继续衍化，以新的形式长久存在于网络空间”，40%的认为“作为一种必然的文化趋势，表情包将在网络空间长久地存在下去”，无人认为“表情包仅为当下的一股潮流，随后便会逐渐消失”。

二、“95后”大学生群体中表情包“热”现象的成因解读

(一)情绪表达的需要

大学生思维活跃，情绪表达也更直接。高频、直接的情绪表达，需要更为外向的方式。传统的纯文字输出，在表意情绪时，显得局限而低效。表情包具有的及时性、直观性、直接性优势较之纯文字更为明显，因而在网络社交中迅速风靡。

表情包的图像大多包含夸张元素，如“蠢”“萌”“虐”“丑”等。其夸张成分放大了用图者的实际情绪，以表情演绎的方式宣泄难以用文字表达的情绪，使情绪在虚拟世界形象化、脸谱化、类型化。

大学生进行网络社交时，常出现用表情包“斗图”的现象，这更是情绪表达需求的激烈外化。发表情包的双方或多方，往往通过“贬低”对方提升自身来达到娱乐的快感，表情包使用的结束也并非在于冲突的消失，而在于情感宣泄的完成。[1]大学生向外寻求情绪表达的特征为表情包“热”不断加温。

(二)压力释放的出口

大学生作为互联网原住民，已将网络空间作为现实世界的延伸。甚至，有部分学生认为在网络空间中更容易释放压力。表情包以夸张的图文表现形式，将内在压力以“自黑”的方式戏谑表达，从而释放和稀释了情绪。

若压力的施加对象为一整个群体，在多人群聊中，以表情包为基础的交流环境更利于在你来我往的发图过程中释放群体压力。接龙式的表情包“刷屏”现象容易使个体抽离出原来的自我，使群体形成暂时且脆弱的价值和情感共同体，在一个看似自由的环境中获得一种短暂的集体认同和“没有异化”的解放状

态，形成集体无意识的狂欢，获得一种群体安慰。[2]

个体与群体均能在以表情包为基础的交互中释放压力，这也成了表情包“热”的一大原因。

(三)话语自主权的渴望

大学生希望表达、期待关注的特质使其对话语自主权有更高的期待，而互联网的不断发展亦使其有了更广阔的信息来源。他们更期待主动地发声而非被动地接受。

在网络空间中重新建构话语体系，对大学生有很强的吸引力。表情包便是其重构网络话语体系的一种尝试。他们将多种在本群体中流行的文化要素融入表情包中，如二次元表达、火星文等，在既定的网络社交平台中以表情包新建起一套独立于文字传播形态的全新话语体系。

该话语体系运用夸张、影射、象征等多种手法，以随意戏谑的姿态做外壳对受众产生全新的信息刺激，以极大的优势为大学生在网络空间夺得了话语的自主权。它具有较强的传播生命力，与传统的纯文字表达之间存在一定屏障，使大学生在该话语体系中获得了在传统主流话语体系中难以体会的独立感与成就感，使表情包在该群体中越来越“热”。

三、表情包“热”现象对“95后”大学生思想政治教育造成的影响

(一)戏谑、解构削弱主流信息传播力

表情包构建起独立话语体系，在网络空间日益风行；而以文字为主体的主流信息的传播力被不断削弱。

表情包在网络空间的盛行，对主流话语的传播产生了一定程度的拮抗作用。调查结果显示，有59.68%的大学生更愿意和有近似表情包使用习惯的人进行网络互动。虽然表情包依然在既定的社交媒体中传播，却建立起了独立传播的渠道，构成了话语壁垒，使以文字为主要传播形式的主流信息被屏蔽在外，很难融入其打造的图像化的话语体系中。

大学生正处于树立正确世界观、人生观、价值观的重要时期。而表情包“热”带来的过度娱乐化与无分别戏谑解构，使帮助大学生树立正确“三观”的主流信息的传播力被削弱，亦使处于“灌浆期”的大学生群体在构建知识、健全心理、塑造价值观等多方面的成长需求遭到削弱，以致部分大学生在表情包网络

亚文化构建的虚拟世界中“迟滞”甚至“停滞”成长。

如何突破话语壁垒，增加主流信息的传播力与接受度成了大学生思想政治教育工作开展的全新挑战。

(二)社交向“浅”加大教育阻力

表情包“热”基于网络社交的兴起，对社交模式带来了冲击。社交的基本目的是传递信息与交流思想，而这两者因表情包的介入呈现出功能弱化的趋势。想要交流的信息在“斗图”过后被稀释，一阵娱乐狂欢后留下的是莫名的空虚。

缺乏有效信息传递的“浅”社交使得来来回回间，多的是表情包的积累而非感情与思想的碰撞与叠加，使得网络社交中情感表达不足、思想性欠缺、对交流对象主体的关注弱化，进而降低了网络社交质量。在网络社交中，习惯了有效连接的减弱后，这种社交习惯同样会走到线下，在现实社交过程中再次影响大学生群体，造成线上交流“只斗图”、线下交流“不走心”的社交状态。

这样的社交向“浅”，加大了对大学生思想政治教育的阻力。在79.03%的大学生“总是”使用表情包的现状之下，话语信息在传递过程中的有效性易被表情包弱化，如何将思想政治教育由“浅”入“深”、由表及里，使教育入脑、入耳、入心，是一个重要的命题。

(三)情绪表达面具化增加情感解读难度

一套表情包中的图文表情，少则仅十几个，多则不过二三十个，而一个表情通常只对应一种情绪，故所能表达的情绪有限，且呈现出标签化的特质，复杂的情绪被抽象成简单的喜、怒、哀、乐等。大学生群体感情丰富又渴望表达，而现实中的情绪多是复合式存在的，且有微妙的强度差异，故在使用表情包的过程中很难做到与真实情绪一一对应。如兴奋与恐惧并存之时，表情只能或表现兴奋或表现恐惧，而交流对象接收到此表情时，就只能解读出某一种情绪，无法分析出真实的复合情绪，也难以解读出情绪的强度。

一个个既定的表情仿若事先制作的情绪面具，交流者用其表达情绪的初衷可能演变成了对真实情绪的隐藏，从而造成情绪解读上的偏差，带来情感交互上的不畅。这一隐藏在既定表情包背后的习惯同样会走出网络，影响人们在现实中的情感表达。如许多大学生习惯以口述表情包的方式阐述自己的情绪，而不再习惯于确切表达自己的真实想法。

解读情绪作为开展思想政治教育工作的必要前提，因表情包的面具化迎来了全新的挑战。

(四)传播感染力变强诱发群体性情绪发酵

表情包因带有宣泄、释放、满足、调侃、娱乐等多重意义，在使用表情包的过程中可以使内心的情感、压力、消极情绪得以释放。[3]在社交平台的群聊过程中，动辄破百的表情包接龙比比皆是，尤其在群中因某一热点事件发起讨论时，这种以表情包代替文字表达情绪的方式更为常见。因其自身特点，表情包较之单纯的文字对受众有更强的传播感染力。在遇到热点事件时，这种强传播感染力会使情绪迅速发酵，更快地感染受众，从而易使群体情绪在短时间内集聚，诱发群体性情绪发酵。

大学生群体情感表达方式“外向”，有着强烈的爱国热情、求知欲和维权意识，又因其价值观塑造尚未完全，易被利用与煽动，在面对热点事件时易被表情包“热”诱发群体性情绪发酵，进而又诱发群体事件的潜在危机。

如何及时发现隐藏在表情包下的网络舆情与群体情绪，把握和处理群体性事件的主动权，对大学生思想政治教育工作的展开提出了新的要求。

四、相关思考

(一)建构主流信息与“95后”大学生受众双向互动新渠道

在大多数大学生和高校辅导员均认为表情包“热”会长期存在于网络空间中的现实之下，有必要在主流信息与大学生群体间建构起双向互动的新渠道。

一方面，大学生群体所处的特殊时期决定了需要用主流信息对他们加以教育引导，帮助其早日成长为价值观正确、心理健全、知识结构齐备的社会主义合格建设者和可靠接班人。另一方面，主流信息的传播方式亦可吸纳一些表情包“热”现象中的积极成分，在传播过程中更贴近受众，更柔化、直观、生动。如辅导员可在网络博文写作中借鉴表情包表达生动、柔化的方式，避免思想政治工作说教色彩过浓的问题，这样易于说理易于接受，容易达到事半功倍的效果。

(二)创新与“95后”大学生的交流沟通模式

辅导员可在与大学生交流沟通过程中创新模式，以表情包升华表情包“热”现象。例如，辅导员通过原创表情包在私聊与群聊中对学生加以引导，降低表情包中的负能量在网络空间传播的影响，同时突破大学生由此构建起的话语壁垒，在其适应的语境下开展思想政治教育。

(三)读懂“95后”大学生的真实情感诉求

辅导员应摆脱表情包面具化带来的解读片面化，要通过多种渠道的立体解读，如以细节分析、线下约谈、寝室走访等形式正确解读学生发送的表情所想要表达的真实情绪；通过拆解表情包读懂其背后所蕴含的多重复合情绪；通过了解口述表情包等新趋势引导学生表达内心的真实想法，以求还原大学生群体隐匿在表情包背后的真实情感诉求，对症下药地开展思想政治教育工作。

(四)培养与提高“95后”大学生的自我情绪管理能力

大学生群体尚处在心理建设不够成熟的特殊成长期，对自我情绪的管理能力有待培养与提高；同时应加强其辨别是非的能力，引导其学会甄别隐匿于表情包下的不良网络亚文化与多元价值观。

作为思想政治教育的必要一环，在帮助大学生提高辨别能力的过程中，可同时通过心理团辅等形式引导大学生群体学会对自我情绪的管理，这样可有效避免因表情包传播而诱发的网络情绪发酵与群体性事件的发生，使大学生群体分析更客观，遇事更理性。

参考文献

[1] 刘敏，徐帅．一言不合就“斗图”——表情包传播中的交往与认同[J]. 新闻研究导刊，2016(15)：339.

[2] 郑满宁. 网络表情包的流行与话语空间的转向[J]. 编辑之友，2016(8)：42-46.

[3] 王月. 浅析“表情包”兴起的特点及其影响[J]. 传播与版权，2016(9)：116-117，124.

附:原始调查问卷

表情包"热"对大学生思想行为的影响调查问卷

1. 你在聊天过程中是否使用过表情包?[单选题]

○总是　○偶尔　○很少　○从不

2. 是否会在与家长、老师等长辈聊天的过程中使用表情包?[单选题]

○总是　○经常　○很少　○从不

3. 通常会在什么场所使用、收集和交换表情包?[多选题]

□QQ 聊天　□微信聊天　□微博　□QQ 空间　□微信朋友圈

□贴吧　□社交平台头像

4. 什么情况下使用表情包的频率较高?[单选题]

○一对一私聊

○多人群聊

5. 你更喜欢的表情包类型?[单选题]

○颜文字　○emoji　○图片文字组合

6. 表情包的主要来源?[单选题]

○聊天过程中下载保存　○软件系统自带下载　○自行制作

7. 如若自行制作过表情包,素材来源是什么?[单选题]

○同学和朋友　○老师　○明星偶像　○萌宠

8. 更愿意和哪类人进行网络互动?[单选题]

○有近似表情包使用习惯的人

○不使用表情包的人

○使用不同种类表情包的人

9. 你认为表情包是否会在网络空间中长久存在下去?[单选题]

○会,作为一种必然的文化趋势,表情包将在网络空间长久地存在下去

○不会,表情包仅为当下的一股潮流,随后便会逐渐消失

○表情包会进行衍化,以新的形式长久存在于网络空间

表情包"热"对高校辅导员工作开展的影响调查问卷

1. 您在聊天过程中是否会使用表情包?[单选题]

○总是　　○经常　　○很少　　○从不

2. 您是否会在与学生聊天的过程中使用表情包？[单选题]

○总是　　○经常　　○很少　　○从不

3. 您使用、收集和交换表情包的主要场所为？[多选题]

□QQ 聊天　　□微信聊天　　□微博　　□QQ 空间

□微信朋友圈　　□社交网站头像

4. 您在何种情况下使用表情包的频率较高？[单选题]

○与学生一对一私聊

○学生群中的多人群聊

○微信朋友圈、QQ 空间等的状态书写过程中

5. 您认为表情包是否会在网络空间中长久存在下去？[单选题]

○会，作为一种必然的文化趋势，表情包将在网络空间长久地存在下去

○不会，只是当下的一股潮流

○表情包会继续衍化，以新的形式长久存在于网络空间

新形势下高校思想政治宣传教育工作的思考

金　帅

（浙江工商大学　食品学院　浙江杭州　310018）

摘　要：在高校学生逐步以“95后”甚至“00后”为主体的现状下，尤其是在十九大胜利召开之后，我们针对新形势下的高校思想政治宣传教育工作提出了更高的要求。因此做好此项工作更需要高校宣传干部学习最新理论，了解新媒体特点，运用微博、微信、空间等平台，全方位地进行高校思想政治宣传教育工作。

关键词：思想政治教育　新媒体　网络宣传

目前，高校中大学生逐渐以“00后”为主力军，与“80后”“90后”的学生有了较为明显的区别。如果仍用僵化封闭的老旧套路来做思想政治宣传教育工作，不仅达不到应有的效果，可能还会适得其反，使学生产生“不受教，不听劝，对着干”的逆反心理。因此，如何在新形势下，尤其是在十九大召开之后，做好高校思想政治宣传教育工作，是一项具有挑战的重大任务。

一、打铁还需自身硬

作为一名中国共产党党员，自身理想信念教育必不可少。习总书记曾在全国宣传思想工作会议讲话中强调指出，“宣传思想工作就是要巩固马克思主义在意识形态领域的指导地位，巩固全党全国人民团结奋斗的共同思想基础”[1]。如果负责思想政治宣传教育工作的人，自己都丧失了理想信仰，说一套做一套，又怎能在实际工作中教育学生、说服学生？如果自身都对所宣传教育的内容有所怀疑，口是心非，那怎么有信心去感化学生、激发学生？因此在新形势下，做好高校思想政治宣传教育工作的核心是，辅导员自身的专业素质、理论素养要过硬，[2]否则就会变成“以其昏昏，使人昭昭”。

二、世事洞明皆学问

思想政治宣传教育工作是一项复杂繁芜的系统工程，综合性要求强，涉及面较广，因此除了自身信仰坚定外，还需要做到以下几点：

一要望。作为一线的思想政治宣传教育工作者需要学习透过现象看本质的方法，多观察和了解学生的日常行为表现，发现在他们中间流行的东西。多翻翻学生的朋友圈、微博、QQ空间等他们常用的社交软件，看看平常学生在分享什么东西，甚至多看看学生经常登录的网站内容，探寻学生感兴趣的内容所在。唯有通过不断的观察，才能了解学生关心的事情，才能更好地对症下药。

二要闻。闻即听，这个要求一线的思想政治宣传教育工作者广泛收集和捕捉信息，听听学生今天在议论什么，讨论什么，辩论什么，有可能学生不经意间的一句话语就能解开困扰工作者很长时间的问题。对于听到的不好的、错误的乃至反面的信息，要敢于“亮剑”，用事实和证据反驳，引导学生多听主流的声音、多看本质的信息、多了解光明的内容。

三要问。问，顾名思义就是提问，因为被动地看和听，虽然能收获大量信息，但往往收到的一些信息都是无用的，效率比较低，所以针对一些不太明白的事务，思想政治宣传教育工作者要多和学生在一块沟通和分享，了解其背后真正的意义。比如学生非常喜欢在聊天中发表情，如果不能准确把握其内在含义，导致误解学生本意，会引发不必要的问题。

四要切。切是指通过看到的、听到的、问到的信息，进行深入思考与分析，切中问题本质并找准切入点。在现在这样的新媒体、自媒体时代，人人都可以成为信息的来源，因此网络媒体显现出大众化、广泛化、迅速化的特点。在广泛的信息中，让学生了解问题，认识问题，并敢于在面临大是大非的原则性问题时坚持立场，勇于发声，不做鸵鸟。

三、解铃还须系铃人

做好高校思想政治宣传教育工作的捷径，就是要宣传教育工作者多动脑，多动口，多动手，多动脚。[3]

多动脑，意味着不断了解学生在关注什么、喜欢什么、使用什么。比如不少学生经常会说：“今晚吃鸡不？”千万不要认为他们真的打算晚上去吃鸡肉，而是在聊去玩一款比较流行的游戏。因此，只有多动脑，不断学习探索，掌握学生的思想动态，跟上学生的流行步伐，才能拉近与学生之间的距离。距离拉近了，工作自然水到渠成。

多动口，宣传教育最直接的方式就是讲，不管是一对一的谈心谈话，还是一

对多的演讲讲课，抑或是多人的讨论，有良好的口头表达能力，肯定是做好宣传教育工作的关键所在。上级部门的各类文件，各级领导的讲话及最新的理论研究成果，都需要我们在研读学习之后给学生进行宣讲。要让自己的说话形式贴近学生的思考方式，使学生听起来不排斥不抗拒，接受认同，甚至是大力支持与配合。

多动手，在休息时间要会使用学生喜欢的社交方式去潜移默化地影响他们。用风趣幽默但不庸俗的语言去写一写段子，让学生在欢乐之余收获满满的正能量。同时，通过接地气的朋友圈、微博、空间等平台，让学生有兴趣、有意愿地来阅读这些内容。每天学生使用网络的时间比较长，与其让这些时间浪费在娱乐圈的各种八卦、绯闻乃至负面消息上，不如让我们的思想政治宣传干部多写一点让学生看得懂、喜欢看、记得住的内容，让学生帮忙转发宣传这些内容。

多动脚，作为高校思想政治宣传干部，没有比密切联系学生、深入学生群体组织更能了解学生的思想动态了。因此要多去参加学生组织的春秋游、班会、团日活动，乃至是班级发起的聚餐，学院学校举办的各类文体活动。通过这些活动走近学生，亲近学生，服务学生，即在休闲娱乐的同时把正确的人生观、价值观、世界观传导给学生。这样一种良性的互动在我们言传身教的影响下，学生看到、听到、感受到之后肯定会产生不一样的效果。

现在网络媒体十分发达，对于重大突发状况，单单依靠原来传统的宣传方法，有可能效果寥寥，无法解决问题，甚至可能激化矛盾，导致小事变大事。因此，思想政治宣传工作者一定要坚持“及时准确、公开透明、有序开放、有效管理、正确引导”的原则，通过前面的一些方法和手段，正确把握舆论方向。

做好高校思想政治宣传教育工作，绝不是一蹴而就的事情，不能有毕其功于一役的想法。只有循序渐进、潜移默化的细致耕耘，才能把这项工作做好做实，才能让青年学生做“有理想、有道德、有文化、有纪律”的“四有”青年。

参考文献

[1] 刘俏蕾.共青团宣传战线新兵的“修炼手册”[J].浙江团情，2017(8)：61-62.

[2] 龙妮娜，黄日千. 新媒体与大学生思想政治教育研究[M]. 北京：光明日报出版社，2016.

商大特色性形势与政策教育教学体系的实效性研究

徐宝见[1] **刘媛媛**[2]

（浙江工商大学 1.信息与电子工程学院

2.食品与生物工程学院 浙江杭州 310018）

摘 要:形势与政策教育教学体系作为高校思想政治教育课程体系的重要组成部分,对大学生的思想政治教育发挥着重要作用。浙江工商大学于1998年创新设置了以“五当代”专题报告为特色的形势与政策教育教学体系,随着时代和生情的变化,原先具有特色性和先进性的教育教学模式也逐渐显现出学生在认知上存在误解、内容设置与学生需求错位、教育形式单一、学生主动参与度和积极性低等问题,明显降低了思想政治教育的应有效果。这需要对现有的形势与政策教育教学体系的情况进行全面分析,查找问题,修正提升,从而增强思想政治教育的实效性。

关键词:形势与政策 “五当代”专题报告 教育教学体系 实效性

一、引 言

高校肩负着人才培养、科学研究、社会服务、文化传承创新和国际交流合作的重要使命,是培养造就中国特色社会主义事业合格建设者和可靠接班人的主阵地,是意识形态工作的前沿阵地,是文化引领的重要阵地。全国高校思想政治工作明确指明了高校“培养什么样的人、如何培养人、为谁培养人”这个根本问题,将高校意识形态工作、大学生思想政治教育工作的要求提到了新的高度。

当前,国内国际形势深刻变化,高校意识形态和大学生思想政治教育工作面临的形势也更加严峻复杂。面对新形势、新挑战,有的高校对意识形态、思想政治教育工作重视不够,存在着重智育轻德育、重科研轻教学现象;有的高校思想政治教育内容单一僵化,实效性和新颖性不足;有的高校思想政治教育工作的方法和手段滞后,存在针对性和互动性不强等问题。党中央、中组部和马克思主义学者、思想政治教育工作者都在不断研究高校意识形态，思想政治教育工作的授课内容、教育形式、教学载体、传播方式和学习效果，并及时创新高校思想政治教育工作的机制、内容、形式、载体、平台和技术，从而不断提升思想政治教育工作的效果。

作为高校思想政治教育体系重要组成部分和重要手段的形势与政策教育课程，承担着向大学生传达国家政治、政策方针、经济形势、国防科技、国际关系格局等讯息的重要职责，对大学生认清国内国际形势、掌握国家大政方针发挥着重要作用。

二、形势与政策教育教学体系简述

早在1998年，浙江工商大学为主动适应教育环境和教育对象的变化特点，在形式与政策课教育改革的探索和实践中，提出了“寓思想政治教育于知识教育之中”的基本思路，在改革创新的实践中，逐步构建了以“五当代”专题报告为特色的形势与政策教育教学体系，并在教育实践的运用中取得了明显成效，于2005年获得国家优秀教学成果二等奖。

现如今，浙江工商大学的形势与政策教育教学体系以“五当代”专题报告为教育中心和教学特色，配合形势与政策专题课堂教学方式，具有很强的思想性、政策性、知识性、实践性和动态性。其中，针对大一新生，学校开设形势与政策教育课程；针对当前国内国际形势和热点话题，每学期开设4—5个专题授课模块，从2017—2018学年第二学期开始提高到8个专题授课模块；针对大二、大三学生，学校主要开设内容丰富的“五当代”专题报告。“五当代”泛指当代文明，即当代政治、当代经济、当代法律、当代科技、当代文化教育，它坚持以思想政治教育为主线，把道德教育、人文教育、科学教育等有机融为一体，强调把教育着眼点放在人的综合素质的全面提升上。[1]

三、形势与政策教育教学体系授课纲要分析

笔者对2012年以来，共12个学期的形势与政策教育课程和“五当代”专题报告的题目进行梳理归类，发现有以下几个特点。

(一)形势与政策教育教学体系授课内容各有侧重

2012年以来，学校形势与政策教育课程共开设55个授课模块，“五当代”

专题报告共开设60个既定主题报告。通过对开设模块和内容的第一关键词进行分类归纳,可以发现,形势与政策教育课程和“五当代”专题报告的侧重点有所不同,如表1所示。

表1 形势与政策教育课程和“五当代”专题报告第一关键词分类表

项目	形势与政策教育课程		“五当代”专题报告	
	次数	排序	次数	排序
经济	10	3	13	1
政治/哲学	14	2	9	2
文化	2	6	9	2
社会	5	4	5	5
生态环境	0	8	2	9
国际关系	15	1	0	10
法律	1	7	9	2
科技	4	5	5	5
教育	0	8	3	8
管理	0	8	5	5

注:笔者整理。

由此表可以看出,形势与政策教育课程更侧重国家政治宣讲和国际关系普及,符合形势与政策教育课程设置的要求,有利于加强当代大学生对国内国际形势的了解。“五当代”专题报告则更侧重对经济、政治、文化和法律的讲解,比较符合商科学校特色,以及高校思想政治教育和学生人文素养提升的要求。

(二)形势与政策教育教学体系授课内容契合国内国际形势

学校根据国内国际形势的变化和当下热点话题,有针对性地设置当年学期的形势与政策教育教学体系授课内容,与时俱进,求真务实。在形势与政策教育课程方面,授课内容明显契合当下政治、经济、社会发展趋势和国际关系形势,如在2013年下半年召开十八届三中全会之后,学校于2014年上半年向全体大一新生开设“党的十八届三中全会精神辅导报告会”,系统解读和宣传党的十八届三中全会精神;南海问题成为国家重点关注话题时,学校开设“南海问题的实质与挑战”专题,让新生更加明确和了解南海问题的历史、现状、未来发展趋势与周边的国际关系格局。党的十九大召开之后，2018 年上半年开设的 8 个专题授课模块均围绕着十九大报告的重要内容展开。在“五当代”专题报告中，学校也认真地向学生宣传贯彻党的战略、政策、路线、方针，辅导学生学习、贯彻《关于推进社会主义核心价值建设的几个问题》《学习宣传贯彻党的十八大精神辅导报告》《十八届五中全会与两个一百年奋斗目标》等重要精神，并将《马克思主义宗教观》《马克思主义新闻观》作为必选模块，不断明确用马克思主义指导中国高等教育的发展。浙江工商大学特色性形势与政策教育教学体系，能不断引领当代大学生走出校园、走向社会，将自身与国家命运和社会大任联结在一起，增强社会责任意识。

(三)形势与政策教育教学体系授课内容凸显重点话题

形势与政策教育教学体系能够及时捕捉当前主要国内国际形势，并进行有效的整理和总结，向广大青年学子进行宣传贯彻。尤其是针对国家重点课题、热点话题、难点问题，学校利用多个学期持续不断地向不同群体进行重复宣传教育，力保将相关政策、精神和要求传达至每一位学生。例如，在形势与政策教育课程方面，2015 年下半年和 2017 年上半年都设置了“一带一路”热点话题，展现出中国在国际关系上建设大国、强国的梦想；十八大以来，党中央和国家稳步推进反腐倡廉工作，学校随即共开设 7 次反腐倡廉主题授课，在当代大学生中传播“三严三实”、全面从严治党精神和强化党风廉政建设教育，提高大学生遵纪守法和廉洁自律意识。连续开设三学期“马克思主义宗教观”和两学期“马克思主义新闻观”的“五当代”专题报告，体现学校不断明确高校意识形态工作的重要性，努力提升青年学子的思想政治意识，逐步增强当代大学生对马克思主义指导思想、社会主义办学方向的理解与辨别能力。

(四)形势与政策教育教学体系授课内容体现青年素养

形势与政策教育教学体系是大学生思想政治教育课程体系的重要组成部分，因此它要时刻保持对大学生意识形态和思想政治教育的功能。在形势与政策教育课程和“五当代”专题报告授课内容中，对大学生进行政治宣传和思想政治教育是形势与政策教育教学体系的基础和重点。在形势与政策教育课程和“五当代”专题报告中，涉及政治(含哲学)的数量分别有 14 次和 9 次，其中直接涉及大学生意识形态和思想政治教育的分别有 3 次和 6 次。形势与政策教育教学体系的受众群体是青年学子，因此在授课内容设置过程中要明显突出青年元素，以亲近大学生的需求和特点，培养大学生的综合素质，这涉及了高等教育、人文素养、职业修炼、法律思维等各方面内容，而其中直接含有“大学生”和“青年”字样的课程和报告题目共有11项。

四、形势与政策教育教学体系存在的问题

浙江工商大学特色性形势与政策教育教学体系，在设立后的一段时间内，取得了很好的教育教学效果。随着时间的推移，学生群体的更迭，国内外形势的变化，学生对以“五当代”专题报告为特色的形势与政策教育教学体系的教育理念认知也开始逐渐模糊，近些年在学生对形势与政策教育教学体系的需求、参与度、满意度、学习效果等方面也开始显现出诸多问题。

(一)学生对形势与政策教育教学体系的认知存在误解

现阶段，形势与政策教育作为大学生思政课程体系的重要组成部分，很多学生由于对思想政治课已经形成了不良的固定思维，因而对形势与政策教育教学体系的认知自然而然地就存在着曲解或误解。青年大学生群体目前存有明显的功利性倾向，存在着重智育轻德育、重技能轻知识、重短期轻长效的学习心理，对培养专业技能、实用效果强、娱乐轻松活泼的讲座比较热衷，对思想引领、道德修养等需要长期积淀和修养方面的报告则缺乏兴致。

(二)学校与学生对形势与政策教育内容的需求存在错位

学校在设置形势与政策教育内容时，主要是从国内政治大局、国内外政治经济格局、社会热点话题出发，涉及国内政治、国际关系、经济、社会等内容，而“五当代”专题报告主要是从学科建设、学术竞赛、人才培养、校园文化建设等学校重点工作方面着手，开设前并没有了解和征求学生的需求，忽略了学生比较关注的艺术类、兴趣类、益智类、技能性、娱乐性等的专题报告，致使针对形势与政策教育所开设的课程和专题报告不能满足学生最强烈的需求，从而也造成了学生的积极性和满意度逐渐下降。

(三)形势与政策教育教学方式方法单一

形势与政策教育课程的授课形式主要以传统的课堂授课模式为主，“五当代”专题报告则主要采取常规阐述性讲座形式，两者都明显缺乏互动性、对话性、探索性、游戏性等，更加缺少对新媒体技术、自媒体技术的应用。目前，网络媒体因具有交互性、便捷性、开放性、及时性的特点，已经成为当代大学生获取

信息的重要渠道[2]，而学校所倡导的“无手机”课堂在一定程度上也限制了网络媒体教育的作用，致使学生在参与过程中只能被动接受知识灌输，缺少主动思考和消化吸收的环节，致使形势与政策教育教学对大学生思想政治引领所起到的效果不强。

（四）学生对形势与政策教育教学的参与积极性不高

由于在形势与政策教育教学中存在着学生有认知偏差、需求错位、内容缺乏新颖度、主讲人不重视讲座技巧、讲座缺乏层次性、学生常常出现“被听讲座”等的现象，有较大一部分同学对课程和专题讲座产生了一定的厌烦情绪[3]，参与的积极性并不高。目前，学生对形势与政策教育教学的参与度较高，主要原因是为了获取课程学分、创新学分或者配合学院名额分配，而主动报名参加“五当代”专题报告的同学则寥寥几无，从而严重影响了形势与政策教育教学思想政治教育功能的发挥。

五、结　语

形势与政策教育教学体系不单单是简单的形势与政策教育、思想政治引领、专业知识灌输，更是促进学生激发智能发展、培养兴趣爱好、提升技能素养、满足文化需求的全员育人、全方面育人、全过程育人的重要渠道。[4]与其他高校相比，浙江工商大学现阶段的以“五当代”专题报告为特色的形势与政策教育教学体系仍具有较强的创新性和学校特色，但是随着时代的发展和“00后”的到来，尤其是在学生对形势与政策教育教学的参与积极性和主动性较低，致使所起到的思想政治教育效果也有所下降的情况下，亟须创新形势与政策教育教学体系的机制、内容、形式、方式和平台。学校要尽可能转变学生对形势与政策教育教学的固定思维，征求学生的内在需求，不断创新教育教学的内容、形式、载体和传播方式，在坚持以学科知识传授作为教育教学的逻辑起点，以思想政治教育作为教育教学的目的和归宿的前提下，从改变学生对形势与政策教育教学体系的错误认知、制订符合学生需求的形势与政策教育教学体系内容、创新形势与政策教育教学体系的传统教育形式、重视形势与政策教育教学体系的新型教育载体等方面着手，切实提升形势与政策教育教学体系在“专业成才、精神成人”的人才培养目标上的作用。

参考文献

[1] 杜敏.把握形势政策教育特点,不断提升教育实效——以“五当代”专题报告为特色形势政策教育教学的改革与实践[J]. 中国高教研究,2006(11):76-77.

[2] 韩冬.网络媒体环境下高校“形势与政策”教育实效性探究[J]. 产业科技与论坛,2017,16(16):167-168.

[3] 陈鸾青.高职院校学生对于讲座需求的调查——以上海医药高等专科学校为例[J].科教文汇,2014(1):174-175.

[4] 周昶,倪怡中.打造讲座品牌,培养阅读人群[J]. 图书馆理论与实践,2010(3):102-105.

新时代大学生理想信念教育对策研究
——基于大学生成长规律的剖析

周　敏　徐双燕

（浙江工商大学　计算机与信息工程学院　浙江杭州　310018）

摘　要：十九大以来，习近平总书记在不同场合多次强调要坚定理想信念。他指出，广大青年一定要坚定理想信念，牢固树立共产主义远大理想和中国特色社会主义崇高信念。可见，在新时代，加强大学生理想信念教育显得尤为重要。当前，我国大学生理想信念总体上积极向上，但也存在着问题，开展理想信念教育，应遵循大学生成长规律，从育人环境、学校教育、大学生自身出发寻求教育对策，以期培养出有坚定理想信念的接班人，实现中华民族的伟大复兴。

关键词：理想信念教育　大学生成长规律　对策

理想信念教育是建设中国特色社会主义、实现中华民族伟大复兴的根本保证，是高校思想政治工作的核心和生命线，直接关系到高等教育的成败。我们都知道，每个时代有每个时代的烙印，而当代青年也有其特有的成长环境和成长特点，正如习近平总书记在全国高校思想政治工作会议上指出的，高校思想政治工作应该要遵循思想政治工作规律，遵循教书育人规律，遵循学生成长规律。因此，开展理想信念教育，必须把握青年成长规律，不断探索教育对策，增强教育实效性。

一、新时期大学生成长规律

马克思主义哲学认为，规律是事物运动过程中固有的本质的必然的联系。大学生成长规律是指大学生群体在成长过程中的各个要素的本质的必然的联系，既是大学生作为一个生命个体的成长过程，也是一个复杂的社会关系的发展过程，同时也是内外因、主客体相互作用的结果。其具体总结为以下规律。

第一，大学生成长具有阶段性和差异性。这个时期的大学生正从青春期向青年期过渡，其身心发展也由不成熟向成熟过渡，阶段性特点明显，如果身心协调发展，则过渡平稳，否则会诱发一系列身心冲突问题。由于个体的差异性与社会文化、家庭教育等的影响，大学生之间存在着不同的发展水平，这种个体差异，若得不到正确的引导，会导致学生发展不协调，从而会直接或间接地影响学生的健康成长。因此，我们要关注大学生各方面的发展，同时关注每个学生的实际情况，有针对性地进行教育引导。

第二，大学生成长受外部环境的影响呈现出新的特点。新时期大学生出生成长在物质相对丰富的时代，经济腾飞，社会变革，网络技术兴起，为大学生成长提供了有利条件。我国更加注重全面协调可持续发展，这要求大学生进行各种知识、技能和价值观的学习，成长为符合社会要求的全面发展的人。另外，也正是由于经济全球化、社会环境的剧烈变化和网络时代的到来，大学生成长环境相对宽松、多样，面临更多的不确定因素，而此时大学生的身心发展还不够成熟，不能很好地应对外部环境的影响，一不小心就会误入歧途。因此，在教育学生成长成才的过程中，既要充分利用现有条件和工具为学生发展提供便利，也要防止不良外部因素分解教育效果。

第三，大学生成长更加凸显主观能动性。新时期大学生在知识储备、身心发展上都比以往年代的同龄人更趋向成熟。他们的能力和个性更加突出，他们渴望得到他人关注，渴望得到认可，但是比较注重个人的利益和需求，具有实用和功利色彩，且较少关心集体。他们敢于挑战权威，具有较强的独立意识，有独立思考能力，更愿意发挥他们自己的主动性和选择性，不愿意顺从和适应。因此，我们要了解和调整大学生的需要，调动大学生健康成长的主体性作用，通过激发合理正当的成长需要，引导其按照一定的方向成长。

二、大学生理想信念特点及教育现状

(一)大学生理想信念特点

当前大学生理想信念的总体状况是健康稳定、积极向上的，但也存在一些消极方面的现象。他们中的一些对共产主义和中国特色社会主义缺乏认识和认同，理想信念淡漠，尤其是“95后”的大学生，他们成长在中国特色社会主义建设取得初步成果的时期，没有亲身投入和经历国家从落后贫穷到不断发展壮大的建设过程，对社会主义道路缺乏情感体验和深刻认识。在信息全球化背景下，不同文化、信仰相互影响和渗透，中西方文化和价值观的差异冲击着大学生的思想认识，让他们陷入了信仰选择的困境之中，这造成了大学生信仰多元化，共产主义理想在大学生群体中非常模糊，他们甚至觉得那是非常虚无和遥远的事情。

大学生的理想信念呈现功利化的趋势，更关注个人前途发展，忽视社会责任和道德理想。改革开放后，资本主义消极腐朽思想的侵入，社会体制的变革，新旧思想的交织，使社会主义意识形态的凝聚功能削弱。社会主义市场经济更加强调优胜劣汰，家庭教育中更多的是鼓励学生追求个人前途，社会氛围存在浮躁功利的一面，竞争、效率、财富成为人们追求的生活方式，人们忽视了思想信念、理想情怀的哺育，思想观念滞后于社会生产力的发展，这使得当今大学生在理想信念方面显示出利己主义，社会责任感不强。

（二）大学生理想信念教育状况

大学生理想信念教育是面对大学生开展的以中国特色社会主义共同理想信念和共产主义远大理想信念为教育内容的教育活动。经过查阅文献资料，笔者发现，自中华人民共和国成立以来，随着时代背景的变化，我国的理想信念教育在教育内容、方法和途径上各不相同。综观当代大学生理想信念存在的问题，一方面有大学生自身的原因，另一方面要归咎于理想信念教育的不得当。总结有三点：

一是教育目标缺乏层次，理想信念教育目标应该是坚持立德树人，践行社会主义核心价值观，培养有远大理想的社会主义事业接班人。但是这个目标没有细化，更没有明确的目标分类，这不利于教育者的具体实施。学校应该根据学生的特点设置阶段性的目标，对每一层次规定具体目标。此外，在强调理想信念的追求时，往往通过大班、集体活动的形式，忽视了个体认知水平和学习能力的差别，违背了学生认识规律。

二是教育内容缺少针对性和说服力，没有因时而进、因势而新。高校的理想信念教育没有专门的课程，只是穿插在思想政治理论课中，主要内容为说明理想信念的定义、社会主义先进性和共产主义信仰等，仅停留在知识理解层面，并不涉及学生的思想和行动层面，缺乏深度，更不能说服学生坚信共产主义并为之奋斗。这些理论知识没有结合实际，与学生所处的现实社会有距离，如当今社会上存在的与社会主义理论相矛盾的现象，使他们发现从书本上学到的内容不能运用到实际问题的解决中，甚至与他们所感知的世界是相悖的，因此对学习内容失去兴趣甚至产生怀疑。社会的发展对大学生理想信念教育提出了新的要求，理想信念教育也应该是历史的、发展的，要能够结合实际，及时更新。

三是教育方法落后单一，现存的自上而下地传授知识的方式，不能引起学生的兴趣。理想信念教育现在多停留在课堂上的理论灌输，在信息时代成长起来的大学生，具备一定的文化水平、思辨能力和自学能力，随时可以获取课堂和书本的知识，如果仅靠外界的强迫灌输，已经不能引起大学生的兴趣。因此，必须对教育方式进行改革和创新，使教育方式多种多样，具有灵活性、感染力和说服力。

三、新时代加强大学生理想信念教育的对策

新时代大学生理想信念教育存在新的特点和问题。要解决这些问题，必须要遵循大学生成长规律并根据规律积极探索对策，切实提高大学生理想信念教育的实效性。本部分从优化理想信念育人环境、增强高校理想信念教育实效、强化大学生自我教育能力等方面详细阐述提升大学生理想信念教育的对策与思路。

（一）优化育人环境

新时期大学生的成长受环境的影响更大，其思想意识领域产生的波动更为剧烈，理想信念教育的难度也在增大。因此，净化理想信念教育环境，给大学生创造一个健康的成长环境尤为重要。我国要营造健康良好、积极向上的社会环境，要形成权利平等、机会平等、人人共享发展成果的社会环境，为年轻人建功立业、报效祖国提供广阔天地；以法律法规为保障，加强党风廉政建设，严惩道德滑坡、品质败坏、丧失理想信念的单位和个人；努力发展优秀的文化产业，创造更加优秀的文化产品，提升大学生文化素养和文化底蕴；推动大众传媒立法的进度和加大对大众传媒的监督力度，确保大众传媒育人功能的良好运转；培育积极向上的网络环境，宣传正能量，弘扬主旋律。

同时，要营造健康良好、积极向上的学校环境，创造良好的制度环境和文化氛围，贯彻民主管理制度，注重人文关怀的渗透，避免用行政命令或者说教的方式去限制或改变学生的思想观念和行为；创设和谐的人际关系，学校教职员工要有高尚的理想信念，要能以身作则，提高自己的精神水平，尊重学生的人格，关心学生，以情感人，以情教人，同学之间要互助友爱；加强物质文化建设，配备完善的硬件设施，发挥校园景点对大学生道德情操的教育功能。

（二）增强高校理想信念教育实效

第一，合理设置教育目标。教育目标不仅要依据现实社会需要，还要依据大学生的成长规律来制订。首先，教育目标应该细化，高校的理想信念教育不

是把每一名大学生都培养成共产主义者，而是引导学生确立起中国共产党领导下的中国特色社会主义道路、实现中华民族伟大复兴的共同理想信念，并使他们中的先进分子树立起共产主义的远大理想。其次，教育目标应该层次化。理想信念可分为政治理想、道德理想、生活理想等，针对大学生心理成熟程度、个人追求和需求的不同应该有所侧重；换句话说，即大学一年级和大学四年级学生在理想信念教育目标上应该有层次上的区别。再次，教育目标应该分类化。根据学界普遍认可的布鲁姆教育目标分类法，笔者认为理想信念教育也可以分为知识技能、价值观、过程方法三类目标。如果仅仅解释理想信念或者共产主义，仅停留在认知层面，不一定能让学生信服，只有涉及情感和操作层面，才有助于学生将所学内化为自己的行为准则和精神追求，自主地解释、评价社会现象，并将行为准则和精神追求作为指导自己劳动和创造的要义。

第二，及时更新教育内容。教育内容要科学准确，根据大学生群体的现实状况，以及他们每一时期的实际需要，及时调整、更新教育内容，并做好与高中时期的理想信念教育内容的衔接工作。要增加教育内容的吸引力，就要求教育内容具体充实。理想信念教育内容应该与社会重大问题紧密结合在一起，对于新的理论、新的现象要及时解释说明，如引入社会热点、社会重大事件，用理想信念教育的基本理论解释现实问题，就增强了教育效果，满足了大学生的实际需要。教育内容要有的放矢。每个大学生思想状况不同，需要在深入研究的基础上，了解大学生内心深处存在的困惑，解决他们的思想实际问题。

第三，创新改进教育方法。在新形势下，大学生理想信念教育需要在教育方法上有所突破，进而更有效地实现理想信念教育的目的。一是用好网络平台。因为当前网络占据了大学生的绝大部分空闲时间，手机成为大学生浏览信息的重要工具。通过网络进行大学生理想信念教育，把教育内容以生动活泼的网络形式表现出来，或者建立微博、微信公众号等，传播主流意识形态、核心价值观，均能收到较好的效果。二是注重对隐性教育方法的运用。利用案例、故事、图片等来增强知识的吸引力，可以采用谈心谈话、讨论辩论等的教育方式活跃课堂气氛，有些教育内容政治理论性强，大学生比较排斥，可以把它融入文化教育和道德教育中去，不至于让学生有所抵触，从而潜移默化地让学生接受主流价值信息，达到教育的目的。三是重视社会实践的引导，以实现理想信念的内化和外化。通过丰富多样的调研实践、志愿活动、实地参观等，坚定理想信念。

(三)强化大学生自我教育能力

大学生应该结合自身成长发展需要,充分发挥主观能动性,增强教育的主动性和批判性;同时,根据自己的实际情况,选择合适的内容和方法,坚定马克思主义和中国特色社会义理想信念,做社会主义事业的合格建设者和可靠接班人。

其一,要有自我教育的自觉性。面对物欲横流的社会,当今大学生要承受各种压力。在此过程中,极易受到不良思潮的冲击,一些大学生甚至质疑理想信念的价值,认为它是很虚的东西,而把理想信念作为自己的行动指南更是无从提起。因此,大学生要增强理想信念教育自觉性,明确理想信念的作用,将个人前途与科学理想结合起来,规划合理的人生道路,同时要提高自我教育能力。大学生要有正确的自我认识,了解自己的长处与不足,查漏补缺,不断加强对马克思主义理论的学习,坚定自身理想信念。

其二,要根据自身需要有针对性地选择学习内容和学习方法。由于每个大学生的个人经历和思想水平存在着差异,在学习内容和学习方法的选择上不能"一刀切",学生要有批判和自控能力。在思想文化、价值观念趋向多样化的情况下,提高大学生的批判能力和自控能力是有效开展理想信念自我教育的关键。大学生要能够对各类价值观念和信息的性质进行判断,了解其来龙去脉,准确把握信息之间的联系,分辨出真伪利害,进行有效筛选,不人云亦云,有做出正确判断和恰当行为的能力。

参考文献

[1] 谭德礼,江传月,刘苍劲,等.当代大学生思想特点及成长成才规律研究[M].北京:人民出版社,2012.

[2] 林伯海,张军琪.当代大学生成长规律探究[J].思想教育研究,2017(8):43-48.

[3] 刘建亚.当今大学生思想行为特点及其成才教育拓展研究——基于思想政治教育视野[D].长沙:中南大学,2013.

[4]李辉.当代大学生理想信念形成的特点及机制研究[M].北京:中国书籍出版社,2013.

[5]习近平在全国高校思想政治工作会议上强调:把思想政治工作贯穿教育教学全过程 开创我国高等教育事业发展新局面[N].人民日报,2016-12-09.

新时代学生工作的价值选择

许金根

（浙江工商大学　管理工程与电子商务学院　浙江杭州　310018）

摘　要：中国特色社会主义进入了新时代，新时代学生工作要有新作为，正确的价值选择很重要。本文分析了时代新人应具有的素养，提出新时代学生工作要以培育和造就能够担当民族复兴大任的时代新人为价值取向，并以浙江工商大学管理工程与电子商务学院为例，提出具体的学生工作价值实现路径，以及需要重点关注的文化自信素养、自我管理素养、跨界素养、共同体素养等新时代核心素养。

关键词：时代新人　学生工作　价值取向　核心素养

党的十九大报告做出了“中国特色社会主义进入了新时代”这个重大政治判断，并提出要以培养担当民族复兴大任的时代新人为着眼点，这为高校培养什么人、如何培养人及为谁培养人指明了方向。

浙江工商大学管理工程与电子商务学院（以下简称“管工学院”）是学校顺应地方对电子商务人才的需求，于2016年底专门组建成立的学院，凸显电子商务特色，致力于成为具有国际影响和国内一流的智慧商务研究和应用及人才培养的高地。新时代新学院既要有新气象，更要有新作为。学院学生工作必须牢记职责使命，更新思想理念，做出正确价值选择，积极探索开展有管工学院特色的活动，增强工作的针对性和实效性。

一、新时代学生工作的价值取向

价值取向（Value Orientation）指的是一定主体基于自己的价值观在面对或处理各种矛盾、冲突、关系时所持的基本价值立场、价值态度等。价值取向具有实践品格，它的突出作用是决定、支配主体的价值选择。

国家的前途、民族的命运、人民的幸福，是当代中国青年必须和必将承担的重任。学生工作的价值取向涉及培养什么人，以及为谁培养人的问题。坚持正确的价值取向，就必须把培养时代新人作为根本任务。通过学习十九大会议精神，笔者认为时代新人至少有以下几个特征。

(一)时代新人是有理想、有本领、有担当的人

习近平总书记多次提出,青年一代有理想、有本领、有担当,国家就有前途,民族就有希望。站在“两个一百年”的历史交汇点上,我们比历史上任何时期都更接近中华民族伟大复兴的目标,我们对高等教育的需要比以往任何时候都更加迫切,对科学知识和卓越人才的渴求比以往任何时候都更加强烈。习近平总书记明确指出了今天青年学生的人生黄金时期同“两个一百年”奋斗目标的实现完全契合,广大青年学生要自觉把个人理想追求融入国家和民族的事业之中,勇做走在时代前列的奋进者、开拓者,书写无愧时代的青春之歌和精彩人生。

习近平总书记强调,青年时代是学习的黄金时期,青年学生应该把学习作为首要任务,作为一种政治责任、一种精神追求、一种生活方式,树立梦想从学习开始、事业靠本领成就的观念。

浙江工商大学校长陈寿灿在2017级新生开学典礼上富有激情地诠释了“有理想、有本领、有担当”的具体内涵:我们的民族正处于最接近中华民族伟大复兴的历史时期,中国梦临近实现的时期,也是最需要年轻人为实现这一梦想而努力拼搏的时期。年轻人要用“担当的责任”和实际行动托起整个国家、民族的梦想和未来。各位作为浙江工商大学的新生,要在今天这个时代背景下,将建校先贤们“国家当富强,始基端在商”的家国情怀传承下去。此任务之重大,道路之辽远,若非弘毅之士,又孰能为之!?

(二)时代新人是德智体美全面发展的人

习近平总书记在全国高校思想政治工作会议上提出,我国高等教育肩负着培养德智体美全面发展的社会主义事业建设者和接班人的重大任务,必须坚持正确的政治方向,为人民服务,为中国共产党治国理政服务,为巩固和发展中国特色社会主义制度服务,为改革开放和社会主义现代化建设服务。

高校必须讲政治,讲政治的核心就是坚持社会主义办学方向。学生工作讲政治就是要为培养全面发展的时代新人,培育优良的校风学风,深入开展文明校园创建,着力为青年学生的成长营造好气候,创造好生态。

(三)时代新人是有新时代核心素养的人

核心素养是个体在21世纪生存、生活、工作和就业最关键的素养,我国的大学以理想信念教育为核心,培育和践行社会主义核心价值观,弘扬中华优秀

传统文化和革命文化、社会主义先进文化，培养学生的社会责任感、创新精神和实践能力。这其中的一些关键词实际上就是我国大学生要培养的一些核心素养。

习近平总书记勉励广大青年，要有敢为人先的锐气，勇于解放思想、与时俱进，敢于上下求索、开拓进取，树立在继承前人的基础上超越前人的雄心壮志；要扎根中国大地了解国情民情，在创新创业中增长智慧才干。

“非学无以广才，非志无以成学。”学不仅要从书本上学，更要在实践中学。青年人要注重学习人生经验和社会知识，注重在实践中加强磨炼、增长本领。为此，教育部提出高校要更加重视实践育人，加快构建“实践育人共同体”，为青年学生实现学以致用、用以促学、学用相长提供广阔的舞台。

能够担当民族复兴大任的时代新人，必然具有坚定的理想信念，必然能够将社会主义核心价值观转化为情感认同和行为习惯；必然具有较好的文化素养，深入学习中国特色社会主义文化；必然注重社会责任感、创新精神和实践能力等核心素养的培养。

学生工作要以培育和造就能够担当民族复兴大任的时代新人为价值取向，就是要用习近平新时代中国特色社会主义思想武装当代大学生的头脑，使大学生深刻认识这一重大思想的历史地位、丰富内涵、精神实质和实践要求，切实增强政治意识、大局意识、核心意识、看齐意识，自觉维护以习近平同志为核心的党中央的权威和集中统一领导。

二、新时代学生工作价值实现路径

学生工作价值实现即工作达到目标，在新时代亦是培养时代新人的目标。学生工作价值实现路径涉及如何培养人的问题。

（一）在教育理念上，推行全人教育基础上的核心素养培养

“全人教育”要培养的是全面发展的“完整的人”，是具有整合思维的地球公民。核心素养关注的是“培养什么样的人才能让他顺利地在21世纪生存、生活与发展”的问题。教育部提出的“要大力推动精准育人，坚持德育抓方向、智育重能力、体育推普及、美育强形式、劳育见探索，促进青年学生全面健康发展”，即是该理念的体现，既德智体美劳全面发展，又有核心重点。

（二）在培养路径上，秉持“知行合一、经世致用”

“知行合一、经世致用”是浙江传统文化的精髓。“知行合一”即“心中有良

知、行为有担当”,“经世致用”即学问必须有益于国事。

习近平总书记指出,广大青年树立和培育社会主义核心价值观,要在勤学、修德、明辨、笃实上下功夫,下得苦功夫、求得真学问,加强道德修养、注重道德实践,善于明辨是非、善于决断选择,扎扎实实干事、踏踏实实做人,立志报效祖国、服务人民,于实处用力,从知行合一上下功夫。

(三)在具体培养目标上,重点关注核心素养

根据管工学院的培养目标、生源质量等具体情况,学院学生工作重点关注以下几方面核心素养的培养。

1. 文化自信素养

文化自信内容涉及意识形态、价值观、思想道德等根本问题,在中国特色社会主义道路自信、理论自信、制度自信、文化自信中,文化自信是更基础、更广泛、更深厚的自信,是更基本、更深沉、更持久的力量。习近平总书记指出,坚定文化自信,是事关国运兴衰、事关文化安全、事关民族精神独立性的大问题。

教育引导学生坚定文化自信的切入点是习近平总书记在全国高校思想政治工作会议中提出的“四个正确认识”,核心是要教育引导学生正确认识世界和中国发展大势,从我们党探索中国特色社会主义的历史发展和伟大实践中,认识和把握人类社会发展的历史必然性,认识和把握中国特色社会主义的历史必然性,不断树立为共产主义远大理想和中国特色社会主义共同理想而奋斗的信念和信心。

2. 自我管理素养

现代管理学之父德鲁克在 1999 年出版的《21 世纪的管理挑战》一书中指出,我们身处急剧变化的时代,一个公司成功经营的平均寿命只有 30 年,但现代一个知识工作者可以持续工作到 75 岁左右,扣除上学时间,仍然有 50 年左右的工作时间,因此一辈子可能不会只有一份工作,只有一个任务。“有伟大成就的人,例如拿破仑、达·芬奇、莫扎特等,向来善于自我管理,也因此傲视群伦”;“但是今天,即使资质平庸的人,也必须学习自我管理”。

自我管理是自我调节思维的能力与处理困难和具有挑战性问题的行为,大学的立足之本是自我管理能力,学生在大学四年最关键的是如何做好自我管理。自我管理的组成要素之一是积极的态度。拥有积极的态度,不仅包括拥有积极的想法,还包括拥有清晰的与批判性的思维。

3. 跨界素养

跨界是互联网思维特点之一，巴菲特的合伙人查理芒格，一直推崇跨界思维，盛赞其为“普世智慧”。他将跨界思维誉为“锤子”，而将创新研究比作“钉子”，认为“对于一个拿着锤子的人来说，所有的问题看起来都像一个钉子”，形象地诠释了“大”与“小”的辩证关系。科技快速发展，人工智能时代即将到来，人工智能时代特别需要跨界思维，之后是跨界整合能力。

美国在2007年提出的“21世纪技能”中包括21世纪5大议题，即“全球意识、金融经济商业和创业素养、公民素养、健康素养、环保素养”，我校都有与之对应的专业，学生可以很容易跨界接触和学习这些知识，这为我院培养创新型、复合型、应用型大商科人才提供了得天独厚的条件。

4. 共同体素养

人类命运共同体思想是习近平总书记对当今世界性质和时代主题的重要思考，从人类文明发展战略高度对当今时代特征做出了创新性思考。基于“一带一路”等区域合作伟大实践之上的人类命运共同体思想，是站在全人类命运角度的关于未来世界秩序的一种构想。经济全球化，“一带一路”倡议，跨境电商、跨境贸易的迅猛发展，迫切需要学生具有国家、民族、世界共同体成员所应具备的价值观和态度，积极参与共同体发展的共同体素养。近年来，学校留学生数量的增加，特别是留学研究生数量的增加，为学生共同体素养的培养提供了有利条件。

新时代学生工作的正确价值选择，就是要引导大学生在学懂弄通习近平新时代中国特色社会主义思想上下功夫，坚定理想信念，志存高远，珍惜韶华，脚踏实地，勇做时代的弄潮儿，在实现中国梦的生动实践中放飞青春梦想，让勤奋学习成为青春飞扬的动力，让增长本领成为青春搏击的能量，在为人民利益的不懈奋斗中书写人生华章。

参考文献

[1] 习近平. 习近平谈治国理政[M]. 北京：外文出版社，2014.

[2] 本书编写组. 党的十九大报告辅导读本[M]. 北京：人民出版社，2017.

[3] 黄四林，左璜，莫雷，等. 学生发展核心素养研究的国际分析[J]. 中国教育学刊，2016(6)：8-14.

[4] 张义兵.美国的"21世纪技能"的内涵解读——兼析对我国基础教育改革的启示[J].比较教育研究,2012(2):24-26.

[5] 熊超.大学生群体社会责任感的自我感知研究——大学生社会责任感现状及其培养系列研究之二[J].广西社会科学,2017(1):199-204.

[6] 戴崇胜,余扬.人类命运共同体:全球化背景下的人类文明发展的中国预判[J].中国特色社会主义研究,2016(7):25-29.

网络时代下高校群体社会心态研究
——基于辅导员网络舆情引导机制的分析

牛　翔　余梦梦　应玉燕　王奕鉴
（浙江工商大学　法学院　浙江杭州　310018）

摘　要：本文以《国家教育事业发展“十三五”规划》为基础，结合社会发展阶段，通过分析社会心态，以一个高校辅导员的视角讨论当下社会网络舆情制度，再从学生角度展开论述；以“科学发展为主题”作为指导思想，促进学生德智体美劳全面发展；结合高校网络舆情引导机制，浅析高校师生群体的心态转变及如何在辅导员岗位上引导和帮助青年学生正确“发声”。

关键词：“十三五”规划　意识培养　网络舆情引导制度　社会心态

“十三五”规划，不仅是国民经济和社会发展的重要纲领，同时也是引领大学生如何正确健康发展的教育宗旨。在这个网络无处不在、全球是一家的地球村时代，要形成符合当代青少年性质的价值观，优化社会舆情引导机制，保证宪法所赋予公民的自由得到合法合理的使用，如何正确引导大学生合理发出自己的声音就显得尤为重要。

一、因势利导，辅导员自身意识转变的重要性

高校辅导员作为与学生接触最密切的一线教师群体，在帮助大学生学习和规划社会主义核心价值体系，将理论内容贯彻到学生日常学习和生活中，避免大学生剑走偏锋，引导他们走向正能量发展的道路上有着举足轻重的作用。

（一）社会价值观的冲击所导致的网络话语权非权威化

在不同的社会发展时期，社会心态反映的是在一定时期社会集体的心理状态、群众对周身环境的认识，具有明显的大众性和时代性。社会心态中的理性因素与感性因素的抗争，一直是整体价值观形成的第一影响因素。自第一个五年计划开始，我国加强了经济发展的力度，经济迅猛发展的同时，其他社会问题日益凸显。根据调查，我国社会群体受到的心理压力主要来源于住房、医疗、下岗失业、教育、家庭收入，这些导致出现较为普遍的不适应感、困惑、矛盾、焦虑

等，传统的地位身份概念逐渐减弱，国家归属感趋向弱化，特别是针对社会事件的公平概念逐渐增强，从而导致整个社会变得浮躁、不稳定甚至于极端。

近年来，随着互联网的无国界化，外国文化的冲击让我们传统教育观念发生了翻天覆地的变化，社会也从封闭走向开放。青年学生不再满足于单纯的书本知识，他们更愿意寻找一个开放式的学习环境，拿起课本走向社会；传统文化与现代文化的碰撞，东方文化与西方文化的比较，文化的多元性对大学生价值观产生了不可小觑的影响。唯心主义与唯物主义的厮杀，实用主义与完美主义的对战，拜金、享乐、啃老文化的肆虐，无不影响着大学生的心理健康发展。进入大学就意味着半只脚踏入了社会，此时的大学生都形成了自己的判断力，他们不再完全接受、学习老师所灌输的思想，而是根据自身的切身体会和实践经验来判断事物的对与错。这就让某些负面影响有机可乘，通过别有用心的设计，让敌对的、暴力的、非健康的信息层出不穷，侵袭大学生的网络环境。网络作为当代信息传递的主要载体，有足够宽阔又隐秘的空间让民众畅所欲言，众声喧哗渐渐淹没了辅导员的声音。辅导员自身的话语权无论是在数量上还是在作用上都在不断下降，更无法与那些形式多样的非健康因素相抗衡。

(二)辅导员自我定位不当导致的规定性话语权的隐匿

大学教育初期，辅导员的定位是思想政治工作的传播者，政治性是辅导员工作的第一个属性，辅导员话语权在来源上就由公权力所赋予，有明显的他赋性。在高校不断扩招与教育制度深化改革的社会环境下，辅导员顺理成章地成了大学生日常管理、思想政治教育、为学生提供服务的复合型人员，辅导员往往承担着以下三个角色任务：①思想政治工作的主力军；②学生管理的主要负责人；③学生服务的第一责任人。这三个角色任务并不是如树状分叉开来，有主支干和分支的区分，三个不同方向、不同性质的工作反而是因为辅导员这一角色交汇在一起，将原本平行的三条线硬是扯在了一个交点。这就导致了辅导员的多变性，既要作为一个专家进行党的政治方针政策宣导，阐释思想政治路线；又要端正角色，用纪律性、制约性的言语去管理学生的日常事务；同时又要求辅导员扮演知心朋友，像一个大哥哥或者大姐姐一样去融入学生，去爱护学生，了解他们的内心想法。就像川剧中的“变脸”，辅导员在不同的工作中更换不同的状态，用不同的身份改变语音语调，成为一把“万能钥匙”，能够打开任何一把锁，又往往配对不上任何一把锁。当下辅导员的话语被变相要求追随行政话语，或者被限制在行政制度的许可范围内，这在一定程度上加深了学生与老师之间的交流阻碍，让辅导员无法正确表达，乃至话语权遭到虚化甚至消解。

(三)社会现实困境及其导致的矛盾

2014 年有一个调查显示，社会公众普遍对我国社会总体发展的趋势保持积极向上的态度，但不同群体的收入、文化程度及城市环境分别影响着他们的评价因素。中等收入以上的、文化程度为大专以上的中青年群众普遍对社会保持着较为乐观的态度，但反之剩余的公众更多的是持着怀疑的态度。社会心态转型期间最为明显的特征就是矛盾性。

在学生看来，辅导员无所不会、无所不管，从学生奖助贷补，到职业生涯规划、就业指导、安全教育、寝室文明建设、心理健康、学术讲座、突发事件甚至到学生的人际交往，只要是跟“学生工作”四个字相关联的，都可以来找辅导员。无特定领域，无具体边线，上命下从，繁重的事务工作、超量的工作负荷及二十四小时制的不规律工作节奏，占据了一个辅导员的大部分时间，消耗了他们大部分的精力，让他们根本无暇投入网络社会中，深入了解每一个学生的思想动态，为学生营造一个清朗的网络环境，也不会有更多的精力去研究和发展专业化。工作负荷超重导致了话语的缺失，由于晋升空间的问题，其自身工作认同度也在逐渐降低，辅导员作为思想政治工作者的权威性降低，使得其网络话语权平庸化。

辅导员工作心态的调整迫在眉睫。工作任务事务化，工作地位底层化，工资薪金普遍低于社会基本工薪水平，这种种的问题造成了辅导员对工作的些许不满。工作前景迷茫，专业化普遍偏低，即使一些老师抱着转岗专职教师的心态投身到高校事业中，也渐渐地被事务性工作磨灭了冲劲。

二、高等教育面临的主要挑战

(一)高等教育飞速扩张所导致的管理失衡

青年学生已经成为舆论社会的主力军，任何风吹草动往往能经他们之手形成狂风暴雨。因此，如何正确形成一个适当的管理机制去改变学生群体不理性的一面，引导他们在网络世界正确发声是高校教育工作的重要任务。

我国普遍存在以下几种错误的社会心态：

1.冷　漠

这个词对于我们来说并不陌生，从前段时间的不让座到之后的见死不救，社会中的相关新闻层出不穷，每天都能通过报纸、电视、网络等媒体知道类似的新闻。这种可怕的社会心态，甚至可以称为最可怕的社会心态，完全与我国传统的“人情社会”相悖。愈来愈多的人成了看客一族，当需要正义、需要社会关怀时，人们不约而同地关掉“爱心”“同情心”这扇大门，对他人的痛苦与求助无动于衷。就像鲁迅笔下的阿Q，麻木不仁，毫无良知可言。

2. 欺　骗

诚信的缺失也是导致冷漠的罪魁祸首。最典型事件就是“扶老人”，在过去是一件最普通、最微不足道的小事，如今却人人避而远之，唯恐惹祸上身。与其相似的另一种行为是忽悠，运用语言手法，用貌似有理的话使人上当受骗，这是变相的欺骗行为。从个人欺骗到集体欺骗，每天相关的新闻层出不穷，社会上对此展开的讨论也从未停止过，很多人将之归结于没有信仰，并拿国外国内进行对比。笔者在此持不同意见，信仰这一词从法律层面上解释，更多地用于宗教派别，常见的有佛教、基督教、伊斯兰教等，只是在个人做出某一特定行为时会受到一定的束缚，就像规章制度，只是无形地影响和制约个人行为。与欺骗对应的是诚实，我国宪法中就明确规定了诚实信用这一基本原则，其不再仅仅停留在道德层面，而信仰则是每个人的道德自由。

3. 炒　作

广播、电视、网络等媒体行业的迅猛发展，一定程度上加快了信息的传播速度与扩大了信息的传播面，同时带来了其他隐形负面因素，诸如宣传手段的不正当化，推销行为恶劣化，通过自毁形象来引起社会的注意。为了抗议社会的忽略极端地表达自己，一旦情感得不到满足，即使引起了否定性社会影响也在所不惜。现在最典型的就是“炫富行为”，由该行为引发的就是“仇富心态”，愤青这一新兴人群也应运而生。

在高校环境中，正因为主要群体是大学生，相较于社会大环境，学校更为纯净，上文所述的三种严重问题在高校中并未凸显，但有一点是我们教育工作者不可否认的。“娱乐至死”已然成为高校的一种时尚，大学生群体变得心浮气躁，这种心理在社会转型期间使得周围充斥着感情泡沫，为了哗众取宠放弃了正当的价值观，泯灭了思考本身的价值，单一的以获取关注度作为首要衡量目标，热衷于负营养的行为，到处充满了廉价的笑声，缺乏内涵，精神干瘪。最为典型的一面就是，高校信息传播的不正当性与不真实性，为了博取虚无的点击

率与关注度而做出不恰当的行为。浮躁必将导致疯狂，喧嚣的社会引发的是盲目与自大，虽然物质生活更加现代化、科技化，但是若放任负面心态的肆意延伸，它迟早会侵占我们的精神文明，让我们重回“蛮夷时代”。

(二)教育课程设置的偏向性

普通文化课主要以系统培养学生的核心能力和人文素养为主要目标。笔者认为，在注重专业能力的同时，高校应当适度提高对学生社会参与能力的指导。需求为导向，抑或是现在称为“情商”的培养，是以知识、智力、技能为基础的职业能力培养，团队合作、交流表达、问题处理及信息处理能力的定向培养，也更有利于专业的学习。

当下，我国社会群众普遍处于一种浮躁的状态，社会变得喧嚣，这在中国高校中就可以直接反映出来，愈来愈多的高校偏激事件正是由于社会的整体状态而产生的人们的癫狂行为。高校作为青年的主要聚集地，一举一动都显得特别“引人注目”，人际关系利益化，冷漠、麻木，炫富攀比，爱炒作，种种都是缺乏关爱的表现。

笔者以 2016 级新生为目标人群，进行了一次关于“网络话语权的问卷调查”。通过调查数据笔者发现，在校大学生对于社会道德类与突发事件类的事件关注度比较高。其中值得庆幸的是，76.39%的学生表示对于热点事件或自己感兴趣的新闻，其参与讨论并跟帖发表意见的可能性比较小，只存在26.32%的同学会有欲望去参与。而且 86.98%的同学能够明确意识到自己在网络上的言论会产生影响，这一结果在某个程度上肯定了在校学生的理性判断能力。需要特别指出的是：调查结果中只有 38.67%的同学对网络话语权与舆情引导的相关政策有一定的了解，绝大部分同学对该方面制度的理解存在空缺，这也从侧面反映了高校的舆情引导机制中存在的缺失。

从初期的社会网络化到如今的网络社会化，变革已是必经之道。教育工作的一切出发点与围绕点都是学生的健康发展，这也要求高校育人政策有必要向网络平台延伸，从而更加适应网络社会的变化，达到育人目标。

三、建构辅导员话语权的建议

政府为何如此重视社会心态的发展，当今社会到底存在着多少值得警惕的社会心态，其又将如何演变，笔者将基于一个高校工作者的视角提出一些建议。

(一)优化信息环境,加强信息知识素养的培养与运用

有一项调查结果显示:73.00%的辅导员了解并能够初步掌握网络媒体的使用,运用自媒体的不同功能和掌握传播规律;只有17.00%的辅导员能够熟练掌握并自如应用各类自媒体。因此,对于辅导员信息知识素养的培育就显得尤为重要。辅导员群体对自媒体的参与意识薄弱,普遍存在不能自觉地从自媒体角度捕捉信息的问题,对信息的选择、分辨与判断能力欠缺。此外,辅导员的话语中常常伴随着“学校规定”“根据××文件指示”“上级要求”等字样,直接地表现出了辅导员自我的缺失、理性思考能力的缺少,他们成为行政化语言的附庸,依附于行政的权势化体系。因此,提高辅导员科学文化素质是当务之急,同时要扩宽辅导员的知识结构,深化辅导员对高层次复杂信息的感知和理解能力,提升辅导员的理性判断能力。由于自媒体的发散式网络结构,知识呈现出爆炸式增长,外加高校辅导员位于学生工作的第一线,其工作方法、工作态度、情绪修养、工作作风、言行举止都将在自媒体工具下外化出来,辅导员要通过自媒体正确选择自己的信息行为,注意自身的道德形象,向学生传递积极向上的正能量,塑造一个良师益友的形象。

(二)进行辅导员话语艺术化、方式灵活化、内容多样化的综合提升

讲话是一门艺术,不仅在于人与人之间的沟通,更何况师生之间这一特殊的关系中,更加注重情理交融,传统的晓之以理动之以情是基础。如今大学生都有自己独特的思维方式,对于婆婆妈妈的谆谆教诲,在过去的18年中都已经形成免疫力了,因此要换种说话方式,而非一味地以一位长者的姿态去教导,灌输给他们所谓过来人经验。了解你聊天对象的兴趣爱好,在重视“理”的基础上,艺术化“情”,妥善选择用词用语,尊重人格,从而增强话语的亲和力和感染力。在网络社会中,个体话语的应用不同于面对面的交流,距离远,隐私性低,感情无法得到最直接的传达,缺少了眼神交汇与肢体语言的交流,可能会对网络思想政治教育有一定的阻碍作用。充分利用网络的网状传播优势,不再是传统形式上的口耳交接,依靠纸质媒介或人为传播主体,网络更加无形化、迅猛化,可以及时传达积极向上的信息,截取恶意散播的谣言,净化网络语言环境。学生往往是由于不全面的信息,在不明真相的情况下,被诱发而情绪激动,抑或是被有恶意之人所煽动。只有在信息完备的情况下,才能主动获取真相,探索原因,形成青年学生的个体判断。辅导员要利用这种网络优势,树立网络舆情

的危机意识，乃至创建自己的网络品牌，设置个性化的BBS、博客、论坛，针对外源性高校网络舆情及内源性高校网络舆情，分门别类地设置讨论话题，引导学生合理发表自己的看法，形成一个良好的、健康的讨论空间，从源头上消除容易激化校园群体性事件的网络舆情危机因素，同时这也为辅导员了解学生动态提供了有力的渠道。

我们的生活与此密不可分，新闻传播、购物资讯、情感交流都能通过简短的100字实现，一切变得简洁化。互联网的新形态，信息传播的新方式，在潜移默化地改变我们的生活方式、思维方式甚至社会形态。微博、微信、微电影、微商，一切的一切都可以转“微”，这个世界的游戏规则也因为时代而改变着。这种以小人物的低调姿态，发出声音，凝结成一个群体的诉求。如此巨大的力量令人咋舌。在这个时代，我们可以尽情地宣泄自己的情感，表达自己的见解，发出自己的声音，彰显自我个性，即使相隔半个太平洋也能面对面交流，在第一时间捕捉到他人的身影。这种以移动终端为载体的社交软件和信息获取带来了新媒体时代的狂欢，但也慢慢占领了人们的交流方式，成为唯一的手段。接踵而至的是微博控、微信控、低头族的诞生，网络水军被称为新兴力量，风吹草动都会在网络世界引起轩然大波，粉丝成为个人社交能力的象征，好人缘体现在集赞数量上，过犹不及，一切开始变味。

自我认知是大学生成长规划的根本出发点和落脚点，全面了解自我性格、兴趣、优点及能力，包括对自我性格的认知，高校大学生专业知识和能力的训练更多地依仗专业教师的教学，但是学生的精神世界及为人处事等方面更大程度上需要高校辅导员的引领。

参考文献

[1] 苏伟刚. 自媒体时代高校辅导员话语权的重塑[J]. 高校辅导员学刊，2014,6(5):15-18.

[2] 李兹良. 如何提升高校辅导员在大学生中的话语权[J]. 考试周刊，2011(18).

[3] 程华胄. 自媒体时代下辅导员形象分析和信息素质提升[J]. 现代企业教育，2014(12):79.

[4] 胡鞍钢. 杨竺松. 鄢一龙. 就业发展“十三五”基本思路与目标——构

建更高质量的充分就业型社会[J]. 北京交通大学学报，2015,14(1):1-6.

[5] 孙久文."十三五"时期：立足新常态　谋划新发展(五篇)：新常态下的"十三五"时期区域发展面临的机遇与挑战[J]. 区域经济评论，2015(11)：23-25.

[6] 张帆. 从高校辅导员视角谈基于"十二五"规划的大学生人生发展指导[J]. 教育与职业，2015(20):167-169.

[7] 刘云中."十三五"时期我国区域发展：更多元更均衡[J]. 区域经济评论，2015(1):30-32.

[8] 宣晓伟."十二五"规划执行情况的分析及对"十三五"规划制定的启示[J]. 区域经济评论，2015(1):5-12.

[9] 周大农.中高职教育课程衔接的设计与思考[J]. 职教论坛，2013(3)：12-15.

[10] 张健. 高职培养人才究竟该如何定位[J]. 江苏教育，2013(36):29-31.

从"思政课程"到"课程思政"的实施
——以浙江工商大学"马工程"[①]国际公法课程建设为例

俞 佳 赵 恒

(浙江工商大学 法学院 浙江杭州 310018)

摘 要:习近平总书记在全国高校思想政治工作会议的讲话中提出,要用好课堂教学这个主渠道,思想政治理论课要坚持在改进中加强,提升思想政治教育的亲和力和针对性,满足学生成长发展需求和期待,其他各门课都要守好一段渠、种好责任田,使各类课程与思想政治理论课同向同行,形成协同效应。国际公法作为一门法学类核心课程,可将传授专业知识与培养学生的全局意识、主权意识、法律意识相结合,激发大学生的爱国情怀,提高其思想政治水平。

关键词:课程思政 全局意识 主权意识 法律意识

一、从"思政课程"到"课程思政"的转变

2016 年 12 月 7 日至 8 日,全国高校思想政治工作会议在北京举行。习近平总书记在本次会议的讲话中指出,"做好高校思想政治工作,要因事而化、因时而进、因势而新。要遵循思想政治工作规律,遵循教书育人规律,遵循学生成长规律,不断提高工作能力和水平。要用好课堂教学这个主渠道,思想政治理论课要坚持在改进中加强,提升思想政治教育的亲和力和针对性,满足学生成长发展需求和期待,其他各门课都要守好一段渠、种好责任田,使各类课程与思想政治理论课同向同行,形成协同效应。要加快构建中国特色哲学社会科学学科体系和教材体系,推出更多高水平教材,创新学术话语体系,建立科学权威、公开透明的哲学社会科学成果评价体系,努力构建全方位、全领域、全要素的哲学社会科学体系。"习近平总书记的讲话内容,明确指出了高校思政课程建设的

---

① 为进一步繁荣和发展哲学社会学科,2004 年 4 月,中央正式启动"马克思主义理论研究和建设工程"(以下简称"马工程")。其建设目标之一,就是有目的、有组织、有计划地编写 150 种左右,基本覆盖哲学、政治经济学、科学社会主义及政治学、社会学、法学、史学、新闻学、文学、艺术、教育学、管理学等学科专业的基础理论课程和专业主干课程教材。

新方向，即让思想政治教育贯穿教育教学的全过程，把社会主义核心价值观的培育，嵌入各类课程的教学当中，使学生感受到“润物细无声”的感染与教育。

现阶段，我国高校思想政治教育的课程大体为“两课制”，即“马克思主义理论课”“思想道德修养课”，外加“形势与政策专题课”。“两课”开设的初衷是引导和帮助学生掌握马克思主义的立场、观点和方法，确立建设有中国特色社会主义的共同理想，树立正确的世界观、人生观、价值观，为坚持党的基本理论、基本路线不动摇打下坚实的理论基础。从2015年至2017年连续三年，笔者对自己所带年级的“两课”课堂进行考察。调研发现，大多数学生都认为“两课”内容较为枯燥，上课形式单调，任课老师大多进行的是填鸭式的教学，有些内容脱离生活实际，让学生摸不着头脑，即使想认真学习，也由于缺乏实际案例而无从下手。学生总是抱着这样的想法：“反正老师到期末都会画重点，这样的课不就是靠考前突击背一背吗?”

基于此，我们不得不探索新形势下学生思想政治教育的新模式，努力实现将思想政治教育从“思政课程”转向“课程思政”。“课程思想”政治并不是简单地开设几门课，专门讲授思想政治教育理论知识，而是将思想政治教育贯穿高校各项工作的始终，让专业课、通识课、团学活动都充满“思想政治味”。

二、“马工程”国际公法课程的创新之处

党的十八大以来，以习近平总书记为核心的党中央高度重视意识形态工作。2016年12月，教育部部党组下发《关于学习贯彻落实全国高校思想政治工作会议精神的通知》，要求各地教育部门和各级各类学校党委要履行好教师队伍和教材建设中的把关责任，组织好“马工程”重点教材的统一使用工作。

目前，中宣部组织编写的专业课教材已经正式出版34种(高教社出版25种)，教育部组织编写的专业课教材计划已于2017年底出齐。其中，法学类专业已出版12门核心课程的教材，包括经济法学、国际公法学、国际经济法学、民法学、行政法与行政诉讼法学、民事诉讼法学、刑事诉讼法学、中国法制史、劳动与社会保障法学、刑法学、环境与资源保护法学、宪法学等。

国际公法学作为一门法学专业核心课程，长期以来，总给人以距离感，在国家和社会生活中的地位与作用也往往被忽略。与国内法相比，国际法缺乏强制性约束力，国际冲突的最后解决往往取决于国家之间的角力，取决于各国的政

治地位、经济水平。普通老百姓总觉得国际法是高高在上的,不如国内的具体部门法来得“接地气”。但我们如果站在全人类共同利益的高度,国际法乃是实现全球治理、国际法治、全人类福祉最可靠的工具。如何运用好这个工具、如何让学生接受国际公法、如何提高中国在国际事务中的话语权,这些问题都可以与思想政治教育融会贯通。与以往的教材相比,“马工程”国际公法课程无论是在指导思想还是在教材的编排上都具有大胆的创新。

(一)以马克思主义为指导思想

马克思和恩格斯是马克思主义的创始人,国际法思想是两位伟人法律思想的组成部分。尽管二人并没有在国际法方面发表系统的论文,但是他们的许多著述都涉及国际法问题。他们的国际法观点集中体现在 19 世纪 50 年代至 60 年代的一系列有关研究民族解放运动和国际问题的论述之中,主要是运用国际法基本理论揭露和谴责欧洲列强的侵略和霸权行径,以最终服务于无产阶级的解放事业。

“马工程”国际公法教材的绪论中,首先提出了国际公法的重要性,紧随其后的第二节内容阐述了马克思、恩格斯等的有关国际法的立场与观点。这在以往的任何一本国际法教材中都是未曾出现过的。开宗明义,就确立了整本教材的指导思想,杜绝政治方向“跑偏”。

(二)强调中国立场

“马工程”国际公法教材每章节的最后一部分内容,几乎都是涉及中国在该问题上的立法与实践。例如,中国与国际组织、中国的国籍法、中国保护难民的基本立场和实践、中国积极践行人权保护的努力和成就等。在以往的国际公法教材中,很难看到有专章专节介绍中国实践的,这就直接导致学生学起来很费劲。国际法与国内法最大的区别之一,就是国际法的不成体系(或称国际法的破碎化),从来不会出现“中华人民共和国国际法”或“中华人民共和国人权法”“中华人民共和国国际海洋法”等,国际法散见于各领域,有些规范通过条约的形式呈现,需要经过各国国内立法的纳入或转化,才能在国内适用;而更多的规范是以“国际惯例”的方式反复适用,在国际社会约定俗成,很少能在成文的规范性法律文件中找到相应的规定。

如果能对中国在各国际法问题上的法律规定、习惯实践进行整理、编纂,这将大大提高学生学习的效率:要看中国的规定,只需翻到该章最后一节,有何具体法律条文、相关实践,一目了然。否则,国际法这门很多人看来本就很晦涩的学科，对学生的吸引力将越来越弱。此外，将“高高在上”的国际法，分解成“息息相关”的国内立法，也有利于学生扭转对国际法定位的偏见。

(三)突出中国贡献

自党的十八大以来，中国在国际社会的地位日益提高，树立了一种负责任的大国形象。无论是发起设立亚洲投资银行、实行“一带一路”倡议，还是成功召开 G20 峰会、派出人员参与联合国维和行动，中国凭借日益增强的国力，承担着一份国际社会责任。我们需要为大学生培育一种国家自豪感、民族自豪感，因此“马工程”国际公法教材的相关内容，特别强调中国在国际法的实践中所做出的突出贡献。

例如，在第四章“国际法基本原则”中，专门设立一节，讲授由中国提出的“和平共处五项原则”的地位与贡献；在第九章“国际人权法”中，特别强调了中国积极践行人权保护的努力与成就；在第十一章“国际海洋法”中，更是专门强调了南沙群岛和钓鱼岛的法律地位，从国际法理的角度，证明我国对这两块区域拥有无可争辩的主权。若能将这些问题讲透，对于大学生来说是十分“振气提神”的，可以最大限度地激发学生的爱国情怀，这便是思想政治教育走进专业课教育最好的方式。

三、浙江工商大学“马工程”国际公法“课程思政”实施方案

“马工程”相关课程的建设，要以马克思主义为指导思想，制订符合社会发展规律、符合中国国情、体现思想政治教育的专业建设方案，简单说来，可以归纳成三个意识的培养。据此，初步制订以下方案(如表 1 所示)。

表 1 “马工程”国际公法“课程思政”实施方案

<table>
<tr><th>培养目标</th><th>章节内容</th><th>授课目的</th></tr>
<tr><td rowspan="6">全局意识</td><td>绪论</td><td rowspan="6">在全球一体化的背景下，要以联系的、发展的观点看问题，要站在全人类的高度去理解国际法，不能以单纯的国家利益对抗全人类的共同利益</td></tr>
<tr><td>国际法的性质与发展</td></tr>
<tr><td>国际法与国内法的关系</td></tr>
<tr><td>国际法基本原则</td></tr>
<tr><td>国际组织法</td></tr>
<tr><td>外交与领事关系法</td></tr>
</table>

续 表

培养目标	章节内容	授课目的
法律意识	国际法的渊源	认清国际法是硬“法”，国家之间的争端，要靠法律手段来解决。学生作为公民，必须树立法律意识，这是实现全面依法治国的基本要求
	国际法上的个人	
	条约法	
	国际责任法	
	国际争端解决法	
	国际刑法	
	国际人道法	
主权意识	国际法主体	强化学生主权意识，突出党和政府为维护我国主权领土完整所做出的艰苦卓绝的努力与贡献
	国际法上的国家	
	国际人权法	
	国家领土法	
	国际海洋法	
	空间法	

(一)全局意识

随着全球化不断扩大和深化，国家之间的相互依存性与日俱增，世界各国和人民同属一个“地球村”。各国及其人民在和平、安全、发展、环境、能源、人权和健康等领域面临的各种挑战，一方面具有国别特殊和地区属性，另一方面具有全球性。因此，要持续和有效地应对这些挑战，仅仅依靠各个国家单枪匹马的治理和国内法治难以奏效，必须依靠全球治理和国际法治才能有效，其基础就是国际法。当今和未来的法治中国建设及中国治理体系、治理能力的现代化必须融入全球治理和国际法治进程之中。

对于大学生来说，要站在全人类共同利益的高度来审视国际法的相关问题，不能狭隘地仅从某一国的利益出发。例如，全球气候变化治理的议题，在《巴黎协定》签署通过之后进入了一个新的阶段。该协定的主要目的，就是敦促各国投入资金、改进技术，达到协定中为各国制订的节能减排目标。发达国家和发展中国家承担的是“共同但有区别的责任”。如果我们只是考虑本国承担减排义务的轻重，简单地认定，减排目标定高了就是我们国家吃亏了，就会对经济发展有影响,不利于国内的工业化生产,这就是精致利己主义者的狭隘心理。空气是流通的,全球气候与环境的恶化关系到地球上每一个人的切身利益,我们必须要树立起一种全局意识,共同治理我们生活的地球家园。

(二)主权意识

主权是国家最基本的特征,是国家固有的权利,主权国家是最基本的国际法主体。国家主权表现为对内享有最高的管辖权,对外享有独立自主的权利。《人权宣言》第三条指出,全体国民及其生活的地域一起形成国家,国家主权的根源在于全体国民。所以拥有国家主权的目的是保护国家的完整性,保护全体国民的利益。任何团体或个人都不得行使非直接来自国民授予的权力,更不可利用国家主权进行其他目的的交易。

结合思想政治教育,第一,大学生要牢固树立起国家主权观,坚决不做有损于国家主权领土完整的事情。要清楚地认识到敌我矛盾,谨防国内外敌对势力对我国大学生的思想侵蚀。正如习近平总书记在十九大报告中强调的:更加自觉地维护我国主权、安全、发展利益,坚决反对一切分裂祖国、破坏民族团结和社会和谐稳定的行为。第二,在谈到台湾问题、香港问题、南海问题等涉及国家主权的事项时,可以从主权的角度出发,摆事实、讲法理,培养学生的理性思维,引导学生不再是一味地去参加一些低级甚至违法的抗议游行,这既是维护校园和社会稳定的需要,同时也是出于对学生自身安全的考虑。此外,强化主权意识,还有助于培养学生的民族自豪感,通过真实的案例,学生应该清楚地认识到,当下和平、幸福生活的来之不易,激发学生的爱国主义情怀。

(三)法律意识

国际法,说到底,是一门法,是具有强制约束力的规范性文件。当代大学生,首先应当是一位知法守法的公民,要将法律意识牢记心中,尊重法律,学习法律。国际法本身就是一样工具,通过法律的手段,调和国家间的矛盾,和平解决各国之间的争端。回顾国际法的发展历史,从最早期人类将战争作为推行国家政策的手段,直至"二战"后,全人类都清醒地意识到战争给全世界带来的灾难与毁灭,各国开始制定和平解决争端与冲突的方法,法律、政治手段开始更多地运用到冲突解决当中。

作为当代大学生,除法学专业的学生外,各专业的同学都要在大学阶段修

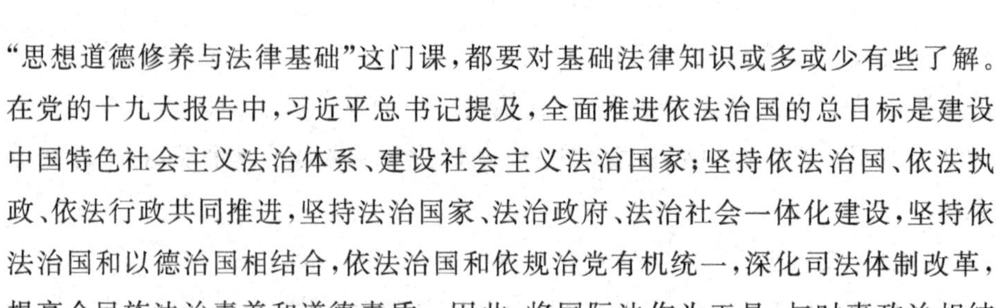
“思想道德修养与法律基础”这门课，都要对基础法律知识或多或少有些了解。在党的十九大报告中，习近平总书记提及，全面推进依法治国的总目标是建设中国特色社会主义法治体系、建设社会主义法治国家；坚持依法治国、依法执政、依法行政共同推进，坚持法治国家、法治政府、法治社会一体化建设，坚持依法治国和以德治国相结合，依法治国和依规治党有机统一，深化司法体制改革，提高全民族法治素养和道德素质。因此，将国际法作为工具，与时事政治相结合，是提高学生法律意识的一剂良方。

四、实施从“思政课程”到“课程思政”的建议

（一）结合新形势，说好思政故事

党的十八大以来，习近平总书记在十几次出访的公开演讲中，讲述了很多温暖人心的故事，拉近了中外民众的心理距离，向世界形象地传递出中国观点和中国态度。作为高校思想政治教育的一线工作者，我们要把握新形势，因时而进，因势而新，不再将思想政治的内容局限于四门课中那些枯燥又过时的理论知识，要结合自己学习、教学的鲜活事例，为同学们讲好“思政故事”。此外，作为一名辅导员，要善于挖掘同学们自身的故事。无论是孝子贤孙、励志榜样，还是发奋图强的后进生、改过自新的失足青年，每一位身负正能量的学子都值得被称颂。

（二）运用新手段，激发学习兴趣

笔者本学期新开设通识课一门，名为“影像中的国际法学”，目的就是想通过五部与国际法有关的电影，讲述国际法的基本理论，激发学生学习国际法的兴趣。目前，课程临近结束，预期效果也已达到。基于此，在课程中不妨引入影像教学，从电影中去挖掘相关的思想政治知识，让知识变得生动形象，便于理解。此外，还可以指定电影片段，让学生通过角色扮演，深入剧情中，感受爱国主义、理想信念、道德法制等教育。

（三）传播正能量，树立典型模范

要实现“课程思政”，还要借助于名家、大家的倾情相助。例如，浙江工商大学法学院教授徐祥民开设的千人通识课“近平法治思想”，将思想政治教育与通识教育、专业教学融会贯通。这种创新式授课模式在浙江工商大学尚属首例，吸引了上千名学生赶赴剧院听课。类似于这样的学术大家，我们应该将他们邀

请到思想政治课的讲台，用他们的丰富学识、学术魅力，传播正能量，通过树立一批“课程思政”的典型模范，号召广大教师学习，不断提高“课程思政”的水平，让思想政治教育贯穿高校教育的始终。

五、结束语

习近平总书记在全国高校思想政治工作会议的讲话中提出，高校思想政治工作关系高校培养什么样的人、如何培养人及为谁培养人这些根本问题。因此，我们要坚持把立德树人作为中心环节，把思想政治工作贯穿教育教学全过程，实现全程育人、全方位育人。作为高校一线思想政治教育工作者，我们应该提高思想认识，努力改进工作方法，利用好网络新媒体，努力开创我国高等教育事业发展的新局面。

参考文献

[1] 曾令良. 国际公法学[M]. 北京：高等教育出版社，2016.

[2] 蔺运珍. 论马克思恩格斯国际法思想[D]. 山东：山东师范大学，2008.

[3] 刘宏帅. “一带一路”区域一体化的国际法问题研究[J]. 法制博览，2017(33)：175-176.

[4] 肖娴. 论习近平的国家主权安全思想[J]. 内蒙古大学学报(哲学社会科学版)，2015(5)：28-32.

[5] 王学俭，刘珂. 融入日常生活：思想政治教育的微观建构[J]. 思想教育研究，2015(2)：18-22.

[6] 虞丽娟. 上海市从战略高度构建“课程思政”教育体系[N]. 中国教育报，2017-01-16.

浅谈“90后”的前奏与尾声
——“90后”师生思想政治教育模式探究

王奕鉴　应玉燕　牛　翔

（浙江工商大学法学院　浙江杭州　310018）

摘　要：随着第一批“90后”教师进入高校工作，高等教育迎来了一个全新的时代，即“90后”老师教育“90后”学生。由于时代快速发展，当今社会的青年群体已不能简单地用十年一代人来划分，看似年龄接近的两个群体却有着不易被察觉但十分深刻的差异。如何在“95后”学生中开展工作成为刚参加工作的“90后”教师面对的首要问题。本文以年轻辅导员的视角阐述了“90后”与“95后”青年群体间的异同，分析了“95后”学生身上的优点和特点。在此基础上，总结工作方法与心得，为高校思想政治教育团队提供了基于“90后”视角的探讨。

关键词：“90后”　“95后”　辅导员　大学生

今年6月，作者进入了浙江工商大学的学工队伍，成为这个学校比较年轻的一批“90后”辅导员，迎来了一批“90后”学生。虽然老师和学生都是“90后”，可是概念却大不相同。以出生时间为节点划分，可以将20世纪90年代出生的人分为“90后”与“95后”，现在正在大学校园中接受高等教育的学生以“95后”为主力军。

看似相近却又完全不同的两个群体“狭路相逢”，必然会碰撞出很多惊喜与问题。很多刚入职的辅导员在工作中遇到的第一个问题就是不了解自己的学生或者自以为了解自己的学生，这给年轻辅导员开展日常工作造成了一些困扰和心理落差。经过一个学期的相处和磨合，学生在逐渐适应大学，而老师也在逐渐适应学生。在这个过程中，作者一直在思考如何根据“95后”身上的特点来激发他们的潜力，以达到育人的目的。

一、“95后”的成长环境

探讨每个时代人群的特点都必须结合他们的成长环境来谈。“95后”的成长是在中国多领域飞速发展的时代,他们的父母大部分是接受过较高水平教育的“70后”,“95后”中的多数人不愁吃穿,物质条件优渥。2000年以后的中国迎来了经济腾飞,综合国力不断增强,文化实力逐渐得到世界肯定,这个时期的中国开始逐渐走向世界舞台的中心,不断提高国际话语权。

这个时期的中国接收了大量外国先进科技文化的输入,同时也遭遇了不同意识形态的“进攻”。在接受国外先进理论水平与科技的同时,西方式民主通过经济、法律等高等教育教材渗透进我国社会,造成某种程度上的“水土不服”,某些不适用本国国情的西方价值观以互联网为主要渠道传输给“三观”尚未成熟的青少年。“95后”一代人的成长虽逢太平盛世,但改革开放后的转型期社会矛盾冲突不断,国家仍面临各种机遇和挑战。

可以说,“95后”经历了中国近代史上极为特殊的一个时代。这个时代的中国,经济飞速发展却又不均衡,科技不断革新却又不充分,党和国家领导人带领全国人民艰难探索,寻求一条通往共产主义的道路。在这个过程中,收获与失落并存,先机与危机共生,社会一直在变革,这些变革充斥在“95后”成长过程中的方方面面,对他们的影响最为直接。

二、“95后”的自身特点

在这种复杂环境下成长起来的“95后”,作者经常评价他们是“进化了的人类”。一个物种的进化在生理上的体现是十分缓慢的,但是“95后”在心智方面的普遍早熟已经是社会公认的事实。

他们接受新鲜事物的能力极强,敢于尝试新事物,对生活中非常规事件兴趣盎然,崇尚创新精神、探索精神,具有渴求体验的心理。他们能够利用网络等多种渠道获取信息和知识,知识面和知识储备量迅速扩大,视野不断开阔,心智发展超前。

可以说,这是价值取向十分多元的一代人,越是多元,就越是难以得到共鸣和认同。互联网给多元价值取向的“95后”提供了平台和资本。他们可以通过网络寻找志同道合的人,形成一个个看似开放包容实则封闭排外的社交圈,这些社交圈的主题从兴趣爱好到网络游戏、从历史探究到先锋艺术,应有尽有,一旦掌握网络这个便利工具,就如同打开了通向不同世界的“任意门”,不同领域不同圈子相互交融,让世界变得绚丽多彩,令人眼花缭乱。但这也让很多本就是独生子女的“95 后”朝着小众、孤立的方向陷入集体焦虑与孤独之中。

如今“95 后”身上被贴了很多负面标签：政治信仰迷茫、理想信念模糊、社会责任感缺乏、艰苦奋斗精神淡化、团结协作观念较差、心理素质欠佳……种种标签中，功利性最为突出。他们深刻地清楚自己想要的是什么，这种功利性在明确目标和方法的过程中让很多学生失去了格局和本心，使他们错过了这个年龄段应有的单纯和快乐。从某种程度上讲，这样的成长轨迹对于“三观”的塑造产生了负面影响。

三、“95 后”思想政治教育环境分析

在这种情况下，政治辅导员的工作就显得尤为重要。大学生正处在“三观”逐渐定型的重要阶段，大学以前，学生们主要的任务是学习和应试，他们不需要分担家务、为经济来源付出劳动，也不需要对社会进行志愿服务或是投身公益事业，每个人几乎都是生存在学校与家庭两点一线的模式之中，甚至在为人处世方面也不需要动脑筋，一切以学业为主、以成绩为重。

进入大学之后，学生们才开始逐渐接触社会。大学是一个小社会，也是多数人从学生到独立个体的过渡平台。学生们不仅要应付多而杂的课业任务，同时也要维系寝室关系，处理恋爱问题，担任学生干部及管理好自己生活的方方面面。这将是学生们学会独立思考、培养自己独特的思维模式的黄金时期。

大学是天堂，是象牙塔，同时也是最易受到各种思潮影响的地方。尤其在国际化水平较高的学校，不论是与留学生互动，还是在校期间参加出国交换活动，大学生都会在不知不觉间形成一种文化的潜在输出与吸收。世界观、人生观和价值观三者间有着密切的联系，不可分割。作为学工战线上的一员，辅导员积极引导大学生树立正确的世界观、认识观和价值观是工作的重中之重。

新入学的大学生群体中普遍存在“不信老师信学长”的现象，这给思想政治工作带来了一定程度的困难。当然，要想牢牢抓住思想政治教育工作的主动权，光把目光放在新生群体中是不够的，同时还要有思想政治水平较高的学生干部团队的配合。对于新入职的辅导员来说，大多数都在学生时代担任过学生干部，一些辅导员于学生时期担任学生干部的“优越感”还在，在与学生相处时极易混淆老师与学长的角色定位，导致“人生导师”和“知心朋友”的角色定位不准确。

四、结合自身实际优化工作方法

年轻辅导员在工作中的最大优势就是很容易拉近与学生之间的距离，成为学生们的知心朋友。在日常生活中，很多学生会给自己的辅导员起外号如“大佬”“老板”等，也有同学亲切地称呼他们为“哥”或者“姐”，这是学生们主动拉进自身与老师间距离的一种方式。这种亦师亦友的身份能够帮助辅导员逐渐掌握老师与学生之间的相同点和差异，主动适应学生们的节奏，以一个老师的身份指正学生的错误，以朋友的身份引导学生们发展。

作者以一个沉迷手机游戏的玩家身份“改邪归正”，号召同学们不要被手机绑架，不要再沉迷手机里的荣耀，而要努力成为现实中的王者；军训结束欢送教官时组织每人拍一张军装照片、写一段赠言贴满一本感恩纪念册；一有热点问题就组织同学们利用晚自习开班会探讨，碰撞思想的火花；把秋游名单要过来专门看是否有经济困难生缺席，帮他们垫付旅费……工作要求辅导员贴近实际、贴近生活、贴近学生。起初作者是不知道该往哪贴、怎么贴，甚至“热脸贴到冷屁股上”，到后来能够跟学生们打成一片，经常聚餐，最重要的一点就是让自己保持年轻的心态，用好网络思想政治的平台。

网络思想政治平台是辅导员开展思想政治教育的重要渠道之一。在微博、微信朋友圈、QQ空间等平台上，辅导员可以与学生展开深切的交流，让师生之间实现更全面、更细致和更直接的双向了解。通过网络工具，辅导员还可以掌握不断变化的网络流行用语，例如“妈耶”“吃鸡”“佛系”等，使自己与学生们能够有共同语言，消除与学生之间的距离感，使思想政治教育进入学生生活、进入学生头脑，让辅导员永不落伍，一直年轻。

学生干部的培养也是辅导员工作的重中之重。如果能培养一批高素质的学生干部，不仅能帮助辅导员减轻工作负担，同时也能充分发挥先进学生的带头作用，使思想政治教育融入学生内部，达到事半功倍的效果。作者在学生军训期间选择学生临时班委时采取的是随机措施，在军训期间不断地培养学生的能力，纠正他们的工作方式方法，最终在军训结束后的班委民主推选中，临时班委全部当选。对于我所带年级的学生干部，作者的宗旨是对学生干部要培养而非“利用”。如果按照择优选拔，很多不够优秀的同学就很可能没有担任班委锻炼自己的机会，所以作者经常对同学们说，其理解的教育的本质就是让一个人从不会到会、从不行到行。这对学生干部的自信心和归属感的培养起到了良好的作用。

习近平总书记在全国高校思想政治会议上提出，高校思想政治教育关系到高校培养什么样的人、如何培养人和为谁培养人的问题。这涉及中国未来发展方向的问题。作为思想政治教育工作者，我们不仅要培养又红又专的社会主义合格建设者，更要培养可靠接班人。只有做到真正关心学生成长，以心换心，跟学生们在一起，才能找到学生们所需，满足学生们所求，因此每日、每时都是不可错过的关键时机。

五、结束语

高校思想政治工作任重道远，这项艰巨的任务已经落到了很多“90后”教师的肩膀上。作为“90后”开端的一代人和“90后”末尾的一代人的交融之地，高校提供了一个良好的平台来深入研究思想政治教育育人新模式与新视角。“90后”师生将共同努力，携手奋进，共同成长为祖国发展所需的人才和强大动力，为祖国建设和中华民族的伟大复兴贡献属于“90后”的青春力量。“80后”用实际行动撕掉了他们身上“垮掉的一代”的标签，作者相信，迟早有一天，“90后”也能用实际行动去掉身上负能量的标签，成为正能量的代言人，被时代歌颂。

参考文献

[1] 巫海波. 浅析“90后”大学生思想政治教育工作[J]. 才智，2011(5)：127.

[2] 刘守勇.大学生思想政治教育要素探析[J].南阳理工学院学报，2009(15)：81-83.

[3] 翟光艳，张波勇. 基于当代大学生特点的高校马克思主义大众化探析[J]. 中国电力教育，2013(11).

[4] 谈玉婷.“90后”大学生的思想特征及成因探析[J]. 黄石理工学院学报(人文社会科学版)，2011(3)：75-78.

生命教育融入高校大学生思想政治工作的三维探析*

尚 璇[1] 王庆生[2]

(浙江工商大学 1.人文与传播学院

2.党委、校长办公室 浙江杭州 310018)

摘 要:作为贯穿生命发展全程的终身教育,生命教育既是一种教育发展目标,也是一种教育价值取向,更是一种教育实践探索。高校大学生思想政治工作与生命教育关系密切,两者的目标具有一致性、方法具有相通性、内容具有相融性,联合实施可以达到事半功倍的教育效果。在开展大学生思想政治工作时,要发挥生命教育独特的价值和作用,在理论和实践相结合的过程中,必须做到:精确把脉,找准生命教育的切入点;聚焦共鸣,抓实生命教育的结合点;严爱相济,掌握生命教育的平衡点,最终实现立德树人这一根本任务。

关键词:生命教育 高校 大学生思想政治工作 价值 路径

近年来,发生在高校校园内的自杀、犯罪等轻视生命、戕害生命的事件屡见报端,这些悲剧的发生都从侧面折射出我国高校生命教育的缺失。面对在大学里肆意弥漫着的浮躁、空虚、迷茫、焦虑气息,引导学生认识生命、尊重生命、爱护生命、发展生命显得越发重要,在高校大学思想政治工作中融入生命教育已经刻不容缓。自觉将生命教育与高校思想政治工作有机地结合起来,帮助大学生树立正确的生命观,促进大学生全面健康成长,既是非常必要的,也是完全可能的。贯彻落实全国高校思想政治工作会议精神,积极探索生命教育开展的途径和方法,应是高校思想政治工作者迫切需要面对和解决的重要课题。

一、生命教育融入高校大学生思想政治工作的价值意蕴

生命教育是以生命为核心,以教育为手段,直面人的生命现实和生死问题

---

* 项目来源:本文系2015年浙江工商大学高等教育研究课题"大学新生始业教育中加强生命教育的实践路径研究"(课题编号:Xgy15067)的阶段性研究成果。

的教育。根据思想内涵的不同,生命教育可以划分为广义的生命教育与狭义的生命教育。广义的生命教育,即作为一种价值追求的教育实践活动,指的是强调生命是教育的出发点,教育过程要依据生命的特点,遵循生命发展的规律,不断为生命的成长创造条件,引导生命充分而独立、自由而全面、和谐而富有创造性地发展,亦被称为生命化教育。狭义的生命教育,即作为一种教育内容的教育实践活动,指的是强调生命的知识、意义、价值等内容,教人尊重生命、认识生命、珍爱生命、欣赏生命,探索生命的意义,实现生命价值的活动。根据不同的教育内容,又可分为探讨身心健康取向的生命教育、探讨生死取向的生命教育、探讨伦理取向的生命教育、探讨宗教取向的生命教育、探讨社会取向的生命教育等等。生命教育的价值何在?主要体现在以下几个方面。

1. 生命教育是一种教育发展目标

意大利教育家蒙台梭利曾指出,教育的目的在于帮助生命力的正常发展,教育就是助长生命力发展的一切作为。从生命和教育的关系看,教育始终伴随着生命的成长和发展,教育的过程就是生命发展的过程,生命是一切教育的起点和归宿,生命和教育是紧密联系、融为一体的。生命教育指向人的全面发展,它既是全部教育的前提,亦是教育的最高追求。从人的主体性发展角度来说,生命教育的第一要义,就是要引导人感悟生命,鼓励人珍爱生命;启发人思考生命的意义,体验生命的价值;创造条件去发展和完善自身的生命,提高生活品质、生命质量和文明程度;形成积极的世界观、人生观和健全的人格。从教育的主体性发展角度来说,生命教育的首要任务,就是要实现教育向人的回归、向生活世界的回归,使学生领悟到个体生命与外部世界存在的意义,以此消除图书音像世界、网络虚拟世界对教育意义和价值的遮蔽。

2. 生命教育是一种教育价值取向

生命教育强调,教育要以丰富学生的精神世界、释放学生的内在力量、发挥学生的生命潜能、提升学生的生命质量为基本取向,鼓励学生去创造和实现有意义和有价值的人生。开展针对大学生的生命教育,要解释并探讨"人生三问",即"人因何生""人为何生""人何以生";要注重科学性与人文性的统一;要注重生命与生活、个体与社会、课堂教学与课外实践的协调统一,这些对于促进大学生成长成才具有重要意义。从教育理念的角度来说,生命教育有利于引导大学生坚持"以人为本"的理念,树立全人教育的思想,形成正确的生死观念。

从教育意义的角度来说，生命教育有利于帮助大学生正确地看待人生、理解生命，提高应对生老病死的心理承受能力，从容地面对生命的无常与挫折，增强生命的获得感和幸福感。从教育内容的角度来说，生命教育有利于从生命知识、生命关系和生命价值方面对大学生进行教育，三方面结合起来才是完整全面的生命教育。

3. 生命教育是一种教育实践探索

生命教育，最早源于 20 世纪初在西方兴起的死亡学及之后发展起来的死亡教育、生死教育。1968 年，美国的杰·唐纳·华特士首次提出生命教育的思想，并在加州创建阿南达学校，实践生命教育思想。随后，生命教育在美国、日本、英国、瑞典等国家得到倡导并实施。近年来，国内许多省市也开始积极推行面向中小学的生命教育，上海、辽宁、江苏等省市开展了生命教育专题调研、教学实践、教材编写等活动，尤其是 2004 年上海制订了《上海市中小学生命教育指导纲要（试行）》，这标志生命教育在我国取得合法地位并进入推行阶段。国内很多高校也都先后成立生命教育研究中心，开展生命教育论坛等活动，开发生命教育相关课程，如北京师范大学、武汉大学等。2010 年，我国《国家中长期教育改革和发展规划纲要（2010—2020 年）》中写明要“重视安全教育、生命教育、国防教育、可持续发展教育”，这是生命教育第一次被载入国家教育文件，正式被纳入国家战略部署中，体现党和政府对生命教育的高度关注。

二、生命教育融入高校大学生思想政治工作的理论关联

生育的教育，亦是教育的生命。教育的意义在于“成人”，在于塑造和培养人的健全的人格。清华大学教授、著名心理健康教育专家樊富珉教授曾指出，干预自杀，最重要的是心理健康教育，其中生命教育是重点。如果学生真正了解了什么是死亡，他会更懂得珍爱、尊重自己与他人的生命，而不是选择结束生命。生命教育，就是要在教育的过程中实现对人的生命给予物质与精神的双重关怀，要让每个学生在获取知识的同时，获得人格的完善、思想的启迪、情感的交融，帮助学生得到生命多层次的满足和体验，实现人自由而全面的发展。

从个体生存和发展的角度来看，生命教育是高校大学生思想政治工作的重要内容，是其他教育实践活动开展的基础和前提，其与高校大学生思想政治工作之间存在着密切联系。

1. 两者的目标具有一致性

生命教育不同于课堂的学科教学，它着眼于每个学生生命的整体发展而不是传授某方面的知识，它不是一成不变、照本宣科的，而是与时俱进、灵活多样的。生命教育的核心是"以人为本"，要求必须尊重受教育者的生命个体的地位，发挥生命个体自身的作用，要让其在情感上而不是在知识上感受到生命的意义，体味到生命的价值。与之相对应，高校大学生思想政治工作要实现教育目标，通过引导学生树立远大理想和崇高信念，达到培养人、教育人、发展人的目标，一要帮助大学生正确对待生命，做到尊重生命、认识生命、珍爱生命和欣赏生命；二要通过培育大学生的积极性、主动性、创造性等精神特质，使他们走向内心的强大，其实质也是"以人为本"。因此，从培养目标来看，两者是基本一致的，都是要使大学生成为对他人有益、对社会有意义的人。

2. 两者的方法具有相通性

生命教育思想所提倡的个性化教育、体验教育、情境教育等教育方法很好地解决了教育的教条化、工具化、知识化倾向等问题，有利于促进学生生命的全面、健康成长。与之相对应，高校大学生思想政治工作亦是提倡采用多样化教育方法。但是，由于受传统教育观念等因素的影响，这些教育方法还没有得到很好地运用，还未能发挥积极效用。因此，我们可以借鉴生命教育思想，树立以生命为中心的教育观念，超越以往人的生命在教育中的工具性地位，突出人的生命的目的性、整体性和实践性，并在结合教育目标、内容的基础上，突出个性化教育，加强体验教育、情境教育和实践教育，促进大学生德智体美全面发展。因此，从教育方法来看，两者所提倡、采用的方法是一致的，是相互贯通、彼此促进的。

3. 两者内容具有相融性

生命教育通过传授生命化的教育内容，帮助学生掌握生命常识、确立生命目标、实践生命过程、获得生命体验、树立生命理想，使教育与生命的成长融为一体。而大学生思想政治工作的主阵地和主渠道是高校思想政治理论课，其核心是解决理想信念问题，帮助大学生树立正确的世界观、人生观、价值观，培养中国特色社会主义合格建设者和可靠接班人。融入生命教育思想观念，促进高校大学生思想政治工作教育内容的变革，根本在于实现教育内容的生命化，即尊重人的天性和成长规律，善于从鲜活的现实生活中提取大学生思想政治教育所需的素材与视角，在教育内容选取上突显出人文关怀。因此，从主要内容来看，两者是彼此融合的，既要强化思想政治教育，又要有效融入生命教育，使两者相得益彰。

三、生命教育融入高校大学生思想政治工作的实践策略

“培养什么样的人”的问题是教育的根本问题。习近平总书记在全国高校思想政治工作会议上指出，思想政治工作从根本上说是做人的工作，必须围绕学生、关照学生、服务学生，不断提高学生思想水平、政治觉悟、道德品质、文化素养，让学生成为德才兼备、全面发展的人才。做好高校思想政治工作，要因事而化、因时而进、因势而新。而“做人的工作”，首先就是要把人作为具有生存和发展权利的生命个体去尊重、培养和教育。因此，要想在高校大学生思想政治工作中，实现这一要求并使其被广泛接受，离不开生命教育的推广和实施。

在高校大学生思想政治工作中，融入生命教育的思想和内容，必须找到合适的位置、运用恰当的方法手段、选择正确的渠道与路径，要有利于大学生的成长成才，建立起“思想政治教育＋生命教育”的长效机制，才能取得良好的效果与成绩。

1.精确把脉，找准生命教育的切入点

大学生的学习具有专业性、自主性、多元性和创新性等特点，自主性是大学生活动的核心。开展生命教育，高校教师要坚持教育者先受教育，成为具有生命教育先进思想的学习者、研究者和践行者，要将生命教育融入课程内容，传授科学的知识和方法，实现生命关怀进课堂、进教材、进头脑。重视营造学校和谐人际环境，发挥环境育人的作用。特别是在新生始业教育中，要充分利用大学“第一课”关键点，增强新生生命教育意识，挖掘显性和隐含的生命教育内容，分层次、分阶段，适时、适量、适度地开展生动活泼的生命教育活动。同时，注意调动学生学习的积极性和自主性，充分发挥班级、学生社团、社会实践等载体的作用，结合对“互联网＋”教育信息技术的运用，利用课内课外相结合等的方式开展青春期教育、心理教育、安全教育、环境教育和法制教育等专题活动。

2.聚焦共鸣，抓实生命教育的结合点

生命教育是一项综合性教育工程，需要家庭教育、学校教育、社会教育相互配合、协同推进，只有这样才能让教育取得实效。学校教育应该成为生命教育

的主阵地，鼓励高校教师结合教学内容和要求，通过课堂教学、课外活动、专题讲座、网络互动、设置心理咨询室等途径，利用多种手段和方法开展生命教育活动。家庭教育应该成为生命教育的基石，父母不在身边可以放手但不能放纵，要充分发挥"原生家庭"的重要作用，父母可通过消弭代沟、启蒙教育、生活关注、情感沟通等途径，不失时机地借助家庭聚会、假期旅游等契机对孩子进行即时教育，营造和谐温馨的家庭环境。社会教育应该成为生命教育的拓展，社会有着丰富的教育资源，通过社会政策、媒体关注、朋辈互助、文化建设等途径，可科学恰当地推进生命教育，营造有利于学生健康成长的社会环境。

3. 严爱相济，掌握生命教育的平衡点

尊重学生的生命就是尊重学生的人格，尊重他们的思想、情感和自由。在开展大学生思想政治工作时，教师不能寄期望于通过摆事实、讲道理就能让学生"我讲你听，我讲你做"，而要以民主平等的态度来对待学生。师生之间的相互平等是教育开展的基础和出发点，教师和学生只有在平等的基础上，才能彼此心平气和，敞开心扉进行真正的对话与交流，从而达到相互理解的境界。教师要注重理论和实践相结合，应当鼓励大学生积极参加社会实践活动，如青年志愿者活动、暑期社会实践、勤工助学、红色基地参观学习、保护环境、义务支教等公益活动，将生命教育内化于心、外化于行，释放生命个体的热情和活力，长知识、增才干，理解和认识到生命的真正价值和意义——在于自己能为社会的发展进步做贡献。

总之，实现生命教育与高校大学生思想政治工作的有效融合，必须转变教育者的思想教育观念，切忌人为割裂两者之间的共生关系。要努力将思想政治工作重心下移，关注大学生的生命成长，不仅要让大学生感受到自然的生命，而且要让他们感受到社会的生命和精神的生命，激发大学生的思维创造力和生命活力，增强大学生学习的责任感、幸福感和尊严感，这样才能使教育者在成就个体生命价值中履行高校思想政治工作的责任和使命。

参考文献

［1］新华网. 习近平：把思想政治工作贯穿教育教学全过程［EB/OL］.（2016-12-08）［2017-02-15］. http://news.xinhuanet.com/politics/2016-12/08/c_1120082577.htm.

[2] 王润东.生命教育观在高校德育中的实施策略[J].教育与职业,2011(8):56-57.

[3] 韩凤霞.高校思想政治教育视域下大学生生命教育探析[J].佳木斯大学社会科学学报,2014(4):87-90.

[4] 沈廷川.论生命教育视域下的高校思想政治理论课教育[J].世纪桥,2014(7):27-28.

新媒体视角下核心价值观认同教育的机制研究
——基于《那年那兔那些事儿》的分析

沈银红

（浙江工商大学　外国语学院　浙江杭州　310018）

摘　要：社会主义核心价值观认同教育是培育大学生核心价值观的重要基础。近年来，信息化的飞速发展，促使新媒体为大学生核心价值观的教育提供了新的方式。本文通过一个成功的核心价值观传播案例，解析新媒体在核心价值观认同教育中的作用机制，探索新媒体时代核心价值观认同教育的机制。

关键词：核心价值观　新媒体　认同

社会主义核心价值观是高校思想政治教育的主题。习近平总书记指出，要坚持不懈培育和弘扬社会主义核心价值观，引导广大师生做社会主义核心价值观的坚定信仰者、积极传播者、模范践行者。① 做好核心价值观教育，必须围绕学生、关照学生、服务学生，不断提高学生思想水平、政治觉悟、道德品质、文化素养，让学生成为德才兼备、全面发展的人才。培育社会主义核心价值观是让其“内化于心”。一般而言，核心价值观教育主要通过“认知、认同、认真”三个基本环节来进行，对核心价值观进行认同教育是培育大学生核心价值观的重要基础。

然而，伴随信息化大潮的到来，高校核心价值观教育凸显出诸多的问题，青年人尤其是大学生在核心价值观的认同方面存在认知水平低、接触渠道单一等的问题。② 而造成这些问题的原因主要是高校核心价值观教育形式落后、单一，导致课堂作用发挥有限，缺乏创新性和针对性，强制性灌输思想在互联网时代的作用极其有限。以何种形式和机制开展核心价值观教育，是思想政治教育的重大命题。

近年来，共青团中央、各地团委、各大高校也开始在新媒体方面进行思想政治教育尝试，其中影响最广泛、效果最鲜明的当属动漫作品《那年那兔那些事儿》。

---

① 《青年要自觉践行社会主义核心价值观》，习近平在北大考察时的讲话，2014 年 5 月 4 日。

② 周古月.当代大学生对社会主义价值观的认同现状及教育对策研究[D].上海：华中师范大学，2014.

一、基本情况

《那年那兔那些事儿》是现象级的爱国主义题材的国产动漫作品，在青年人尤其是“95后”中引起了巨大反响。本文以《那年那兔那些事儿》为案例进行分析，探寻美育在核心价值观教育中的作用机制，为高校开展核心价值观教育提供新的解决思路和操作路径。

(一)社会影响

《那年那兔那些事儿》文本原作是“野风之狼”(网络ID)于2011年2月在天涯发表的《小白兔的光荣往事》，以兔子和其他动物的形象来表述中国共产党的奋斗历程，同时“小白兔爱喝大骨汤”创作了《苦逼坑爹小白兔》来承载该故事。两者在天涯网站均引起较大反响，到2012年7月，《小白兔的光荣往事》阅读量达到700万次左右，回复数量达到1.44万次。

2011年，“逆光飞行”(林超)开始创作《那年那兔那些事儿》漫画作品，初期以军事为主线，主要在军事论坛传播，后结合历史、军事、爱国等方面的要素，以二次元萌系漫画为创作手法，讲述中华人民共和国成立之前及成立以来的一些军事和外交的重大事件。其中兔子、种花家等动漫形象成为网络热词。2013年，开始进入动画市场，在年轻人聚集的B站(bilibili)，其是人气最高的国产动画，“兔子”和“我兔”成为我国的代指。

《那年那兔那些事儿》从2011年开始连载后，到2016年7月点击量达到了10亿次，改编动画在全网的播放量近2.5亿次。百度“那年那兔那些事儿”贴吧会员有84万名，累计发帖量达2224万条。同时创作了《那年那兔那些事儿》的翼下之风动漫科技有限公司获得了B站2000万元人民币的A轮融资。相关手游已经于2015年上线，电影作品进入筹备阶段。

从百度指数上看(图1)，自2013年后，《那年那兔那些事儿》的周平均搜索量基本保持在4600次左右。这一现象在2015年3月至9月间更是达到顶峰，达到了平均每周8888次。主要是由于自2015年3月开始，共青团中央实名认证微博开始频繁发布它的相关消息，一共22条。此后，人民日报、新华社、紫光阁、环球时报、中国日报等党媒开始推介它。可见，主流媒体对该作品的推广起到了很大的作用。

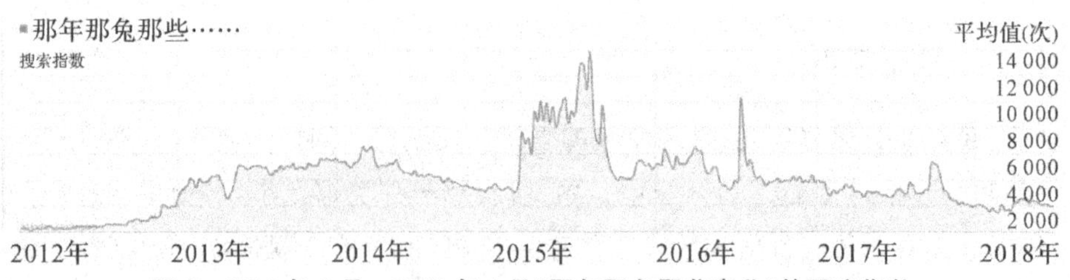

图 1　2012 年 1 月—2018 年 6 月《那年那兔那些事儿》的百度指数

(二)核心内涵和表现形式

《那年那兔那些事儿》作品的核心是爱国主义教育,以老一辈革命家的付出和奋斗为主线,突出强调信仰和对国家、社会的支持。因此,《那年那兔那些事儿》是标准的主旋律作品,其核心内涵是社会主义核心价值观中的"爱国"和"富强"。

表现形式上,《那年那兔那些事儿》以萌系动漫为载体,全部采用隐喻的表达手法,生动刻画了各国形象(见图 2),其中兔子代表共产党,秃子代表国民党(没耳朵的兔子),白头鹰代表美国,毛熊代表俄罗斯(苏联),脚盆鸡代表日本,棒子代表韩国和朝鲜等。

图 2　《那年那兔那些事儿》的人物形象设定

这些形象鲜明生动，与所表达的内容扣合紧密，同时结合了美国漫画的英雄主题和日本漫画的细腻演绎，符合“90后”青年人的审美取向。

在内容表达上，它强调中国人民的奋斗历程和所面临环境的恶劣，历史描述和叙事依然按照主流宣传口径进行，但内容丰富，有一定深度，有较强历史代入感和厚重感；通过萌化动物形象提高观看者的接受度，引起观看者的共鸣。如在对抗美援朝的叙事中，不仅体现了出兵朝鲜的必要性和战争中志愿军（志愿兔）不畏牺牲的形象，更是在后面强调了战友的情感和对待逝去战友回家的希冀，在宏大叙事和情感方面都达到了价值观的有效传播。广大网友表示被该部分内容“看哭”。①

二、新媒体在核心价值观认同教育中的作用机制

《那年那兔那些事儿》的成功，表明青年人对核心价值观的认同度是非常高的，但形式上需要符合当代大学生和青年人的审美和需求，具体有以下几个方面。

（一）核心价值观要突出，立场要鲜明

《那年那兔那些事儿》突出爱国，旗帜鲜明，崇尚充满信仰和奋斗精神的老一辈革命家。对比国内外核心价值观成功教育形态，如美国各类大片中突出的爱国、忠诚和友爱，国内很多核心价值观教育内容过于芜杂，内容繁多但不突出，或者突出的形式停留于口号层面，没有浸透在核心价值观整体教育体系中。因此，在未来核心价值观教育中，要坚定立场，突出价值观特色。

（二）注重情感体验，提高共鸣程度

情感是价值观交流的桥梁，无情感的说教在互联网时代越来越难对大学生和青年人产生有效影响。《那年那兔那些事儿》通过细节描述，将为国家奋斗的一代人中蕴含的情感有效地表达出来，突出人性与价值观的融合，受众情感得到共鸣，对价值观的理解更加深入。

（三）形式创新，符合当代青少年审美观

传统的价值观教育多停留在理论化和口号式宣传上，虽然方便操作，但形式单板，内容单调，在互联网信息爆炸的冲击下，与青少年审美观产生巨大鸿沟。《那年那兔那些事儿》采用动漫形式，萌化的人物形象、流行文化产品的制作模式，迎合青少年的审美需求，使得其受众广泛。

---

① 三声娱乐.粉红经济学：95后更喜欢二次元爱国教育视频？[EB/OL].[2016-08-06].https://www.huxiu.com/article/159169/1.html.

(四)内容充实,强调深度和内涵

单纯强调形式,不强调内容,会导致教育的可持续性差,深度有限,核心价值观不能深植于受众内心。《那年那兔那些事儿》涉及的是近现代历史和政治,其牵涉多方,由于该段历史资料繁多,就需要表达出历史的厚重感,在确定核心价值观的同时,给予受众自行探索的空间。受众通过其他渠道学习,能进一步印证作品内容和其表达的价值观,使所表达的价值观逐步浸润其心田。

(五)渠道多样,建立全方位宣传教育体系

《那年那兔那些事儿》从贴吧出发,通过各种渠道进行推广,包括了各大视频网站、论坛、微信、微博等,并形成手机游戏产品,通过有效互动模式提高与受众的黏性,未来将通过电影制作,将其所蕴含的价值观推广为大众文化。未来进行价值观教育时,也要建立多渠道的宣传渠道,扩大受众面。

三、新媒体视角下核心价值观认同的实现机制

(一)结合大学生特点,占领核心价值观教育的新媒体阵地

“90后”大学生成长于互联网时代,形成了其个性化、网络化、直观化的学习特点。当代大学生群体缺乏理性判断能力和自我反思力,虽然大部分学生有追求核心价值观,有提高自身修养和完善道德人格的美好要求,但很容易在互联网带来的大量混杂的信息及对西方思潮的盲目宣扬中迷失对核心价值观的认同。学校在进行核心价值观教育时可以结合“90后”大学生的审美特点,通过动漫、游戏、BBS、微信公众平台等吸引大学生主动接受核心价值观教育,形成全方位新媒体宣传体系,形成教育新阵地。

(二)以美育德,通过新媒体建立核心价值观教育新体系

当代大学生个性鲜明、追求新奇,传统的灌输式、口号式、课堂式的思想政治教育形式已很难达到教育效果,只有通过以美育德,通过与大学生审美相结合,运用先进文化去教育人和影响人,在思想政治观点层面逐步消除分歧和隔阂,才能让大学生在文化认可中接受并遵循正确的价值观念和理想信念。[①] 核心价值观要与美育深度结合,才能有既生动活泼,又有深度和内涵的作品;才能在不同层面上打动人的内心,与大学生产生共鸣。从目前实践来看,以美育德

---

① 袁贵仁. 加强有说服力的思想工作[N]. 光明日报,2002-03-26.

将是未来核心价值观教育的主要路径之一，美育的生动性、渗透性都能很好地承载核心价值观的输出。因此，利用美育来进行核心价值观教育，能有效扩大核心价值观教育的受众群体，提高核心价值观教育的效率。

(三)培养思想政治教育的新媒体人才，发展教育新模式

习近平总书记在全国高校思想政治工作会议上强调，整体推进高校党政干部和共青团干部、思想政治理论课教师和哲学社会科学课教师、辅导员与班主任和心理咨询教师等的队伍建设，保证这支队伍后继有人、源源不断。

高校思想政治教育队伍是大学生核心价值观教育的重要力量，在当前新媒体时代背景下，其应当紧跟时代步伐，提高自身教育能力，善于运用新媒体、新技术开展核心价值观教育。高校应完善思想政治教育工作培养体系，鼓励思想政治工作者通过个性化、网络化、自媒体化的形式开展思想政治教育，实现新媒体在思想政治教育中点、线、面的全覆盖。

参考文献

[1] 吴永华.论韩国核心价值观及其培育路径[J].延边大学学报(社会科学版),2015(1):75-81.

[2] 柯缇祖.社会主义核心价值观研究[J].红旗文稿,2012(2):4-7.

[3] 蒋晓丽，董子铭，曹漪那.新媒体培养大学生核心价值观的交互机制研究[J].湘潭大学学报(哲学社会科学版),2010(5).

[4] 范颖一.社会主义核心价值观认同的动力要素与机制探索——以高职学生为例[J].长江大学学报(社会科学版),2014(11):138-140.

[5] 左高山.政治忠诚与国家认同[J].马克思主义与现实,2010(2):105-109.

[6] 叶燕.莫坚义.浅论大学生社会主义核心价值观教育[J].人民论坛,2010(29):236-237.

[7] 孟轲.论社会主义核心价值观的认同主体[J].马克思主义研究,2015(4):21-29,39.

[8] 王永贵.社会主义核心价值观培育的目标指向和实现路径[J].思想理论教育,2013(3):8-14.

[9] 黎丽萍.试论大学生社会主义核心价值观的培育[J].学校党建与思想教育,2013(13):68-69.

浅谈大学生宗教信仰对高校思想政治教育带来的思考

杨月燕

（浙江工商大学　东方语言文化学院　浙江杭州　310018）

摘　要：随着世界经济一体化、信息化的迅猛发展，宗教对大学生信仰的影响渐趋复杂，越来越成为高校思想政治教育不可忽视的问题。本文分析目前大学生宗教信仰的现状，提出对现状应采取的措施。

关键词：大学生　宗教信仰　思想政治教育　对策

当前，随着国际国内形势的深刻变化，前所未有的文明冲突和文化碰撞，国际敌对势力与我国争夺下一代青年的斗争更加尖锐复杂，大学生宗教信仰问题越来越受到国家的重视和社会的关注。而大学生正处于人生最关键的十字路口，对人生开始思考但心智尚不成熟，使大学生对宗教问题的看法难以保持清醒理智的思考。因此，教育和引导大学生正确认识和对待宗教信仰，对于维护高校安全稳定、构建和谐平安校园有着重要的意义。

一、大学生宗教信仰的现状

1. 大学生对宗教的认识模糊，缺乏对宗教本质的正确认识

访谈调研发现，70%的大学生群体的宗教认识多是受家庭长辈的影响，由于家里祖辈父辈信仰宗教，认为自己也要信仰宗教，但对自己信仰的宗教的教义并不了解，并非完全认同该宗教宣扬的内容，也不定期参加宗教活动。可见，大学生宗教信仰呈现随意性、模糊性的特点，很多信教大学生根本算不上虔诚的宗教徒。

2. 大学生宗教信仰受民族信仰和地域影响

调查统计发现，大学生宗教徒主要来自少数民族地区。在某些少数民族地区，宗教作为一种意识形态影响着人们的精神生活，逐渐形成信仰传统，代代相传。来自中西部地区的大学生是信仰宗教学生群体的主力。可见，大学生受其成长环境的影响而信仰宗教是普遍现象。

3. 大学生对宗教信仰政策的解读存在不足

改革开放以来，党和国家发布了一系列有关宗教信仰的政策法规。宪法第36条规定："中华人民共和国公民有宗教信仰自由。"不少信教学生只知道宗教信仰自由的宗教政策，却不清楚其实还有一条非常重要的法律规定：学校应当坚持教育和宗教相分离原则，任何组织和个人不得在学校进行宗教活动。更有15%的信教同学认为，入党和信仰宗教不矛盾。可见，我国大学生对于宗教政策的认识和理解还存在诸多不足。

二、大学生信仰宗教的原因

大学生宗教信仰的原因有以下几点，包括家庭、学校、社会和大学生自身等方面。

1. 家庭因素

很多大学生信仰宗教最初是受家庭影响，这也是影响大学生宗教信仰最大的原因。家庭成员进行宗教活动使大学生从小就接触到某一宗教，进而潜移默化地进行效仿，自然而然地信仰宗教。有宗教信仰传统的家庭很容易让生活在其中的个体信仰该宗教。在少数民族聚居区，在民族全员信教的影响下，信教已经演化成特定地域和民族的生活习惯，因此从小生活在宗教氛围浓郁的少数民族大学生，难免会受到所处原生家庭和社会环境的影响。

2. 学校教育因素

高校马克思主义思想政治课程是高校进行信仰教育的主渠道，但是上课形式古板单调，内容形而上学，脱离学生生活实际，无法引起学生共鸣。大多数的思想政治课程停留在空谈大道理、照搬教材内容上课、没有结合当下实际，信仰教育的主动权也在逐步丢失。因此，大学生理想信念教育的阵地将不再坚实。

3. 社会环境因素

随着互联网信息技术的发展，宗教组织将宗教活动依托各种网络媒介和载体进行宣传，特别是针对在校大学生群体。部分国外宗教瞄准经济困难学生群体，以资助的形式赞助其出国游等障眼法吸引在校大学生传教、宣教。近年来，社会上不少商业行为充斥着宗教影响，大肆宣传宗教节日，从而在一定程度上扩大了宗教影响，使得大学生对宗教的感悟更加直观具体，更加感观化，从而容易被引入其中。

4. 大学生自身因素

大学生处于心智人格尚未完全成熟的阶段，面对学习、生活和就业的压力，特别是遭遇挫折、困难和苦恼时，会寄希望于神灵和上帝，希望获得慰藉和祝福。此外，大学生难以排解孤独和焦虑，会羡慕和向往宗教团体中彼此称之为兄弟姊妹的亲密的友谊和亲切的气氛，教友间互相关心和帮助的愉悦体验。实际上，大学生通过信仰宗教来消解现实生活中的压力和人生选择的茫然和恐惧时，深究其深层原因是逃避现实、寄托虚幻的思想，这很容易使学生在人生观的塑造上产生命运论，这不利于培养大学生的拼搏奋斗精神，对学生的负面影响是巨大的。

三、关于大学生宗教信仰的对策思考

宗教问题作为高校思想政治工作中的敏感问题，处理不当即是意识形态问题。因此，作为思想政治工作者，对大学生宗教信仰问题的妥善解决和引导，有助于构建和谐平安校园。

1. 加强和提高高校思想理论课教学水平

加强马克思主义宗教观与民族宗教政策等教育，在思政课程教学中设置宗教章节教学，与其让学生被社会上有心人士误导，不如让高校思想政治教师直面宗教问题和宗教文化知识，普及宗教文化知识，满足大学生对宗教文化的浓厚兴趣和强烈的好奇心，从正面引导大学生正确认识宗教的本质，主动化解宗教在大学生眼中的神秘色彩，帮助大学生摆脱宗教信仰的盲目性，使大学生对宗教的认识更全面、更深入。帮助学生看清宗教的本质，守护大学生世界观、人生观、价值观逐渐成熟的关键期。

2. 加强校园文化建设，活跃校园文化氛围

校园文化具有重要的育人功能，校园要大力加强大学生文化素质教育，依托第二课堂的各类载体，开展丰富多彩、积极向上的学术、科技、体育、文艺活动，寓教于文化活动之中。校园要善于结合传统节庆日、重大事件、开学典礼和毕业典礼等，开展特色鲜明、吸引力强的主题思想教育活动。学校要重视校园人文环境和自然环境建设，完善校园文化活动设施，建设好大学生活动中心。让学生在课余时间有地方可去，有活动可参加。加强校报、校刊、校内广播的建设，传播喜闻乐见的校园文化，同时可开设对话论坛，如邀请各类领域专家学者、优秀校友作为论坛嘉宾，分享其奋斗成长故事，介绍所在领域的前沿观点，为学生打造平台，打开眼界，从而引导学生树立坚定的理想信念，消除大学生精神空虚、信仰危机的根源。

3. 加强大学生心理健康教育，培养良好的心态

大学生正处于第二次“心理断乳期”，这是从幼稚到成熟的转折期。他们普遍存在情感过于丰富而承受挫折能力较差的问题，面对挫折容易产生消极厌世、逃避现实、迷失自我等不良情绪。面对这样的现状，与大学生接触最多的辅导员应提高敏锐观察学生心理问题的能力。通过朋友圈关注、互动交流、谈心谈话，及时发现问题和解决问题。根据大学生的心理特点，开展心理团体辅导和素质拓展活动，帮助大学生融入大学生活，引导他们找到自己的大学奋斗目标，从小目标做起，逐渐靠近人生路上的大目标。大学生有了健康的心理和乐观的良好心态，也就降低了因困难而求助宗教的可能性。

四、结束语

青年大学生是国家的未来，是祖国的希望，他们的信仰状况如何，直接影响着社会政治的稳定。要积极引导大学生成为中国特色社会主义事业的合格建设者和可靠接班人。面对大学生宗教信仰问题，高校思想政治工作者应当正面对待大学生宗教信仰问题，帮助大学生认清宗教的本质，依托丰富的校园文化载体，引导大学生树立正确的理想信念，从根本上解决大学生面对的各种问题和困难，这样大学生的宗教信仰问题才能在一定程度上得到有效解决。

参考文献

[1] 谈宗凡. 在校大学生宗教信仰现状及对策分析[J]. 新西部(下半月)，2007(4)：77-83.

[2] 戴嘉宝. 新时期大学生信仰宗教的调查分析[J]. 国家教育行政学院学报，2004 (2)：90-92.

[3] 王璐. 思想政治教育视阈下的大学生宗教信仰问题研究[J]. 思想政治教育研究，2013(24)：383-384.

[4] 朱坤道. 大学生宗教信仰现状及对策研究[J]. 福建高教研究，2010(6)：59-61.

[5] 热依拉，玉素甫. 对当代大学生宗教信仰问题的几点思考[J]. 领导科学论坛，2015(17)：61-62.

高校艺术类学生思想政治工作历史唯物主义解析

姜永禧

（浙江工商大学　艺术设计学院　浙江杭州　310018）

摘　要：从历史唯物主义的角度来看，高校的思想政治教育工作是一个历史发展过程，而艺术类思想政治教育工作一直是思想政治教育工作中的一个难点，如何从思想政治教育发展的历史脉络中梳理出解决方法便成为一种需要。结合历史的发展脉络，针对艺术类学生具有的思想前卫、思维活跃、个性突出、文化基础较薄弱和社会适应能力较强等特点，相应地采取思想政治教育的方法才会起到显著的作用和效果。

关键字：艺术　思想政治教育　历史唯物主义

高校思想政治教育工作是一个历史和发展的过程，继承和与时俱进是思想政治教育发展的一个基本特征。因此，用历史唯物主义的视角来看待高校思想政治教育的发展是马克思主义的一个基本要求。与此同时，艺术类学生作为高校里一群特殊的学生群体，他们既有着与普通学生相同的思想特征，又有着艺术类学生独特的思考方式，这种复杂的思想背景决定了向他们开展思想政治教育工作的艰难性和复杂性，因此如何对艺术类学生开展思想政治教育工作便成为一个不可忽视的问题。

一、艺术类学生思想政治教育工作发展历史脉络

追溯历史的发展，艺术类学生思想政治教育的产生与普通学生思想政治教育产生的时间相同，大体上艺术类学生思想政治教育的发展可以分为三个阶段：一是20世纪初马克思主义传到中国的早期产生阶段；二是中国共产党成立后到改革开放前的中期发展阶段；三是改革开放之后伴随着中国经济快速发展的思想政治教育大发展阶段。

马克思列宁主义传到中国之后，思想政治教育就相伴随而来。在这一时期，中国思想界可以说是百家争鸣，社会各界人士都在探寻拯救中华民族的道

路，此时欧洲俄国十月革命的成功给了正在寻找出路的中国人指出了一条康庄大道，以李大钊为代表的一批先进知识分子开始翻译马恩著作，将马列主义引入中国，而思想政治教育正是马列主义所主张的一种宣传手段和方式，只不过当时不叫这个名字，而叫宣传工作，直到苏联共产党成立的时候，才叫政治工作和政治思想工作。那一时代的中国正处于半殖民地半封建社会，人民生活困苦，学习艺术的人基本都是有着一定身份和地位的人，作为宣扬马列主义的思想政治教育仅仅停留在让更多的人了解、知道，但它为正苦于寻求救国道路的人士点燃了希望。因此，在思想政治教育产生之初，思想政治教育的作用并不是特别明显，且由于当时中国国情的复杂，艺术类学生在所有学生中所占的比重并不高，仅仅是一小部分人，思想政治教育对他们的作用也未得到充分展现，尚在摸索和发展之中。

中国共产党的成立标志着思想政治教育正式成为党领导人民进行武装革命的思想武器。1926 年，毛泽东发表了《中国社会各阶级的分析》一文，它为接下来党的思想政治教育指明了方向。在接下来的大革命时期，为了宣扬党的革命纲领，思想政治教育成为党宣传自身的一个手段，把思想政治教育与国民革命相融合，进一步把思想政治教育应用于工农运动之中。在中华人民共和国成立前的那段时间里，中国共产党把思想政治教育作为宣传手段，通过这种手段进行新民主主义革命是这一时期的基本特征，此时的种种艺术方式也成为一种思想政治教育的手段。中华人民共和国成立后到改革开放前的这段时间，党和国家领导人对思想政治教育高度重视，使得思想政治教育得到了空前的发展，“毛泽东把延安时期形成的党的思想政治进行整理，形成了新的论断，提出了思想政治工作这一科学概念，做出了政治工作是一切经济工作的生命线的新论断，提出了执政条件下党的宣传思想工作的任务，强调思想政治工作的基本任务是向群众灌输社会主义思想”[1]。阐明了党的宣传工作与中心工作的关系，强调要把时事政策的宣传与马列主义基本理论的教育密切结合起来。这时期百废待兴，文艺工作也逐渐恢复，艺术成为思想政治教育宣传的一种方式；另外，思想政治教育的发展也影响着艺术的发展，它为中国的艺术发展指明了方向，二者相辅相成。

党的十一届三中全会确立了解放思想、实事求是的思想路线，与此同时，改革开放政策的实施使得我国的经济得到了空前的发展，但随之而来的是西方思想如潮水般地涌入，由此，思想政治教育工作被提到了一个前所未有的新高度。我国先后确定了思想政治工作在国家工作全局中的地位，提出了思想政治工作的基本原则和方向及培养“四有”新人的新目标。这一时期经济的发展使得学艺术的人越来越多，艺术类学生在高考招生中的比例也不断扩大，他们渐渐发展壮大；并且由于艺术类学生会经常接触国外的作品，思想容易受到西方思潮的影响，因此针对他们的思想政治教育显得格外重要。1987 年党中央印发了《关于改进和加强高校思想政治工作的决定》，“明确要加强引导，把大学生思想政治教育放在突出位置，对大学生进行马克思主义理论教育，党的路线、方针、政策和决议教育，把爱国、集体和社会主义教育，理想道德和民主法制教育融入大学生思想政治教育中。”[2]这一文件的出台，为艺术类学生思想政治教育指明了道路。党的十四大确立了社会主义市场经济体制和全面改革开放的政策，此后，社会经济迅猛发展，人民生活水平的提高加之高考对艺术类考生的文化课要求相对较低，使得艺术类学生越来越多，个性突出、思想前卫等特点越来越明显，比较难进行思想政治教育工作变成了普遍问题。

二、历史唯物主义视域下艺术类学生的特点

1. 思想前卫，易受国外思潮影响

目前我国所谓艺术类包含了音乐、美术、舞蹈等方面，这些专业大部分都是世界性比较强、与国际交流和接触比较多的专业，因此要想学好这些专业，就要放眼世界，这就使得这些专业的学生思想与国际接轨，受国外思潮影响，相对于普通专业的学生更加前卫。

2. 思维活跃，不太善于表达

艺术是追求美和表达美的一种方式，是对语言的一种补充和说明，这就决定了艺术同语言是有差异的，艺术是通过特定的手法将所要表达的东西表现出来，它的这一特点就使得艺术类学生可以通过不同的艺术形式去表达他们的所思所想，但却不太擅长用言语来表达。另外，艺术本身就是一种创作、创新，艺术的这种特点就使学生们一直在思考如何通过其所学的艺术形式将他想要表达的东西表现出来，这种思考使他们形成了活跃的思想，并富有创新精神。

3. 个性突出，团队精神较弱

追求个性的解放是艺术类学生比较普遍的价值取向，他们喜欢洒脱、不受

束缚，这就导致了他们个性鲜明、突出，但受学习方式和专业的影响，他们缺乏自律性，集体意识较弱，常常会出现不积极参加活动等情况。他们对学校的规章制度和思想政治教育具有逆反心理，寝室卫生差，上课迟到、早退，上学期间出去兼职等情况在他们中普遍存在。

4. 专业学习认真，文化基础薄弱

随着经济的发展，越来越多的家庭能够负担起学习艺术的高昂费用，这也是艺术类学生逐年增多的原因，但大学里的艺术类学生又可分为两类：一类是本身喜欢艺术，甚至从小就开始学习艺术，打算以后从事相关方面工作的主动型艺术类学生；另一类是本身对艺术的兴趣不大，只是由于文化课相对较差，想通过艺考来弥补文化课的短板，从而考上较好的学校，这一类属于被动型学生。以上两类学生都会把自己的精力放到专业的学习上，但他们都有一个共同的特点——文化基础薄弱，这种薄弱会影响他们的眼界、人文素养等方面，从而会影响到他们的思想。

5. 与社会接轨较早，易受社会不良风气影响

艺术类学生相对于普通学生而言比较独立，因为他们从学习艺术课程起，就是自己独立完成的；坚持学习艺术类课程也磨炼了他们的意志，这使得他们的耐心较好，并且拥有着一项“技术”的他们在上学期间会经常出去做兼职，这就使得他们与社会接触较早，适应社会的能力比较强，很多学生毕业前就已经创办了自己的画室、公司等，这是他们的优势；但接触社会早的消极影响就是由于他们年纪较小，比较容易受到社会不良风气的影响，这种不良风气对于他们的成长成才是不利的。

三、历史唯物主义视域下艺术类学生思想工作的切入点

基于上述历史的维度及艺术类学生的特点，决定了艺术类学生的思想政治教育工作既有其普遍性，又有其特殊性。普遍性在于一切常规的思想政治教育都会对他们的思想起到教育作用；特殊性在于因为艺术类学生自身的特点，普通的思想政治教育可能作用不会太明显，这就决定了要针对他们的这些特点来进行思想政治教育工作。

1. 运用网络平台进行思想政治教育工作

网络思想政治教育是近年来思想政治教育工作的一个重要平台，艺术类学

生因接受新鲜事物的能力比较强，所以作为思想政治教育者要紧跟他们的步伐，充分利用微信、微博等网络平台，对他们的思想动态进行关注；同时通过分享一些思想政治教育的文章、视频等素材，间接进行思想政治教育。事实上，线上教育的内容他们会更容易接受。

2. 党团联动，举办特色活动

共青团员是艺术类学生中最重要的组成部分，要充分挖掘共青团员的发展潜力，通过团建来增强共青团对艺术类学生的向心力，并发挥党员的模范带头作用，通过党员的成长成才来带动和影响其他学生的思想状况，形成党团联动、相辅相成的局面。同时，要根据艺术类学生自身的特点和需要，举办一些受学生喜爱的特色党日和团日活动，让学生在活动中受教育，在活动中感受党和团的美好。此外，通过活动也能锻炼他们与人交往的能力及团队协作能力，使他们形成合力，提高自身能力。

3. 营造良好学习氛围，将思想政治教育与艺术教育相结合

“坚持教书与育人相结合。学校教育要坚持育人为本、德育为先，把人才培养作为根本任务，把思想政治教育摆在首要位置。”[3]这就需要教育者在进行艺术专业教育的同时，要将育人的理念融入其中，把专业课变成既传授专业知识又进行思想政治教育的双阵地。并且要发挥辅导员和班主任的作用，充分及时地了解学生的思想动态，把思想政治教育工作做全、做细，共同营造一个既富有人文关怀又进行思想政治教育的新维度。

4. 鼓励创新创业，寓思想政治教育于其中

“大众创业，万众创新”是李克强总理发出的号召，艺术类学生具有独特的创新创业优势，因此要充分调动他们的积极性。成立创业组织，吸纳有兴趣和有意向的同学加入，为他们创业提供培训，并与企业合作，形成院企联动；而在帮助他们创新创业的同时将国家的一些政策、法律法规及思想政治教育解读给他们，这样不仅能够起到思想政治教育的作用，还能够使他们端正创业态度，增强创业信心。

参考文献

[1] 张蔚萍. 中国共产党思想政治工作发展史[M]. 北京：中共党史出版社，2014.

［2］何育静.改革开放以来大学生思想政治教育发展历程概述[J].科教导刊,2015(14):72-73.

［3］中共中央国务院关于进一步加强和改进大学生思想政治教育的意见[Z].中发〔2004〕16号.

中国特色社会主义理论篇

师生满意度视角下美丽校园建设实现路径探究
——以浙江工商大学为例

鲍碧丽　许郑晗

（浙江工商大学　旅游与城乡规划学院　浙江杭州　310018）

摘　要：美丽校园建设，是学校建设和发展的重要组成部分，是学校稳定与发展的根基。师生满意度是衡量学校办学是否成功的重要标志之一，同时也在美丽校园建设中起着至关重要的作用。本文基于浙江工商大学美丽校园建设实践，通过对校内 900 位师生的问卷调查，从校园环境、校园文化、校园关系和师生自我实现四个方面着手研究师生满意度，旨在探究学校美丽校园建设的实现路径。

关键词：师生满意度　美丽校园　建设路径

一、引　言

党的十八大报告首次提出了“美丽中国”一词，创造性地描绘了“美丽中国”的宏伟蓝图与美丽景象，党的十九大报告再次提出要“加快生态文明体制改革，建设美丽中国”和“建设富强民主文明和谐美丽的现代化强国”，这些让“美丽中国”的概念更加深入人心。高校作为培养社会主义现代化建设者和接班人的主阵地，理应走在时代发展前列，建设美丽校园成为推动“美丽中国”建设的题中应有之义。尤其是在 2015 年浙江工商大学获批浙江省高校文化校园建设试点单位，明确“传承‘商’脉，以‘文’化人”的文化校园建设理念后，更是大力推动了美丽校园的建设进度。

师生满意度是教师和学生对所处学校整体情况的切身体验，并基于个人感知和需要而做出的评判。美丽校园建设应该体现“以师生为本”，因此师生满意度建设是检验美丽校园建设成果的最直观体现。美丽校园建设有利于提升师生对学校的满意度，而师生满意度建设反过来又能有效促进美丽校园建设。

二、美丽校园建设的内涵

美丽校园，应以满足师生居住、生活、工作、学习及情感的需要为出发点和落脚点，创造一种利于开拓进取的文化氛围、价值观念和行为模式，其核心是营造高度的教职员工及学生对学校的认同感和共有价值观。调查发现，美丽校园建设的内涵，教师认为最重要的是校园文化美(72.73%)，其他分别为师生自我实现(69.09%)、校园环境美(63.64%)和和谐校园关系(58.18%)；学生认为最重要的是校园文化美(72.90%)，其他分别为和谐校园关系(68.26%)、校园环境美(63.19%)和师生道德美(60.29%)。基于上文，笔者认为，美丽校园是校园环境美、校园文化美、校园关系美和师生自我实现美的综合体。校园环境美，是指在高校校园环境中，师生员工生活、学习与工作的具体场所的美，如校园内各种公共场所的卫生、整洁、绿化、布局及建筑、园林设计的美等。校园文化美，指学校的教育教学活动要指向人类文化中先进的、科学的、优秀的、健康的部分，其核心是指先进的价值观，其主要内容则是指先进的规范，而对于教职工而言，是指先进的职业道德和习惯规范；对于大学生来说，首先体现在养成良好的学习、生活习惯。校园关系美，是指在学校中，正确认识和处理好人与人的关系，追求人际关系的和谐；正确认识和处理好管理与服务的关系。师生自我实现美，包括师生思想意识、道德情操、精神意志、智慧才能的美，集中体现了社会文明对人的要求，体现了个体对自我的要求。

三、美丽校园建设与师生满意度调查

经过调查，91.74%的师生支持学校进行美丽校园建设。美丽校园建设，教师认为最重要的特征有：育人氛围(78.18%)、校园环境(72.73%)、校园精神(67.27%)和师资队伍(58.18%)。学生认为最重要的特征有：育人氛围(69.13%)、校园环境(68.55%)、师资队伍(60.87%)和设施设备(58.84%)。基于此，下文从校园环境、校园文化、校园关系和师生自我实现四个方面进行满意度分析。

(一)校园环境方面

美国教育家勃莱森说过："任何一所学校环境都在默默地对学生们发表演说，而且人们的确会注意它，在不知不觉中接受熏陶和影响。"大学校园环境设

计包括三个关键因素：校园规划、校园建筑和校园景观，这些构成了维持学校机构运作的"环境"，也界定了校园机构的"个性"特色。

1. 校园规划与布局

校园是大学生学习、成长的重要地方，校园美丽与否直接关系到学校育人环境优良与否和大学生幸福感、归属感强烈与否。其中，环境优美是美丽校园的基础。调查发现，94.55%的教师和95.51%学生认为学校的校园环境清洁优美。但是，仅有49.09%的教师和57.39%的学生认为学校的校园建设具有"个性"特色。

校园规划表达的是校园的核心计划及现在和未来的需求。校园规划是对校园建设的总体控制，其设计的优劣直接影响到校园的使用和发展。调查发现，有61.81%的教师和68.84%的学生对学校的校园规划表示满意。

师生对规划布局满意的校园才是美丽校园，美丽校园一定要布局优美，错落有致，既要有视觉上的美感，又要注重方便、舒适、实用，充分考虑到师生的合理需要和诉求。调查发现，有52.73%的教师和63.91%的学生对校园的功能布局的合理性表示满意，有69.86%的学生认为学校的校园功能布局兼顾了视觉美感和方便、舒适、实用。

2. 校园建筑与功能

校园建筑包括教学楼、行政办公楼、图书馆、体育馆、宿舍和食堂等很多种类，设计范围涵盖功能、造型、经济、技术等方面。调查发现，有63.77%的学生对学校校园建筑的设计与使用表示满意。

大学校园交往空间，包括校园道路、校园绿地、教学楼、宿舍、交通空间等，旨在创建吸引师生参与的交往空间，促使师生敞开心扉轻松交流。有67.69%的学生对校园交往空间的使用与感受表示满意。

3. 校园景观与设施

校园的绿化和景观特征是感受校园环境的重要元素。调查发现，有78.18%的教师和75.50%的学生对学校的校园绿化和景观特征表示满意，有82.32%的学生对校园的绿化率表示满意。

有43.64%的教师和57.82%的学生对校园的基本设施、生活条件如住宿、就餐、网络条件等表示满意。安全稳定的校园环境是师生幸福的基本保证。在校园中，有77.24%的学生对安全需求保障度表示满意。

(二)校园文化方面

校园文化是一所学校发展的灵魂,是学校师生在长期的教育教学实践过程中形成的,反映师生共同追求、价值观念、行为准则、道德规范、生活方式等的总和。它是学校在管理建设、文化建设的长期过程中逐步积累形成的,是在广大师生的直接参与和精心培养下发展起来的。

1. 学校认可度和归属感

归属感是师生对学校的内在认同,这往往是激发师生热情的内在动力。调查发现,有 87.27%的教师和 93.19%的学生对学校有认同感,有 81.82%的教师和 84.93%的学生对学校有归属感。有 50.91%的教师和 58.84%的学生对学校的总体社会声望和社会影响力表示满意。有 81.82%的教师和 83.84%的学生对学校"创新强校、特色名校,融合发展,力争一流"的发展战略表示支持,有 80.00%的教师和 86.09%的学生对学校建设成为国内同类一流、国际知名的高水平大学表示支持。但是,调查发现,仅有 57.25%的学生表示了解校史校训,54.64%的学生表示会唱校歌。

2. 校风学风教风建设

校风是校园精神文化建设的核心与灵魂,良好的校风是校园精神文化的最好体现。校风是通过对学校师生正确的价值观、世界观、人生观的确立来为学校育人目标服务的。调查发现,有 76.36%的教师和 74.78%的学生对学校的校风表示满意。学风建设的根本目的在于树立良好学习风气、端正学习动机、养成良好学习习惯和树立正确学习目的。学风建设方面,有 67.27%的教师和 74.50%的学生对学校的学风表示满意。教风方面,有 60.00%的教师和 72.61%的学生对学校的教风表示满意,有 67.27%的教师和 71.88%的学生认为学校有浓厚的育人氛围。

3. 文化校园建设方面

学校作为文化校园建设试点单位,确定了"传承'商'脉,以'文'化人,加快建设富有历史内涵、时代特征和商大特色的文化校园,打造一批富有人文气息的文化校园建设成果"的文化校园建设目标。经过两年多的实践,有 49.10%的教师和 71.16%的学生对学校的文化建设与展示表示满意。学校开展了一些有影响力的校园文化品牌活动,建成了一些独特的校园文化地标。其中,有影响力的校园文化品牌,教师认为是 1911 毅行(67.27%)、最美教师(32.73%)

和寻找身边的感动(29.09%),学生认为是1911毅行(78.84%)、商大之星(65.80%)和最美教师(41.88%);能体现我校独特校园文化的地标,教师认为是向日葵及油菜花(74.55%)、浙商博物馆(52.73%)和鸽子广场(45.45%),学生认为是鸽子广场(72.61%)、向日葵及油菜花(71.59%)和墨湖(48.84%)。但是,仅有10.91%的教师和21.74%的学生认为校史馆是最能体现我校独特校园文化地标。学生最感兴趣的校园文化活动排前三位的是校园十佳歌手大赛(69.57%)、联欢晚会(56.52%)、新生风采大赛(45.07%),有62.32%的学生认为学校校园文化活动存在的最突出问题是宣传形式不够吸引人。

(三)校园关系方面

美丽校园需要和谐关系。其一是必须处理好教师与学生的关系,使教师之间、师生之间、同学之间相互尊重、相互理解、相互支持。其二是要处理好各服务部门和师生之间的关系,只有师生感受到了满意,才能构建和谐校园关系。

1.师生关系方面

学校教师对学生的影响巨大,教师的思想道德、文明修养、治学态度、生活方式等都会对学生产生影响。调查发现,有89.09%的教师对自身与同事的关系表示满意;有92.72%的教师对自身与学生的关系表示满意,但是认为学校学生的综合文明素养(文化知识、思想道德、身体素质、社交礼仪、服饰装扮、文明用语等)(67.28%)、总体道德修养水平(76.37%)、社会责任感(60.00%)等方面还有待提高。有91.45%的学生觉得和老师交流时有受到平等对待,有90.87%的学生认为学校的师生关系是民主型或者朋友型的。有83.33%的学生对学校教师的素质表示满意。92.17%的学生表示来到学校以后,有得到过老师的帮助或关心。但是,调查发现,仅有50.58%的学生表示有见过学校“三联系”工作中联系寝室的学校党政干部或者党员老师。有76.23%的学生对学校其他学生的总体素质表示满意,有77.39%的学生对同学的总体道德修养水平表示满意,有73.63%的学生对同学的社会责任感表示满意。

2.校园服务方面

学校进行了包括后勤信息化、数字图书馆、“最多跑一次”校务服务网等在内的校园信息化改革。调查发现,有72.73%的教师和71.45%的学生对学校的信息化服务体系表示满意。其中,有86.67%的学生对学校图书馆的服务,包括借阅服务、网络信息服务、参考咨询服务等表示满意。但是,对学校的网络条件(有线网、无线网)的满意度仅为46.23%,有25.65%的学生直接表示不满意或者很不满意。有61.82%的教师和69.14%的学生对学校后勤集团服务学生学习、生活方面表示满意。

吃饭和住宿问题在学生对学校的满意度评价方面占有较大比重。调查发现,教师对食堂的总体满意度为54.55%,有10.91%的老师表示不满意或者很不满意;学生对食堂的总体满意度为52.03%,有17.82%的学生表示不满意或者很不满意。其中,学生对食堂就餐环境的满意度为55.94%,对食堂饭菜的口味多样化的满意度为39.28%,对学校食堂饭菜营养搭配的满意度为47.97%;学生对现在居住的宿舍各项设施齐全的满意度为59.42%,对宿舍管理员的管理方式和态度的满意度为71.60%。

(四)师生自我实现方面

自我实现是师生的最高需求,也是人们追求的终极价值,美丽校园最终需要成全人、成就人、成功人,美丽校园建设的最终落脚点应该是师生的自我实现。

1.教师的自我实现

调查发现,有69.09%的教师觉得在学校工作有成就感,有72.73%的教师觉得在学校工作有幸福感。有65.45%的教师对学校提供的上课环境、办公环境、生活环境等表示满意,有60.00%的教师认为在学校有受到公平公正的对待。

有62.27%的教师对学校的总体教学质量表示满意,有70.91%的教师对学校的师德师风建设表示满意。有61.82%的教师对青年教师专业发展受支持程度表示满意。但是,仅有38.18%的教师对学校提供的职业提升方面的学习机会表示满意,36.36%的教师对自身的职业发展空间表示满意,27.27%的教师对自身的教学和科研的关系处理表示满意。仅有18.18%的教师对自己的薪酬福利表示满意,21.82%的教师表示不满意或者很不满意。

2.学生的自我实现

美丽校园最重要的价值取向是培养出高素质的人才,培养高素质人才是教育的根本目的和最大动因。调查发现,有67.97%学生觉得在学校学习有成就感,81.59%的学生觉得在本校学习有幸福感,80.14%学生认为学校有公平公正对待每一位学生。

有74.78%的学生对学校总体教育质量表示满意，有86.09%的学生对任课师资表示满意。对于教师授课内容，学生认为明确教学目的(66.23%)和明晰各章节重点难点(53.48%)最重要。学生会通过上课玩手机、游戏机等(57.83%)或者自学感兴趣的课程(34.35%)进行隐性逃课，其主要原因是，对课程不感兴趣(73.19%)和上课内容太过理论化(59.57%)。

有73.48%的学生对学校的奖学金、助学金体系(奖、贷、勤、助、补、免)表示满意。有72.03%的学生对学校的创新创业教育举措(众创空间建设、创新创业教育课程体系、创业教育培训)表示满意。有65.08%的学生对教育国际化水平表示满意，67.54%的学生对交换交流项目的机会表示满意。

受访的学生中，有45.80%的学生参加过挑战杯、新苗人才、校级创新项目等学生科技创新活动。其中，有52.46%的学生表示很有意义，愿意积极参加。有65.07%的学生了解科技创新活动信息是通过学校部门自上而下的通知。在完成科技创新活动中遇到的最大问题，有65.07%的学生表示是对相关政策和竞赛规则的不了解，缺乏深入解读。

四、美丽校园建设实现路径探究

学校在建设美丽校园过程中最需要改进的方面，教师认为是文化品质(67.27%)、特色品质(60.00%)、管理品质(54.55%)和规划品质(50.91%)，学生认为是特色品质(58.26%)、管理品质(50.58%)、规划品质(47.54%)和文化品质(46.07%)。基于此，提出以下美丽校园建设的实现路径。

(一)打造美丽优雅环境，构建师生共同家园

作为大学文化精神传承的重要载体和途径，校园环境的美化和建设对大学生文化素质的教育有着不可替代的推动作用。整洁、优雅、文明的校园环境既能激发人的求知欲望，使师生得到美的享受和陶冶，促进师生积极进取，还可以增强学校的知名度和影响力。在学校美丽校园的建设中，对校园规划、校园建筑和校园景观方面的总体满意度尚可，但是三个方面都有提升空间。其中，最需要加强的是对校园“个性特色”的打造。每个大学都有自身的建设风格、办学理念、办学宗旨与价值取向，有自身发展的基本思想和校园精神，它们会利用大学校园这个物质载体向使用者传达校园文化，包括对人生观、价值观、行为规范等的理解和体验，校园“个性特色”的打造反映在师生们对大学的整体认知上，

这是至关重要的。特色是一所高校的核心竞争力，也是一所高校的生命力之所在。学校长期发展的目标定位：到2050年，将学校建设成具有“经管为主、工商融合、多科交叉、协调发展”的鲜明“大商科”特色，优势突出，国内一流、国际知名的高水平大学。在专业设置和学科发展上，能够结合自身办学历史和当代经济社会发展需要，形成自己的独特优势。学校“特色”发展之路还需努力。

（二）增进文化校园建设，提升学校育人氛围

学校可以继续从下列几个方面加强文化校园建设：以弘扬校训、凝练院训为核心，继续打造师生共同的价值观；以实施校园文化品牌工程建设为载体，继续提升文化校园建设的育人功能；以校园人文环境和景观建设为抓手，继续推进学校各类场所的文化表达；同时，加强顶层设计，抓好统筹协调，将文化校园建设与学校发展目标、发展定位、办学理念和办学特色紧密结合。注重“显性与隐性结合”，在加强物质文化环境的同时，强化思想和文化引领，让文化看得见、摸得着、感受得到；注重“建设与育人结合”，进一步传承校训、传唱校歌，深化“寻找身边的感动”等活动，更好地体现文化深度与内涵；注重“发展与传承结合”，通过建设“出蓝园”，提升改造校史馆等，延续校友美好记忆，凝聚学校发展力量。

同时，大力推进制度建设和制度创新，为建设美丽校园提供制度保障。通过开展各类形式丰富、生动活泼的专项行动和主题活动，进一步促使形成良好的校风、学风和教风，提升高校人才培养质量，提升学校的总体社会声望和社会影响力。

（三）发展师生健康个性，构建和谐校园关系

在学校，教师是联系学校与学生的纽带，由于教师是学校的代言人，教师的言行不仅代表他们个人，更是代表整个学校。所以，学校想要学生满意，首先得让校内的教师满意。教师满意度是构建和谐校园文化的基础，构建和谐校园文化必须以提高教师满意度为重点，所以，要打造一支结构合理的师资队伍，大力加强师资队伍建设。同时，教师要以学生为本，凭借爱和尊重，教会学生肯定自我，热爱、尊重自我和他人，建立正确的学习目标，并帮助学生与他人建立各种和谐的关系。这样，学生才能在和谐的教育氛围中愉快地学习；在和谐的兴趣乐园中陶冶情操，发展个性；在和谐的人际关系中接受教育，健康成长。

在服务方面，学生对校园的基本设施、生活条件如住宿、就餐、网络条件等的满意率较低，学校可以着力增强服务意识，提高服务质量。学生认为后勤集

团服务改善的重点是工作效率(60.29%)、服务态度(51.30%)和管理体制(42.61%)。针对以上情况,学校要培养管理队伍,提高管理人员自身素质和工作能力;要制订管理制度,通过各类规章制度,明确工作流程,确保工作质量和效率;要制订监督机制,成立监督组织,通过各类监督措施,规范日常行为,保持校园良好的风貌。

(四)形成良好校园气质,促进师生自我实现

调查发现,有94.55%的教师认为自己对学校有责任感或者使命感,愿意为学校服务。但是,在职业发展空间、与职业提升相关的学习机会和薪酬福利方面,教师满意度还有待提高。学校要高度重视对教师满意度的测评和研究,提高对教师满意度的重视程度。学校要创造良好的工作环境,丰富校园文化建设,为教师提供更多的职业发展机会,并制订合理、公平的薪酬福利制度,满足教师的需求。

学生满意度是构建和谐校园文化的最终结果。学生认为学校在搭建自身综合素质培养的平台中,需要加强对专业素质(67.83%)、文化素质(56.09%)和身心素质(51.16%)的培养。学校要大力推进人才培养模式深化改革;创新专业课程体系,加强对学生文化素质的培养,提升学生身心健康。

总之,建设美丽校园有助于提高师生满意度,促进学校事业良性发展。学校需要通过正强化来激励全体教职员工,提高教师的满意感和忠诚度;同时,要关爱学生,创造公平和谐的校园环境,以提高学生的满意度。只有这样,才能进一步促进美丽校园的建设,为学校更快更好发展提供更强大的保障。

参考文献

[1] 李建林.师生满意度视角下的和谐校园文化建设探究[J].西安文理学院学报(社会科学版),2010(4):124-126.

[2] 孙秀丽.高校和谐校园建设问题初探[J].浙江树人大学学报(人文社会科学版),2007(2):82-85.

[3] 张丽,刘娟.论大学德育助推高校美丽校园建设的现实路径[J].学校党建与思想教育,2014(12):18-20.

[4] 杜文贞.优化育人环境　建设美丽校园[J].高校后勤研究,2007(3):76-77.

中华优秀传统文化融入大学生思想政治教育路径探析*

武山山

（浙江工商大学　统计与数学学院　浙江杭州　310018）

摘　要：中华优秀传统文化蕴含着丰富的智慧底蕴，其中诸如爱国主义精神教育、道德素养教育、人生观和价值观教育等都是当代大学生思想政治教育的宝贵素材，是大学生思想政治教育的重要理论来源。面对新时代大学生思想观念、价值导向、学习生活方式发生巨变的现状，高校必须创新大学生思想政治教育方法，拓展新思路，优化新课程，提供新途径，打造新载体，以期更好地将优秀传统文化多方面、多形式地融入大学生思想政治教育之中，使中华优秀传统文化得到发扬和传承。

关键词：优秀传统文化　大学生思想政治教育　路径

高校是创新和延续中华优秀传统文化的重要载体和有效平台，还肩负着大学生思想政治教育的重要使命。在增强大学生继承和发扬中华优秀传统文化的责任意识方面，抓准优秀传统文化与思想政治教育的结合点至关重要。当前，西方意识形态、“洋节”西化思想、错误观念等正通过各类平台快捷、高效、便利地传播到中国，加之网络文化的冲击，严重影响着我国优秀传统文化的历史地位，对高校大学生思想政治教育也造成了诸多挑战。因而，探讨如何在大学生思想政治教育过程中更好地融入传统文化问题成为当前教育从业者需要深思的课题。

一、中华优秀传统文化与大学生思想政治教育的双向互动

（一）优秀传统文化丰富了思想政治教育的内容

中华传统文化源远流长，包含着丰厚的优秀传统思想。例如，传统文化中

* 项目来源：本文系2017年浙江工商大学高等教育科学研究课题“基于‘洋节’冲击下——大学生传统节日文化意识淡薄研究”（项目编号：Xgy17031）的阶段性成果。

的“修身、齐家、治国、平天下”和“天下兴亡、匹夫有责”的爱国主义精神传统，“先天下之忧而忧，后天下之乐而乐”的精神价值追求，“天行健，君子以自强不息”的人生观等中华民族自强不息、积极奋斗进取的精神，无不蕴含着具有时代特征的思想政治教育内容。优秀传统文化中所蕴含的博大精深、兼容并蓄、世代相传的文化内容特质为大学生思想政治教育提供了优质素材和完备的思想来源。在最新版的思想道德修养与法律基础这门课中，中华传统美德、中国革命道德等内容也大篇幅地呈现出来。新时代大学生思想政治教育工作必定要与优秀传统文化紧密结合，融会贯通，进一步丰富思想政治教育的内容储备，成为服务和引领新时代大学生的重要思想政治内容。

（二）大学生思想教育的实施过程传承和发展了优秀传统文化

中华优秀传统文化之所以被称为优秀，是因为在时代的发展过程中始终与时俱进，始终能够创新发展，始终能够绽放新的光彩。中华优秀传统文化积淀的历史文化结晶，在不断地进步和演化中进行着行为准则和价值观念的传承与发展，其时代现实性体现在社会文化生活和教育活动等领域。大学生思想政治教育作为传播优秀传统文化的载体，体现在优秀传统文化的创新、延续等方面。例如，不同时期的爱国主义精神要义和表现要求必定是不同的，当前的时代要求必定是与社会文化、政治需求等相契合的，它充实了当前社会文化的内涵。2018 年新版的思修教材经过更新与发展，将新时代中国特色社会主义思想和社会主义核心价值观纳入教材，更加显示了发展与传承文化的决心。因此，对中华优秀文化传统的传承与创新必定要经过思想政治教育的提炼和取舍，才能成为适合时代发展需求的优秀传统文化。

二、优秀传统文化融入大学生思想政治教育的现存困境

（一）高校课程设置存在缺陷

当前，高校学生重点借助思想政治理论课和公共选修课这两门课程来接触和吸收中华优秀传统文化。而当前大学生思想政治教育开设的主要课程有“马克思主义基本原理”“毛泽东思想和中国特色社会主义理论体系研究”“思想道德修养和法律基础”及“中国近代史纲要”，其中涉及中国传统文化理论、传统道德的课程则明显不足。从实际的教育实践来看，古典诗词赏析、古典名著选读、古典音乐鉴赏及古典绘画艺术欣赏等公共选修课的开设范围还不够广泛。因

此，高校在课程设置上的不重视，造成传统文化内容无法有效聚力，其融入思想政治教育理论体系显得越发困难。

(二)大学生对优秀传统文化内容的认知的缺失

中华优秀传统文化是历史沉积、保存和传承下来的，具有重大价值和极强的生命力。当前高校大学生对中华优秀传统文化的认知是怎样的呢？其实在我们的实际授课中就能体会到。在对一般问题的提问环节，让学生举例所了解的中华优秀传统文化有哪些，往往大多数学生是一知半解的，细想这是非常可怕的。从实际情况来看，部分大学生由于学识和阅历的受限，对我国传统文化内涵和价值的认识不足或存在偏颇，让其无法成为有效系统。加之没有主动学习的观念和思想，又因传统文化相对晦涩难懂，因此容易造成大学生对传统文化的理解偏颇，这更加制约了大学生对中国传统文化的深入学习。当前大学生对传统文化的理解也存在错误和误解的情况，认为它已经过时了，没有时代的实用性，没有意识到它对当今的现实价值和对未来的重大意义，这都应引起思想政治教育工作者的重视。

(三)融入过程脱离大学生的生活实际

优秀传统文化有效融入大学生思想政治教育必须结合大学生的生活实际，不能切割开来，否则容易造成融入效果事倍功半。从当前的融入过程来看，优秀传统文化还只是大学生思想政治教育过程中的点缀，只是专业课程的辅助，往往得不到教师和学生的重视和认可。同时，当前的课程太侧重于传统的传授文化理论知识，而忽略了生活领域中的教育，脱离了大学生实际生活的需要；往往又太侧重于理论的宣讲，而忽略了实际中实践层面的教育渗透，弱化了实践育人的作用和影响。因此，优秀传统文化要想更好地融入大学生思想政治教育，必须紧密结合实际生活、重视实践教育，否则起不到好的效果，也起不到思想教育学生的目的。

三、中华优秀传统文化融入大学生思想政治教育的路径分析

(一)优化完善中华优秀传统文化课程体系建设

高校要注重中华优秀传统文化课程的开展，在结合时代背景的情况下，将诸多传统文化晦涩难懂的内容大众化，提高趣味性；注重通过对大学生传统文化的输入与教导，辅以选修课程，使之更加规范化与制度化；加强在其他学科中

渗透中华优秀传统文化的思想内涵，在诸如形势政策课等思想教育活动中，渗透我国时事政治、传统节日、思想道德素养和爱国主义精神等，激发大学生学习的兴趣，进而增加学生对此类课程的兴趣与关注度，使得中华优秀传统文化真正走进课堂，走向学生。

（二）强化大学生在传承中华优秀传统文化方面的主体地位

目前来看，大学生并没有充分认识到中华优秀传统文化所具有的重大作用和现实价值。因此，高校必须在更大程度上发挥教育的引领作用，加强对中华优秀传统文化作用和价值的更加全面的宣传。大学生要发挥主人翁的主体地位，不断吸收其中的积极因素，促进自身思想素质和人文素养水平的提高。在开展思想政治教育活动时，要在更大程度上发挥大学生的主体性，应赋予其教育活动主体的角色，而不是简单的学习者；要确立以人为本的理念，充分体现人文关怀。因此，在优秀传统文化融入大学生思想政治教育的过程中，教育者要尊重和强化大学生的主体地位，善于和他们交流、探讨问题，进行平等的双向互动交流，而不能仅仅扮演"中介人"的角色，以死板、生硬方式传递优秀传统文化知识。总之，高校思想政治教育者要尊重和引导大学生的主体地位，只有学生认识到这种地位，优秀传统文化才能自然而然地被吸收、被传承。

（三）开拓思想政治教育的新领域新载体

为了使优秀传统文化与大学生思想政治教育有机融合，要着重重视大学生的日常生活学习领域，打造大学生思想政治教育新载体。教育者可以通过新媒体、自媒体等传播平台，直观和实时地将新时代传统优秀文化的精髓展现在大学生面前；其传授的形式也能多样化，例如可以通过视频等方式将优秀传统文化渗透到大学生的日常生活和社会实践中，实现与优秀传统文化的零距离接触。一些渗透了传统文化的实践活动，能使枯燥的课堂传授灵活化，有助于丰富人生阅历，拓宽生活视野，使大学生真正接受中华优秀传统文化的洗礼。一旦优秀传统文化真正融入大学生的生活学习中，传承和发展中华优秀传统文化也就变得事半功倍了。

参考文献

[1] 杨万红. 中华优秀传统文化融入大学生思想政治教育的对策研究[D]. 太原：山西财经大学，2017.

[2] 朱淼.优秀传统文化融入大学生思想政治教育的思考[J].学校党建与思想教育,2014(23):37-38.

[3] 安志权,王锴.中华传统文化融入大学生思想政治教育途径研究[J].北华大学学报(社会科学版),2017,18(2):150-153.

[4] 李志平.新媒体时代优秀传统文化融入大学生思想政治教育探析[J].传播与版权,2017(7):127-128,136.

因事而化、因时而进、因势而新
——做“苟日新，日日新，又日新”的教育者

郑云华　余　彬　薛陈炎

（浙江工商大学　经济学院　浙江杭州　310018）

摘　要：习近平总书记在全国高校思想政治工作会议上提出的“因事而化、因时而进、因势而新”是新时代中国特色社会主义发展背景下的高校思想政治工作的重要凝练和重大判断。在具体做法上，应遵循育人规律、紧扣时代特点，提升创新动力，加强新时代思想政治教育方法论的理论创新和实践创新。

关键词：新时代　因事而化　因时而进　因势而新　思想政治教育

青年大学生，作为新时代中国特色社会主义建设事业的接班人，其思想和观念受到了多元文化的影响。高校思想政治工作应坚持马克思主义教育观的指导，发挥自身思想优势、组织优势、气质优势去因势利导地做好青年学生的思想工作。作为社会主义国家的高校思想政治工作者，如何教育与引导学生正确认识中国和世界的大势，正确认识青年大学生的时代责任和历史使命，是当下一项长期而又重大的课题。

一、因事而化，遵循育人规律突出实践性

所谓因事而化，是指要遵循思想政治工作的规律，讲好中国本土故事，讲好学生自己的故事。首先是因“大事”而化，即教育者以中国共产党领导下的社会主义事业作为感化人、教育人、激励人的出发点，坚持立德树人的中心环节，把思想政治工作贯穿教育教学的全过程；充分运用马克思主义理论的真理力量、逻辑力量“钳住”学生，全面准确地把握基本国情，正确认识历史规律。教育者通过利用主题教育活动、爱国主义教育等契机，把党领导下的“改革的实际进展”和“丰富的事实”转化为具体的感知故事，用改革发展中鲜活的事例引导大学生践行中国梦和中国道路，从而引导其认同中国模式、讲好中国故事、创造中国奇迹，从而提振青年学子坚定地走中国特色社会主义道路的决心。其次是因“小事”而化，即关注学生所思所想，以他们身边的人（包括学生自身）和事为蓝

本，用榜样的力量传播正能量。

在高校思想政治工作会议上，习近平总书记曾明确提出，思想政治工作从根本上说是做人的工作。作为一线辅导员，应该从入学起就建好每个学生的个人档案，抓住大学生学习、生活的每个环节，多听多看、主动关切、解疑释惑，以榜样典型感染学生、引领学生。如果说学生们的主要任务是讲好中国故事，那么辅导员的任务就是讲好辅导员的故事，讲好学生的故事，用师生互动的实践串联起彼此的精神世界。在讲好故事中，激发大学生的参与热情，实现思想引领；在讲好故事中，构建从始业教育到职业规划，从寝室文化到奖助心理的立体辅助结构。"大事""小事"相结合，将思想政治教育融入具体工作当中。

二、因时而进，紧扣时代特点，强化思想政治性

因时而进，即高校思想政治工作必须具备与时俱进、因时制宜的基本特点。这是一个大时代，当今世界信息技术高速发展，深刻改变着全球政治经济格局，社会生产生活发生了巨大变化；这也是一个小时代，我们所面对的工作对象几乎都是一个个刚过花季雨季的"95 后"大学生，他们精力旺盛、标新立异、思维活跃。党的十九大报告中指出："总任务是实现社会主义现代化和中华民族伟大复兴。"当前共圆中华民族伟大复兴的中国梦，是包括广大青年学子在内的全体中华儿女对祖国未来发展的殷切期盼，也是"时代最强音"。在广泛而深刻的社会变革中，中国特色社会主义理论体系正日臻丰富和完善。作为社会主义国家的高校，思想政治工作在任何时期都应有特殊的时代责任和历史使命。我们应利用重大节日和历史事件的纪念日等契机开展形式多样的活动，唱响时代主旋律，引导广大学生践行社会主义核心价值观，真正树立道路自信、理论自信、制度自信、文化自信。与此同时，思想政治工作不应该是一成不变的，而应该在牢固坚守思想阵地的同时进行转化提高，增强时代感召力。

这是一个飞速变革、变革呼唤创新、创新推动进步的时代，人工智能、云端智能、信息革命、数字革命等对于大学生来说不再是陌生的词汇，很多已有的教育理论和教育模式在今天都面临着一场重大的变革和挑战。"春江水暖鸭先知"，作为辅导员更需要敏锐地感知发生在我们身边的翻天覆地的变化，及时接收改革洪流过程中的新思想新举措，开展网络思想政治教育。当既定的标准答案成了参考答案，当已有的公式表达不再是唯一选择，我们应该做的，恰恰也是

授人以渔而非授人以鱼，即引导大学生学会团队合作，而非单枪匹马；引导他们参与创新实践，而非只读圣贤书。辅导员应围绕学生的综合能力，收集每个学生的特点所长汇编成册，因材施教，以成功人物为标杆，并结合他们自身的特点，展现当代青年的时代风采。

三、因势而新，提升创新动力保障协同性

因势而新，顾名思义就是辅导员要准确认识高校思想政治工作面临的新形势、呈现的新态势及未来发展变化的新趋势，不断更新工作理念、创新工作方法。这是“大势所趋”。2015 年，李克强总理在政府工作报告中提到要打造“大众创业、万众创新”的国家战略，这极大地推动了高校创新创业蓬勃发展的步伐。培养经管类人才尤其需要创新精神，在实际工作中，我们应积极鼓励学生参与创新创业大赛，如“挑战杯”、“互联网＋”创业大赛等，支持学生“走出去看看”，以校园创新创业活动带动创新思维和创新能力的发展。具体的设想：第一，完善创新创业能力的评价体系，加大对学科竞赛等方面的倾斜力度；第二，开辟第二课堂，提供良好的创新实践平台；第三，选拔好的苗子，加强典型榜样的示范作用，在学校营造人人有项目、人人参与项目的良好创新氛围。根据 2017 年最新的统计，中国网民规模已达 7.51 亿，占全球网民总数的五分之一，毫无疑问，高校大学生正是网络空间的“原住民”和“生力军”；超级 IP 时代造就了网络新业态，大学生利用的互联网和手机等的终端规模与频率都迫切要求我们积极抢占网络舆论阵地的制高点，借用新兴媒体平台开展思想政治工作。因此，辅导员要运用好网络思想政治的平台，打通线上线下之间的交流互动，拓展理论与实践的交互渠道，促进网络文化教育与传统思想政治教育的深度融合，以此润物无声地启迪大学生的智慧，点亮理想的光芒。

宜疏不宜堵，改善高校现有课堂结构。高校抓思想政治教育工作更应着力于“疏”而不是“堵”，要充分利用互联网开展大学生思想政治工作，开展微博、微信等新媒体平台育人的有益创新实践工作；要用“互联网＋”思维，进行重塑第一课堂、拓展第二课堂、实践第三课堂的教学探索，提高大学三个课堂的协同创新能力，不断增强高校思想政治工作的实效性。高校从手机进课堂做起，从师生互动平台做起，改进思想政治理论教学的亲和力和针对性；更加注重以文育人，广泛开展文明校园创建活动和各类社会实践活动。

总之，学校辅导员要努力成为社会主义核心价值观的坚定信仰者、积极传播者和模范实践者，在工作中“因事而化、因时而进、因势而新”，从而更好地担起学生健康成长指导者和引路人的责任，这也正是新时期认真学习和贯彻十九大精神的重要途径和价值归宿。

参考文献

[1] 习近平. 决胜全面建成小康社会 夺取新时代中国特色社会主义伟大胜利[N]. 人民日报，2017-10-28(1).

[2] 宋常青. 因势而新的思想政治课方能拆“心墙”[EB/OL]. (2016-12-20)[2017-12-20]. http://opinion.people.com.cn/n1/2016/1220/c1003-28963124.html.

认知·认同·践行
——接受理论视阈下大学生习近平新时代中国特色社会主义思想教育路径研究

陈　闯

（浙江工商大学　环境科学与工程学院　浙江杭州　310018）

摘　要：大学生习近平新时代中国特色社会主义思想教育作为一个接受过程，从接受理论的角度出发，就应当明确这一接受过程所经历的理解认知、认同内化和外化践行三个阶段及其特点，并围绕传授主体、接受媒介、接受主体三个影响因素，在不同阶段有针对性地采取“浸染式”“引领式”“助推式”的教育方法，使习近平新时代中国特色社会主义思想能在青年大学生心中深入扎根，能指导其深入开展实践。

关键词：接受理论　习近平新时代中国特色社会主义思想　教育路径

新时代高校承担着培养担当民族复兴大任的时代新人的重要使命，要用好教育的“奋进之笔”，“要系统回答好、解决好培养什么人、怎样培养人、为谁培养人”的根本问题，探索开展大学生习近平新时代中国特色社会主义思想教育的有效路径是高校落实立德树人根本任务的必由之路。从接受理论出发，大学生习近平新时代中国特色社会主义思想教育既有规律可循，亦有路径可走。

一、大学生习近平新时代中国特色社会主义思想接受过程的阶段分析

20 世纪 60 年代末，康士坦茨学派创始人之一汉斯·罗伯特·姚斯从文学史研究的角度提出了接受美学，界定了接受活动说，创建了接受理论。随着 70 年代以来人本主义思潮与科学主义思潮的不断交融，接受理论也逐渐与以心理认同理论、态度形成理论为代表的社会心理学实现了深度融合，国内也相继出现了以李芳云、张世欣为代表的“三链式说”，以丁东宇为代表的“四阶段说”和以王惠、韦冬雪为代表的“三阶段说”等。前人的研究成果虽各有侧重，但都在一定程度上揭示了接受过程的阶段性规律，也都注意到了接受主体的差异性，

只是在对接受过程的截止阶段的界定方面存在可商榷的余地。接受过程是一个精神层面与物质层面并存的过程，对其发展阶段的划分，也理应把实践一环纳入考虑范围，具体可分为理解认知、认同内化和外化践行三个阶段。

一是理解认知阶段。这一阶段是接受过程的初级阶段。接受主体出于对传授主体的权威和规范的服从，会对所要接受的信息进行浅层次的理解和认知，从而实现一般性的、低水平的配合与接受，但是对实施这一接受过程的必要性的认识还不深入，对所接受信息的内涵的理解还不全面，因此内心并未真正认同所接受的信息。这就导致接受主体所接受的信息游离于自身的深层意识之外，也使得这一阶段所接受的信息缺乏稳定性。

二是认同内化阶段。这一阶段是接受过程的发展阶段。在这一阶段，接受主体在经过前一阶段非自主性的初步认知的基础上，逐渐对所要接受的信息产生亲近感和认同感，从而开始主动接受信息的传递，并为了从周围环境中脱颖而出，开始对所接受的信息进行自主加工和内化，使其与自身固有的思想观念融为一体，并最终真正认同所接受的信息且根深蒂固地延续下去。

三是外化践行阶段。这一阶段是接受过程的深化阶段。接受主体对所接受的信息高度认同，主动将其作为自身行为准则的一部分且通过实践外化出来；并在这一过程中，努力实现从接受主体向传授主体的转化，积极推动以自身为起点的新一轮接受过程的开启。

习近平新时代中国特色社会主义思想内涵丰富，思想深邃，是全党全国人民为实现中华民族伟大复兴而奋斗的行动指南，是我们党划时代的重大理论创新，是马克思主义中国化的又一次历史性飞跃，是新时代的新建。这就决定了习近平新时代中国特色社会主义思想的教育过程不同于专业知识的教育过程。专业知识的教育经历的是新知识、新技能的学习、理解、接受、记忆及应用的过程，而习近平新时代中国特色社会主义思想的教育则经历的是对固有立场或观点的调整、固化与升华的过程，这一过程也将经历理解认知、认同内化和外化践行三个阶段。

二、大学生习近平新时代中国特色社会主义思想接受过程的影响因素

人类活动意义上的接受过程指的是在一定环境中，传授主体通过传播媒介

向接受主体传递信息，接受主体进行选择、接纳认可的动态过程。具体到大学生习近平新时代中国特色社会主义思想教育这一接受过程，则是受教育者在受教育过程中对各种媒介所传递信息的理解认知、认同内化、外化践行这一系列过程的总和。这一接受过程的顺利实现，主要受到传授主体（高校教师）、接受媒介（载体）、接受主体（大学生）三个因素的影响。

（一）传授主体

以思想政治教师为代表的高校教师作为传授主体，是大学生习近平新时代中国特色社会主义思想教育的主导者，这种主导作用体现在两个方面。

一方面，传授主体开启传授活动是接受主体开启接受过程的前提。传授主体只有主动开启信息的传递，接受主体才有可能开启信息的接受，传授主体主导着接受过程的开启。从“思政课程”转向“课程思政”，把习近平新时代中国特色社会主义思想教育从“专人”扩展到“人人”，从“专题课”扩展到“每门课”，让每位教师都成为习近平新时代中国特色社会主义思想教育的责任人，让每门课都成为习近平新时代中国特色社会主义思想教育的好平台，切实推进全员育人、全程育人、全方位育人，正是开启习近平新时代中国特色社会主义思想接受过程的“开源”之举。另一方面，传授主体的传授行为是影响接受主体推进接受过程的关键。传授主体在传授行为中所展现出来的理论素养、能力水平、方式方法等，直接影响着整个接受过程的推进及效果。在开展习近平新时代中国特色社会主义思想教育的过程中，教师的知识储备、理论深度、教学方法、人格魅力等，都是影响大学生能否快速推进接受过程的重要因素。因此，要取得良好的教育效果，立足传授主体改善、调整以上因素是必由之路。

（二）接受媒介

接受媒介是介于传授主体与接受主体之间，承担信息传递与转换的中间环节，是传授主体发挥作用的重要载体，也是接受主体接受信息的重要通道和工具。接受媒介的选取是否适当，能否同时满足传授主体传授信息的需要和接受主体接受信息的需要，直接影响着接受过程的质量。现代大学生生活在互联网时代，接受信息的途径和方式日益多元化、智能化，要实现习近平新时代中国特色社会主义思想教育的高效开展，高校教师就应当紧跟时代与实践的新发展，找准大学生的兴趣点和聚集地，选择科学合理的接受媒介。因此，教师要在课堂内创新教学方式和教学方法，在运用传统接受媒介如纸质学习资料之外，综合运用多媒体平台开展教学；在课堂外则拓展微博、微信、论坛等自媒体平台，以与时俱进、形式多样的接受媒介畅通传授主体与接受主体之间的通道，提高接受媒介的价值和效率，增强习近平新时代中国特色社会主义思想教育的接受实效。

（三）接受主体

接受主体是整个接受过程的主体，接受过程的最终完成要依靠接受主体的主体性发挥。一方面，接受主体以积极的态度对待接受过程，传授主体与接受主体就能在接受过程中形成良好的互动，信息的传递就会比较充分，接受目的也将顺利实现。反之，如果接受主体以消极的态度对待接受过程，那整个接受过程的推进就会受阻甚至停滞。另一方面，接受主体的自身素养、知识储备等也会对接受效果产生影响。在开展大学生习近平新时代中国特色社会主义思想教育的过程中，要实现接受过程的顺利推进，作为传授主体的教师就应当充分重视学生的主体性和差异性，因地制宜，因材施教，引导接受主体以积极主动的心态完成接受过程。

三、大学生习近平新时代中国特色社会主义思想教育的有效路径

在新形势下，要提升大学生习近平新时代中国特色社会主义思想教育的接受效果，就应当准确把握理解认知、认同内化、外化践行三个接受阶段之间的区别和联系，以促进传授主体、接受媒介、接受主体这三个影响因素积极发挥作用为目标，因事而化，因时而进，因势而新，在不同的接受阶段采取有针对性的教育举措，推进大学生对该思想的接受顺利向下一个接受阶段发展。

（一）以“浸染式”教育方法推进理解认知这一接受阶段

在实践中可以发现，大学生群体对习近平新时代中国特色社会主义思想的认识还比较粗浅，部分大学生甚至对此重视程度不够，持冷漠态度。存在这些问题的主要原因在于两个方面：一是“碎片化”的信息接受对大学生系统认识习近平新时代中国特色社会主义思想的重要意义有一定的制约作用；二是对主流思想先入为主式的心理抗拒影响了大学生对习近平新时代中国特色社会主义思想的接受。因此，在习近平新时代中国特色社会主义思想教育过程的最初阶段，应当采取“浸染式”的教育方法，以系统接触、扭转观念、初步认知为教育目标，全面营造氛围，全面接受熏陶。

一方面，作为传授主体的教师自身要学懂弄通做实，将习近平新时代中国特色社会主义思想全面融入教学中。教育者要先受教育，理解彻底后才能说服他人。思想政治课教师要加强对习近平新时代中国特色社会主义思想的系统学习、研究，全面总结习近平新时代中国特色社会主义思想的重大理论创新，并将研究结果以浅显易学的方式系统性地传递给学生，使学生能对习近平新时代中国特色社会主义思想形成系统性的认识。其他专业课教师则应当根据本门课程的内容和特点，找准结合点，将习近平新时代中国特色社会主义思想融入本课程的教学之中。同时，高校教师还应当改革教学方法，丰富教学手段，提高多媒体利用率，综合运用编印生动的学习资料、展示丰富的图片和视频等手段，提高大学生在接受习近平新时代中国特色社会主义思想教育过程中的获得感。通过以上方式，努力实现习近平新时代中国特色社会主义思想教育在第一课堂的全覆盖。

另一方面，要充分发挥“第二课堂”的育人功能，实现习近平新时代中国特色社会主义思想在“第二课堂”的全覆盖。全面调动学校宣传栏、动态大屏、微博微信公众号、寝室文化区等接受媒介，让习近平新时代中国特色社会主义思想处处展现、处处发光，在全校范围内营造浓厚的学习习近平新时代中国特色社会主义思想的良好氛围。要充分调动志愿服务、社团活动、创新创业、社会实践等在推进学习贯彻习近平新时代中国特色社会主义思想中的活力和吸引力，使主题教育以新颖活泼、喜闻乐见的形式展现出来，以提高学生的参与度，消除学生内心的抗拒感，在愉悦的“第二课堂”活动中加深大学生对习近平新时代中国特色社会主义思想的认知，使习近平新时代中国特色社会主义思想能逐渐嵌入大学生的心灵。

(二)以“引领式”教育方法推进认同内化这一接受阶段

经过前一阶段的铺垫，作为接受主体的大学生能够对习近平新时代中国特色社会主义思想形成一个整体性、概括性的认知，但深层次的认同内化还并未实现，让这种认知状态极不稳定。因此，在认同内化阶段，就应当采取事实引领、榜样引领的“引领式”教育方法，从理性认同和感性认同两个层面着手，从系统认知中提炼出核心要点，“牵一发而动全身”，让习近平新时代中国特色社会主义思想在学生内心稳定下来，实现内化。

实现理性认同要以事实引领为主要手段。一方面，作为传授主体的教师要在教育过程中充分展示更具说服力的事实资料和更具感染力的真实案例，全面展现党的十八大以来党和国家事业取得的历史性成就和发生的历史性变革，让事实告诉大学生习近平新时代中国特色社会主义思想的正确性和重要性。另一方面，要充分重视作为接受主体的大学生的主体性的发挥，通过其自身主动研究所获取的事实更具引领力和说服力。引导学生自主开展社会调研、研讨沙龙、习近平新时代中国特色社会主义思想宣讲等活动，让学生在组织活动、参与活动的过程中，主动内化对习近平新时代中国特色社会主义思想的认识。

实现感性认同要以榜样引领为主要手段。从心理学角度出发，当个体从情感上对身边的榜样形成倾斜和向往，就有利于强化其对榜样所体现出的精神力量的感性认同。学生具有模仿性和向师性，在开展习近平新时代中国特色社会主义思想教育的过程中，就有必要通过评选、竞赛等形式树立学习习近平新时代中国特色社会主义思想的学生典型和教师典型，充分发挥模范典型的感染力、号召力、凝聚力和辐射力，使学生群体从情感上产生倾慕与向往，从而深化其对习近平新时代中国特色社会主义思想的感性认同。

(三)以“助推式”教育方法推进外化践行这一接受阶段

与前两个阶段更倾向于传授主体发挥主导作用不同，这一阶段更偏重于接受主体发挥主体性作用。经过前两个阶段的积累，传授主体所传递的信息已经被接受主体内化为自身固定观念的一部分，信息接受过程的核心部分已经完成，外化践行成为信息接受过程的升华部分。

内化认同是要青年大学生用习近平新时代中国特色社会主义思想武装头脑，坚定跟党走的决心和信心，增强思想鉴别力和政治判断力。而外化践行则是要求青年大学生以习近平新时代中国特色社会主义思想为指导，勇担中华民族伟大复兴中国梦的历史使命。在外化践行这一阶段，教师则应当扮演好“店小二”的角色，积极为学生主体性的发挥铺路搭桥。

习近平新时代中国特色社会主义思想是全党全国人民为实现中华民族伟大复兴而奋斗的行动指南，因此青年大学生最终是要将习近平新时代中国特色社会主义思想外化于实现中国梦的生动实践中的。习近平总书记指出，青年兴则国家兴，青年强则国家强。青年一代有理想、有本领、有担当，国家就有前途，民族就有希望。高校教师要努力为大学生开展社会实践、志愿服务、创新创业和去基层锻炼创造机会，支持青年大学生积极投身少老边穷地区的支农支教和

脱贫攻坚工作，引导大学生在实践中增强对国家富强、民族复兴的自信，在实践中坚定对习近平新时代中国特色社会主义思想的信仰，并在实践中努力将习近平新时代中国特色社会主义思想向更广范围传播出去，努力实现从接受主体到传授主体的转换。

大学生对习近平新时代中国特色社会主义思想的接受过程有其规律和特点，开展大学生习近平新时代中国特色社会主义思想教育自然要以此为依托，遵循接受规律，找准教育路径，如此才能守好高校这片意识形态工作的前沿阵地，才能培养出堪担民族大任的时代新人。

参考文献

[1] 党的十九大文件汇编[G]. 北京：党建读物出版社，2017.

[2] 习近平. 在全国高校思想政治工作会议上的讲话[N]. 人民日报，2016-12-09.

[3] 邱柏生. 思想教育接受学[M]. 太原：山西人民出版社，1992.

[4] 姚斯，霍拉勃. 接受美学与接受理论[M]. 周宁，金元浦，译. 沈阳：辽宁人民出版社，1987.

[5] 杨大光. 推动新时代中国特色社会主义思想“三进”的路径初探[J]. 吉林教育，2018(C1)：58-59.

[6] 刘川生. 以习近平新时代中国特色社会主义思想为指导努力提升高校思想政治理论课亲和力与针对性[J]. 中国高教研究，2018(2)：1-6.

[7] 彭寿清. 习近平新时代中国特色社会主义教育思想的哲学基础[J]. 西南大学学报(社会科学版)，2018，44(1)：12-21.

杭州文化助推新时代中国特色社会主义文化建设

耿晓鹏[1] 王歆玫[2]

（浙江工商大学 1.环境科学与工程学院 2.学生处 浙江杭州 310018）

摘 要：新时代中国特色社会主义文化具有丰富的内涵，包含中华优秀传统文化、革命文化和社会主义先进文化三个方面。杭州是一座历史文化名城，在中华优秀传统文化、革命文化和社会主义先进文化三个方面有着深厚的传承和发展，杭州文化的优势可以助推新时代中国特色社会主义文化建设。

关键词：新时代中国特色社会主义文化 内涵 杭州文化 文化建设

习近平总书记在党的十九大上所做的报告的第七部分“坚定文化自信，推动社会主义文化繁荣兴盛”中对文化自信做了详细的阐述，共计1866个字。“文化是一个国家、一个民族的灵魂。文化兴国运兴，文化强民族强。没有高度的文化自信，没有文化的繁荣兴盛，就没有中华民族伟大复兴。要坚持中国特色社会主义文化发展道路，激发全民族文化创新创造活力，建设社会主义文化强国”。① 这一阐述明确了文化自信的重要性。

党的十九大报告中对“新时代中国特色社会主义文化”的内涵做了重要的说明，提出“中国特色社会主义文化，源自中华民族五千多年文明历史所孕育的中华优秀传统文化，熔铸于党领导人民在革命、建设、改革中创造的革命文化和社会主义先进文化，植根于中国特色社会主义伟大实践”。② 接下来，本文针对新时代中国特色社会主义文化的基本内涵和理解做详细阐述。

一、新时代中国特色社会主义文化的基本内涵

新时代中国特色社会主义文化的基本内涵，包含中华优秀传统文化、革命文化和社会主义先进文化三个方面。

---

①② 此内容引用党的十九大报告中的第七部分“坚定文化自信，推动社会主义文化繁荣兴盛”的部分原文。

(一)具有深厚的优秀传统文化内涵

中华上下五千年，在中华民族发展的历程中，中华优秀传统文化拥有悠久的历史，形成了独特的文化沃土，体现着独特的精神追求和精神基因，促进中华民族不断发展壮大。中华优秀传统文化，在时代发展中，不论是在人类文明的进步发展中，还是在中华文明的延续和发展中，都形成了独特的优势，产生了很大的影响，发挥着重要的作用。自党的十八大以来，以习近平同志为核心的党中央不仅高度重视中华优秀传统文化的传承发展，而且在 2017 年初中共中央办公厅、国务院办公厅印发了《关于实施中华优秀传统文化传承发展工程的意见》。在《习近平用典》一书中，习近平总书记善于用典，对中华优秀传统文化旁征博引、信手拈来，运用得融会贯通，将生硬的道理娓娓道来，引人入胜，形成了独特的"习式风格"。书中提到的"以实则治，以文则不治"指要实实在在地把事情做在实处，"公生明，廉生威"提醒领导干部要以身作则，"静而后能安，安而后能虑，虑而后能得"指做人做事都要戒骄戒躁，静心思考等，所涉及的经典书目众多，既是对优秀传统文化的继承，也推动着优秀传统文化的转化，要求我们从自身做起，不断增强我们的文化软实力。

(二)具有深厚的革命文化内涵

革命文化，植根于中国的基本国情，在时代背景下，超越性继承了中国优秀传统文化，使中国共产党在领导人民进行革命、斗争、奋斗的过程中，产生了革命精神，并逐渐发展成为独特的革命文化，这一历程体现着我们党的初心与使命。马克思被公认为"千年第一思想家"，马克思主义被广泛传播，习近平总书记指出，"马克思毕生的使命就是为人民解放而奋斗"，"中国共产党是用马克思主义武装起来的政党，马克思主义是中国共产党人理想信念的灵魂"[①]。在进行革命的历程中，中国共产党不断学习和实践马克思主义，继承和弘扬用鲜血和生命孕育了的革命精神，例如红船精神、井冈山精神、长征精神等。特别是在党的十九大闭幕不久，习近平同志带领中央政治局常委集体从北京到上海，专程瞻仰上海中共一大会址，重温入党誓词，并到浙江嘉兴南湖红船，还参观了南湖革命纪念馆，这一系列的行动向全党全国全世界宣示了新一届党中央领导集体不忘初心、牢记使命的坚定政治信念。不光是红船精神，作为中华民族的宝

① 此内容引用习近平总书记在纪念马克思诞辰 200 周年大会上的重要讲话部分原文。

贵财富，所有的革命精神与文化需要我们对中华优秀传统文化进行继承与升华，也需要我们弘扬和升华中华民族精神。

(三)具有深厚的先进文化内涵

中国共产党从成立之日起，就以马克思主义和先进文化来武装全党，与时俱进，不断推进马克思主义中国化、时代化、大众化，是先进文化的积极引领者和践行者，又是中华优秀传统文化的忠实传承者和弘扬者[①]。人民有信仰，民族有希望，国家有力量。社会主义核心价值观是当代中国精神的集中体现，凝结着全体人民共同的价值追求。习近平总书记指出："核心价值观是文化软实力的灵魂、文化软实力建设的重点。这是决定文化性质和方向的最深层次要素。一个国家的文化软实力，从根本上说，取决于其核心价值观的生命力、凝聚力、感召力。"[②]在先进文化的引领下，中国共产党人经过艰苦奋斗，进行社会主义建设、开展改革开放，培育和涌现了很多值得称颂的精神，在 2003 年"非典"时期、航空航天事业突破时期和 2008 年汶川地震、2013 年雅安地震等时期涌现出一批批先进集体和个人，从国家、社会、个人三个层面对社会主义核心价值观做出了最好的诠释，也集中体现着新时代先进文化。

二、杭州文化的独特魅力

杭州，南宋时的临安，也曾作为原来吴越国的都城，是享誉海内外的中国八大古都之一，经过时代的变迁，久负盛名，历久不衰。南宋诗人范成大的诗句"上有天堂、下有苏杭"，使杭州作为全国第一批历史文化名城，被赋予了独特的魅力，也吸引了一代代人领略杭州独特的魅力。

(一)杭州的优秀传统文化

文化是一座城市的灵魂。优秀的传统文化，与一座城市的精神相辅相成，互相给养，是一座城市乃至一个民族深厚持久的文化底蕴。杭州人文古迹众多，自唐以来，描摹、称赞西湖及其周边大量的自然及人文景观遗迹的文化艺术作品，形成了杭州独特的西湖文化。唐宋诗词大家白居易、苏轼曾先后任职于杭州，他们吟咏西湖山水的名篇佳作被广为传颂。蕴含着丰富想象力和创造力的南宋官窑、丝绸、茶文化、饮食文化，都是杭州人智慧的结晶。在南宋时期，杭

① 此内容引用党的十九大报告部分原文。

② 此内容引用习近平总书记在中央政治局第十三次集体学习时的讲话部分原文。

州的绘画艺术也得到了空前的发展,造就了李唐、刘松年、马远、夏圭等“南宋四大家”,形成了具有鲜明独特的江南韵味。而且杭州日常生活中的音乐元素不仅包含中国传统戏曲越剧、浙派古琴艺术,还吸收了富有杭州特色的本土曲调“令哦调”。活字印刷、火药、指南针,作为中国四大发明中的三项,诞生于宋朝,并在南宋进行大规模的实际应用。在以上基础的发展下,南宋的很多科技发明在农业、武器、数学、医药等方面都曾遥遥领先世界百年。经过 2200 多年发展的悠久历史,杭州积淀了优秀的传统文化,并自中国共产党成立之日起,又拥有了独特的革命文化。

(二)杭州的革命文化

杭州拥有多处党史遗址遗迹、烈士陵园、纪念馆、爱国人士故居,都来源于杭州的革命历史和文化。中国共产党在成立后不久,经历过战火的洗礼、地主的剥削,在 1921 年 9 月,作为中国共产党领导的第一个有组织、有纲领的农民运动组织——“农民协会”在萧山县衙前村成立,引起了地主阶级的恐惧与镇压。特别是到 1922 年,中国共产党成立杭州地方小组,标志着无产阶级革命的一颗新火种在杭州被彻底点燃。1937 年 8 月“淞沪战役”失利,怀揣“教育救国,科学兴邦”理想的浙大人,历时两年多到达贵州遵义、湄潭、永兴等地,排除艰难险阻,坚持办学七年,形成了独具特色的浙江大学西迁精神,这笔宝贵财富也一直直接间接地在滋养着现在的杭州,为杭州的革命文化增加重要的文化底蕴。笕桥作为中央航校所在地,是抗战时期中国空军的摇篮,也使日本空军精锐首次遭遇惨败。1937 年,周恩来总理秘密来杭,深入虎穴,在西湖边与蒋介石会谈,促成了国共第二次合作。中国共产党领导人民为民族独立和人民解放克服险阻、不惧艰难、不屈不挠、英勇奋斗的事迹,使杭州拥有一段段艰苦卓绝的革命斗争故事,展现了一个个共产党人英勇不屈的光辉形象,蕴含的是革命先辈锲而不舍、一往无前的奋斗精神,不断鼓舞着杭州人艰苦奋斗,坚定地以马克思主义为指导思想,以先进文化来武装全党。

(三)杭州的先进文化

习近平总书记把杭州评价为“历史文化名城、创新活力之城”。中华人民共和国成立后的第一部《宪法》——《五四宪法》,就诞生在杭州,也来源于浙江人“敢为人先”和“砥砺奋进”的精神渊源。很多人都说,杭州是创业创新的天堂。钱塘江畔大潮奔涌不息,胡庆余堂“戒欺匾”上的诚信精神,体现着宁缺毋滥、精益求精的处事态度；杭州手工品牌“张小泉剪刀”“王星记扇子”已延续上百年，勤勉奋进的“工匠精神”使其品牌屹立百年不倒；国内外怀揣梦想的创客涌入阿里巴巴、梦想小镇，不断驱动着创新的发展，这些都是杭州人的创新实践。

综上所述，杭州文化就有这样一种能震撼人心的精神和力量。杭州独有的“西湖风光、江南韵味、中国气派、世界大同”的理念，向世界展示了中国文化、中国精神、中国力量、中国魅力。在杭州，看中国，在最美杭州，看到最美中国。在对杭州的赞美声中，我们看到了一种文化魅力所引发的文化现象，这更像是一种文化自觉，成为我们的文化自信。在杭州，经济和文化并重，独具魅力的杭州文化成为精神动力，让这座城市更深刻更沉稳，而这座城市散发出的文化气息也使它具有独特气质，吸引着全国、全球的目光。杭州文化是新时代中国特色社会主义文化的一个美丽缩影，是新时代中国特色社会主义文化建设的重要组成部分。杭州这座历史文化名城，在中华优秀传统文化、革命文化和社会主义先进文化三个方面进行深厚的传承和发展，杭州文化的优势可以助推新时代中国特色社会主义文化建设。

参考文献

[1] 习近平. 决胜全面建成小康社会 夺取新时代中国特色社会主义伟大胜利——在中国共产党第十九次全国代表大会上的报告[EB/OL]. (2017-10-27)[2018-12-12]. http://www.gov.cn/zhuanti/2017-10/27/content_5234876.htm.

[2] 党的十九大报告学习辅导百问[M]. 北京：党建读物出版社，2017.

[3] 党的十九大报告辅导读本[M]. 北京：人民出版社，2017.

[4] 中共中央办公厅、国务院办公厅印发《关于实施中华优秀传统文化传承发展工程的意见》[EB/OL]. (2017-01-25)[2018-12-12]. http://www.xinhuanet.com/politics/2017-01/25/c_1120383155.htm.

[5] 习近平对二十国集团领导人杭州峰会总结表彰工作作出重要指示[EB/OL]. (2016-09-20)[2018-12-12]. http://www.xinhuanet.com/world/2016-09/20/c_1119594069.htm.

[6] 人民日报评论部. 习近平用典[M]. 北京：人民日报社，2015.

[7] 崔晓翠. 中国特色社会主义文化建设的几点思考[J]. 赤峰学院学报(汉文哲学社会科学版)，2016，37(6)：55-56.

[8] 刘琪琪.坚定中国特色社会主义文化自信[J].求知,2018(1):30-32.

[9] 朱继东.多措并举发展中国特色社会主义文化[J].武汉科技大学学报(社会科学版),2017,19(6):581-586.

[10] 李昊远,宗彩娥.习近平新时代中国特色社会主义文化思想的科学内涵与创新价值[J].治理现代化研究,2018(2):16-21.

[11]黄健.江南文化的诗性品格与杭州文化的发展[J].中共杭州市委党校学报,2007(6):25-28.

[12]王安祥.诗性杭州的城市精神[J].杭州(生活品质),2015(12):8-11.

[13]朱育漩.杭州的中国味道[J].环境经济,2017(16):48-49.

新时代背景下高校思想文化建设初探

周荷芳　徐宝见

（浙江工商大学　信息与电子工程学院　浙江杭州　310018）

摘　要：随着新时代的到来和新思想的诞生，高校思想文化建设面临着新的机遇与挑战。高校在贯彻落实党的十九大精神时，精准把握思想文化建设的客观现状和时代定位，勇担新时代思想文化建设的历史使命，在完成伟大使命的奋进中增强时代引导力和感召力，坚持社会主义办学方向，弘扬大学立德树人精神，传承创新思想文化形式，提升校园思想文化品位，为社会建设与时代发展提供强大助推力。

关键词：新时代　思想文化　高校　路径

一、新时代与高校思想文化

党的十八大以来，以习近平同志为核心的党中央领导集体，以巨大的政治勇气和强烈的责任担当，带领全国各族人民不懈奋斗，推动党和国家事业的历史性变革。中国特色社会主义进入了新时代，建设、弘扬和发展新时代思想文化也成为主旋律之一。

思想与文化是精神层面上相辅相成的两个方面，思想来自实践，受长期积淀和培育形成的文化影响，文化也会随时代思想的变迁而变迁。面对新时代，必然有新理论、新思想和新文化与之相适应。高校作为思想文化传播的重要阵地、高校教师和大学生作为思想文化教育的重要受众，在新时代必然会有思想文化建设的新方向和新要求。

十九大报告指出，要坚持党对一切工作的领导。作为党委领导下的校长负责制的高校，要坚持社会主义办学方向，持续强化党的领导，全面贯彻落实“四个意识”，提高政治站位，以立德树人为中心，以培养又红又专、德才兼备、全面发展的中国特色社会主义合格建设者和可靠接班人为使命；要坚持社会主义核心价值体系，尤其要坚定文化自信。文化是一个国家、一个民族的灵魂，而文化自信则是一个国家、一个民族发展中更基本、更深沉、更持久的力量。高校承担着文化传承与创新的重要职责，在建设有中国特色社会主义的校园文化、开展践行社会主义核心价值观活动、推动学生思想道德建设和培育文明素养等方面，具有不可推卸的责任。

二、新时代背景下高校思想文化建设的重要意义

高校是思想文化建设与传播的重要阵地，而高校校园思想文化则是学校发展的核心内涵。紧跟新时代，抓住新时代高校思想文化建设新站位、新方向、新要求，有利于高校树立新时代办学特色，弘扬新时代文化主旋律，加强新时代人才队伍建设。同时，高校思想文化建设也是应对社会转型期多元文化冲突和挑战的迫切需要。因此，新时代背景下的高校思想文化建设具有重要的战略意义。

（一）强化党的领导，坚持社会主义办学方向

2014 年 5 月 4 日，习近平总书记在北京大学师生座谈会上指出，“办好中国的世界一流大学，必须有中国特色”。特色是大学的生命，办好一所大学，要有大学的特色；而办好中国的大学，必须要有中国特色。这个特色中最大的一点，就是要强化党的领导，坚持马克思主义指导思想，坚持社会主义办学方向，也就是要牢牢掌握意识形态工作领导权。

意识形态决定着高校思想文化建设的前进方向和发展道路。在中国大地上办高等教育，必须要在教师和学生群体中推进马克思主义的中国化、时代化、大众化，使马克思主义在意识形态领域的指导地位更加鲜明；必须形成具有强大凝聚力和引领力的社会主义意识，使全体师生在理想信念、价值理念、道德观念上紧紧团结在一起，集中力量建设新时代中国特色社会主义；必须坚持正确的舆论导向，努力营造清朗的网络空间，使全校师生在思想上的团结统一更加巩固，形成风清气正的治学育人环境。

（二）坚定文化自信，弘扬特色社会主义文化

文化兴则国运兴，文化强则民族强。文化自信作为民族自信心和自豪感的源泉，在高校思想政治工作中应当充分发挥根本驱动力的作用。中国特色社会主义文化，源于中华民族五千多年文明历史所孕育的中华优秀传统文化，熔铸于党领导人民在革命、建设、改革中创造的革命文化和社会主义先进文化，植根于中国特色社会主义伟大实践。

在高校中，广大师生应广泛弘扬中华优秀传统文化、革命文化和社会主义先进文化，牢固树立共产主义远大理想和中国特色社会主义共同理想，积极践行社会主义核心价值观，铸造和传播社会主义先进思想文化，让中国特色社会主义和“中国梦”深入人心。要实现中华民族的伟大复兴，需要激发全民族的文化创造力。高校作为高级知识分子云集的高地和未来建设人才的培养基地，肩负着人才培养、研究创新、文化传承与创新的重责，更应扛起开展理想信念教育、推进思想道德建设、弘扬科学文化精神、强化社会责任意识的大旗。

(三)紧围立德树人，培养特色社会主义人才

青年是国家的未来、民族的希望，是中国特色社会主义事业未来的建设者和接班人，肩负着光荣而又艰巨的使命。扎根中国大地办学的高校，如何教育和培养青年，培养什么样的青年，在新时代则显得尤为突出。

中国特色社会主义高校，在新时代要始终围绕“培养什么样的人，如何培养人，为谁培养人”这个根本问题进行教育思想革命、学生教育改革和人才培养探索，要明确把立德树人作为教育的根本任务，把思想政治工作贯穿教育教学全过程，实现全员育人、全过程育人、全方位育人，努力为党和国家完成培养德智体美劳全面发展的社会主义事业建设者和接班人的重大任务，从而推动党和国家的事业始终沿着正确的方向胜利前进。

三、高校思想文化建设现状分析

(一)校园整体建设重物质形式，轻思想文化景观

在校园整体建设中，高校领导、设计者往往比较重视校园的布局规划、建筑特色和景观设计等实体感知形式，这点特别是在20世纪初大量学校的新校区建设中显得更加突出。建筑现代化，景观效果感知度好，这些实质上都是基于景观学和设计学的视觉感知，可以让校园总体环境变得更优美。仔细品味，却感觉在新校区规划和建设过程中缺乏文化积淀，缺少校园思想文化景观，没能真正体现出高校自身的发展思路、教育理念、思想结晶和文化品位。即使有的高校在后期增补了一些思想文化景观方面的建设，但明显让人感觉到因缺乏顶层设计而导致思想文化景观规划的整体性和协调性不佳，而且高校往往也是阶段性地推动校园思想文化景观建设，缺乏长期性和持续性，没有形成全体参与者的自觉性和互动性。

(二)思想文化建设重活动外延、轻思想文化内涵

高校思想文化建设是一个系统工程,需要各子系统的协同形成合力。而在实际建设过程中,往往存在这样的认识误区:思想建设是马克思主义学院教师和思想政治教师的任务,文化建设是宣传部、工会、团委和后勤等部门的事情。正因为高校思想文化建设在认识层面就处在一个比较低的水准,缺乏系统性、思想性,所以高校各党群部门在校园文化建设时开展的日常活动形式上组织得轰轰烈烈、热热闹闹,而忽视了各种活动所承载的思想内核和文化内涵。当下,高校的各种校园文化活动,往往是组织实施方为了完成特定的指标和目的而举办的,参与者也是为了完成活动任务或为了获奖而参加的,双方均未了解活动背后所承载的文化意义,未意识到自己是思想文化建设的参与者、受教者和传播者。

(三)思想文化建设重学生群体、轻教师群体

高校思想文化建设往往围绕学生群体而开展,从主观原因上看,教师的世界观、人生观、价值观已基本成型,主观参与各项活动的意愿减弱,组织针对教师群体的活动存在较大的难度;从客观原因上看,高校教师的教学和科研压力较大,精力上受到较多限制。所以,近些年高校思想文化建设活动的参与对象往往是大学生群体,教师群体参与的相对偏少。目前,个别高校教师还存在学术造假、课堂上出现不当言论等违背师德师风的行为,这跟高校缺少对教师群体理想信念教育和师德师风教育存在着一定关系。高校开展思想文化建设时,应在原先注重学生群体的基础上,还要重视教师特别是青年教师的参与,使教师在活动中接受思想文化的熏陶。加强师生共同参与思想文化建设,有助于学生群体和教师群体融为一体,相互了解,共同促进,从而降低思想教育和文化建设的成本投入,提高效益。

(四)思想文化建设重少数骨干、轻大众群体、忽视特殊群体

高校各部门在思想文化建设过程中除课堂的普及性教育外,往往更加重视对少数骨干教师和学生的教育与培养,以期达到以点带面、以骨干影响全体的目的。对于大众群体,由于基数庞大、需求不一、意见冗杂,组织实施方因难以把控和予以满足而将其搁置于二线。当前高校大学生思想文化的主流是积极向上的,大部分学生也有较强的是非判断能力,但也存在个别自我意识强、自我评价高、缺乏判断能力的学生,在互联网时代喜欢接受和传播网络上非主流的

思想文化和价值观，对境内外敌对势力所采取的有目的的思想文化和宗教渗透缺乏辨别能力，出现与时代旋律不相一致的思想文化，如社会责任不强、社会交往和为人处世诚信缺失、价值观偏离等。因此，针对这些特殊群体，高校如何有针对性地开展思想文化引导和教育，如何使他们在思想文化建设活动中得以改观，继而实现从量变到质变，是学校相关部门需要研究的重要课题。

四、新时代背景下高校思想文化建设的路径探索

习近平总书记指出，青年兴则国家兴，青年强则国家强。青年一代有理想、有本领、有担当，国家就有前途，民族就有希望。高校是青年的聚集地，更是青年进行思想文化学习、教育的殿堂。因此，高校必须要深刻领会新时代和新时代思想文化的内涵，探索高校思想文化建设新路径。

（一）加强党委领导，做好思想文化建设的顶层系统设计

思想文化是一个国家、一个民族的精髓，关系到新时代党和国家事业的成败。中国特色社会主义高校，必须要坚持在党委的统一领导下，以系统学习和宣传贯彻党的十九大、全国高校思想政治工作会议精神为契机，在全校上下掀起认真学习和深刻领会新时代中国特色社会主义思想内涵的热潮；在宏观和微观两个层面明确任务，有分工地展开广泛调研，制订有针对性的实施方案，有序推进各项工作的开展，形成各方思想文化建设的合力；同时强调高校思想文化建设工作要加强顶层设计、统一规划布局、有序平稳推进、有效落实到位。高校在思想文化建设效果的提升方面，还应该把重心放在全体参与者身上，在活动策划、设计和组织过程中听取师生的建议，发挥他们的主观能动性，在内容上体现思想文化建设的内涵，并让参与者群体内部相互促进，弥补思想上的不足。

（二）增强主权意识，掌握高校意识形态工作领导权

随着我国综合实力的不断增强，国际声望持续提高，西方敌对势力把我国推到意识形态斗争的前沿，特别是针对高校大学生思想文化的不稳定性、思想学术的活跃性和责任使命的特殊性，试图把高校作为意识形态斗争的主战场，利用思想文化的逐步渗透来冲击我国正确的社会主义核心价值观。进入新时代，中国特色社会主义高校必须肩负起立德树人的神圣使命和思想文化传承与创新的重要责任，认清多元意识形态对一元核心价值观主导地位冲击的严峻态势，通过丰富多样的思想文化建设形式与活动来巩固全体师生的理想信念、价

值理念、道德观念，提高校内新闻舆论传播力、引导力、影响力和公信力，从而牢牢掌握意识形态工作的领导权，增强意识形态领域的主导权和话语权，坚定不移地走中国特色社会主义思想文化发展道路。

（三）注重文化传承，坚持高校思想文化创新性发展

与国际高水平大学相比，国内高校在人才培养、办学质量、综合实力等方面与其尚存在着差距，其中很重要的一点在于国际高水平大学已经历了上百年的发展历史，形成了厚重的大学思想文化底蕴，而这些思想文化底蕴又反过来促进这些大学形成庞大的思想文化辐射力。我国的大部分高校受客观条件影响，建校较晚，思想文化底蕴也缺乏深厚的积淀，为此，迫切需要进行历史文化的传承与时代思想的创新。高校对中华民族优秀传统文化的传承，不仅是在文化发展属性上的延续，更是顺应时代发展的必然要求。高校对历史文化的创新，需要从自身出发、从本源出发，从校史中发掘富裕的精神内涵、现实意义、时代价值等诸多元素，从而构成一所高校独特的精神文化品质。此外，高校还要立足当代中国实际，结合新时代特点，深入师生群体中，集思广益，持续创新传统文化的传播形式和展现方式，坚持创造性转化、创新性发展，不断铸就中华文化新辉煌。

（四）迎接互联网时代，完善高校思想文化网络阵地建设

随着互联网技术的大发展，高校思想文化建设的传播方式也发生了巨大改变。在互联网和自媒体广泛运用的新时代，我国高校在思想文化教育的过程中高度重视传播手段的建设和创新，进驻网络阵地已从起步阶段成功跨入快速发展阶段。在网络空间进行思想文化建设，有利于调动广大师生的学习积极性，增强思想政治教育的实效性，促进教育事业的发展。为此，高校首先应做好网络安全防范方面的工作，相关网络安全管理部门需定期对网络信息进行核查，及时屏蔽不良信息及网站。其次，高校应加强对学生的网络心理教育，积极引导大学生的身心朝着健康的方向发展，使其形成独立的人格、成熟的思想，明辨网络是非，正确表达意见。最后，高校应建立校园网络综合治理体系，营造清朗的校园网络空间，开展积极向上的网络思想文化教育活动，全面展现大学生青春昂扬的精神风貌。此外，高校还应留意大学生传播不良信息、参与网络暴力、制造病毒、非法进入他人系统等的不道德行为，及时查处，杜绝网络犯罪。

作为整个社会思想文化系统的重要子系统，高校有责任、有义务守好思想

文化建设的责任田，以社会主义核心价值观为指导思想，加强对历史文化的传承与现代文化的创新，将互联网作为思想文化教育的重要载体，积极开展各类宣传活动，不断改进、创新大学生思想文化教育方式，以崭新的理念探索新时代背景下大学生思想文化教育工作的新方法。

参考文献

[1] 习近平. 决胜全面建成小康社会 夺取新时代中国特色社会主义伟大胜利[M]. 北京：人民出版社，2017.

[2] 祁爱华，罗义. 高校思想文化教育网络阵地建设探讨[J]. 学园，2017(11)：179.

[3] 刘荣，嵇炜. 高校思想政治教育工作路径新探[J]. 淮海工学院学报(人文社会科学版)，2017，15(12)：10-12.

[4] 肖政军. 高校思想政治文化建设的路径研究[J]. 现代国企研究，2017(3)：251，253.

[5] 苏新宇. 加强高校思想政治文化建设的问题及对策分析[J]. 长江丛刊・理论研究，2017(7)：216.

[6] 熊英. 用社会主义核心价值观引领高校校园思想文化建设的路径研究[J]. 探索与争鸣，2017(32)：183-184.

身体视域的阅读观念与当代“阅读危机”

商月怀

（浙江工商大学　人文与传播学院　浙江杭州　310018）

摘　要：传统阅读观念认为，阅读是读者与笔者之间的心灵交流，身体是心灵阅读时需要克服的障碍。现代身体视域“寓心于身”的阅读把身体当作阅读政策规训的对象或者社会关系的体现，这仍然是转换的二元分立的阅读观念。当罗兰·巴特把阅读重新还给身体时，阅读展现为身体快感生产的一种方式，阅读也从主体间的精神交流转向阅读者与文本之间的身体行为。通过身体快感生产的视角，可见当代的“阅读危机”中呈现的身体现象，乃是身体主体商品化的结果。通过创新阅读身体快感生产方式来推广全民阅读，是克服现代身体商品化危机、实现阅读身体主体解放的政策途径。

关键词：身体　阅读观念　阅读危机

阅读是什么？海德格尔，说“关于‘这是什么’问题的答案，将我们带向了一个事物的‘本质’”[①]，然而这里的“是什么”的追问常常被转换为“阅读什么”，存在的结构被阅读对象或者阅读效果所隐藏。从存在者的意义上说，阅读应该是阅读者“遭遇”文本的身体现象。所以当罗兰·巴特从身体快感生产方式的角度，来突出阅读者主体的阅读创造时，恰好正确地揭示了阅读作为主体（身体）此在的存在结构。然而阅读在当代社会却以一种悖论现象而存在，表现为“阅读危机”，一方面是信息爆炸时代快消品式阅读物的“过剩”，另一方面则是阅读快感的严重“稀缺”——阅读身体越来越少。究其原因，乃是当代身体陷入了主体商品化的危险境地，身体快感生产的效率成了知识商品生产追求的目标。

一、传统的阅读观念被隐匿的身体

这里说的身体作为西方哲学概念，并不是中国传统文化中的“身”“体”的意

① 海德格尔. 论真理的本质[M]. 北京：华夏出版社，2008.

义[①],但中国传统阅读观念同样体现了“心”与身体割裂的形式。孟子说:“心之所同然者何也?谓理也义也。”[②]而阅读正是一种文本启迪“心”的良药,所谓“书犹药也,善读之可以医愚”。阅读中“心”与身体其他部分的关系,正如朱熹所说的“余尝谓读书有三到,谓心到、眼到、口到”,但他强调“三到之中,心到最急”[③]。这样口与眼的身体功能,只是作为阅读——“心灵”训练的工具。“焚膏继晷”“囊萤映雪”等经典阅读现象,说明身体在阅读中的主体性不仅悄然退却,而且身体功能的有限性还成了阅读的障碍。最典型的是在“悬梁刺股”式的阅读现象中,易疲惫倦怠的身体完全成了“心灵”享受阅读的束缚。在这种“心”独立于“身体”的观念中,心是存在的本质,心灵与文本之间有着真理自明性,身体往往是外在于二者的障碍。身体作为一种肉体的存在是感性和偶然性的,并且感性的身体总是好逸恶劳,需要通过限制、激励或者惩罚的方法去克服身体的“缺陷”,才能满足“心灵”追求“理义”的需要。

“唯读书可以变换气质”[④],传统阅读观念还用“气质”来隐匿身体在阅读中的存在。“粗缯大布裹生涯,腹有诗书气自华”,苏东坡将“诗书气”与“粗缯大布”的自然身体相区别。苏门四学士之一的黄庭坚更是断定:“士大夫三日不读书,则义理不交于胸中,对镜觉面目可憎,向人亦语言无味。”[⑤]在黄庭坚看来,“诗书气”是身体天生面貌外的另一副面目。清代人梁章钜说:“人无书气,即为粗俗气、市井气,而不可列于士大夫之林。”[⑥]这种“诗书气”的阅读观,正是士大夫阶层的身份权力观的反映。在这种阅读观念中,“诗书气”是与自然身体区别的心智外化。按照孟子所说的“劳心者治人,劳力者治于人”,心智的“诗书气”是融合身份等级意识重新建构的观念“阅读身体”,并且它优于人自然的身体。“诗书气”并不是抽象的,而是权力、身份等级观念在阅读中的具体的表征符号。正如鲁迅小说里的孔乙己,茴字的五种写法不是他阅读身体的体现,身上的“长衫”才是他阅读身份的标志。因此,“诗书气”与其说是阅读现象之花,毋宁说是阅读政策之果。

---

① 欧阳灿灿.当代欧美身体研究批评[M].北京:中国社会科学出版社,2015.

② 杨伯峻.孟子译注[M].北京:中华书局,2012.

③ 朱熹.童蒙须知·读书写字第四[M].合肥:黄山书社,2003.

④ 曾国藩.曾国藩语录[M].北京:中国文史出版社,2003.

⑤ 苏轼.苏轼文集·记黄鲁直语:卷6[M].北京:中华书局,1986.

⑥ 梁章钜.退庵随笔·政事[M].上海:上海古籍出版社,2002.

二、寓心于身的阅读观念中被规训的身体

在阅读现象的历史中，尽管身体并未完全消失，但心的主体性使“身体”成为阅读的中介，即使允许身体出场，身体也仅仅是心的“陪衬人”。当尼采把身体作为重新审视世界的新角度，把身体的物质性当作认识世界的出发点时，现代身体才逐渐从心灵意识的话语束缚中被解救出来。但在寓心于身的现代阅读观念中，仍然残留了二元分立的话语范式。身体在福柯那里是话语规训技术的对象，在布尔迪厄那里又是社会习性的体现，在罗兰·巴特的阅读身体里也存在阅读者的知识创造与文本知识的对立。

现代身体观念在解释阅读现象时，身体常被作为检视对象或阅读政策规训的体现而存在。寓心于身的观念认为，阅读是人投入社会交流文本符号的身体行为，阅读政策对这种交流符号和形式进行了种种规定，每一种规定又都构成了政策介入身体的话语规范。现代身体观念将阅读文本视作囚禁身体的高墙，阅读政策通过书籍等形式以文本（符号）权威直接将身体区隔在不同的空间里。以阅读文本的内容和形式为中心向外延伸，统治者将建筑巴别塔的身体，按照语言（文本符号）区隔成等级不同的社会身份和经济物质生存状况。只有最适应阅读策略的身体才能接近话语权力的中心，考试或选拔就是这种阅读政策最重要的工具之一。考试可以按照政策价值目标区分“聪明的”或者“愚蠢的”身体，被阅读区分的身体也通过考试的制度安排，强化文本知识和考试权威的话语认同，使愚蠢或聪明“合理”地成为身体的自然本质而自我接受和自我束缚。这里的话语逻辑是：“愚蠢的”身体被规训是因为其身体本身是“愚蠢的”，从而必须接受聪明身体的统治才能获得解放。正是通过考试和选拔的方式，阅读政策按照自身的目的用文本垒砌高墙，将身体区隔在愚蠢和聪明之间的种种人为过渡空间里。

将现代身体放在个体/社会、身体/话语等二元框架下，通过阅读技术来规训和划分身体，凸显了现代身体的从属性和被动性。而在当代权力、资本和技术面前，区分身体的技术和种类越来越多元，空间越来越复杂，原先通过阅读能力训练、考试和选拔的身体划分方式，只是现代身体中各种聪明与愚蠢身体对立中的一种工具。又如有运动天赋的身体或运动迟钝的身体，会表演或会演唱的身体和缺乏艺术才能的身体……在众多的身体区隔中，阅读还是不是今天最广泛和最具影响力的身体策略方式呢？

三、作为主体快感生产的阅读身体

如果说将身体从意识中解放出来的是尼采，那么将阅读还给身体的则是罗兰·巴特。在罗兰·巴特看来，阅读是身体的快感生产与消费行为。罗兰·巴特将个人的身体放在阅读现象的中心，以读者旨趣为中心对文本的“话语”进行个人的逆生产，目的是要打破文本的知识神话。这种后现代的身体语境，也正好揭示了身体在阅读中的存在结构。

实际上，阅读的中心转向身体，破除的不只是知识神话，更是文本神话。传统阅读以文本为中心，而文本是建构知识神话的基础与框架。普遍知识和既定的话语都以阅读为中心展开集体性交流和共鸣。这样，阅读文本成了知识传播与生产的主要途径。而文本以其深奥符号系统强化了文本形式的神秘化，加上士族化或宗教式的精英教育共同构成了“文本神话”的台柱。因此，不仅传统阅读政策束缚了身体，文本也是缚住“洞穴人”身体的绳索。在文本神话中阅读不是身体行为，而是知识权力话语体系中的心智符号或者身体技术，阅读以此紧紧地把身体束缚在文本知识的精神交流中。

实现身体转向并真正解放身体的是知识媒介技术和社会资本。随着大众文化和社会的发展，一方面，阅读文本的普及、知识传播媒介的多元化，特别是视听媒介技术和文化产业中的资本效应，使文本和阅读都作为文化消费商品而呈现出来；另一方面，文本阅读不再是大众获得知识、权力和身份的唯一途径，电视、电影、手机、网络等媒介让知识接受变得越来越“娱乐”，社会进步又促进了多元的社会身份和权力结构的产生，传统文本阅读带给身体的“痛苦”，不再是必须忍受的精神对肉体的磨炼。同时，伴随印刷技术和知识传播媒介的发展，心智训练和身体快感变得越来越融合，身体和心智的结合——“兴趣”回到了主体学习和知识创新的中心。特别是当知识传播成为商品消费的过程，追求身体愉悦的知识训练方式越来越多，既有减轻文本阅读中身体痛苦的各类“捷径”技巧，也有将文本阅读改编为视听娱乐等其他知识媒介的形式。这样，身体不是以一种知识话语或者身份塑造的对象方式，而是以快感生产的效率来完成现代身体的转向。

阅读作为身体快感生产的方式，也是阅读主体身体“此在”的存在结构，并不是现代身体特有的现象。陶渊明就深味阅读之于身体的快乐，他自称“好读书，不求甚解；每有会意，便欣然忘食”。即使在凿壁偷光、囊萤映雪的古典阅读现象中,匡衡和车胤等人的身体快感也是显而易见的。就是在科举功名制度下的阅读,之于身体的快乐亦是连绵不绝的。明代于谦就记载了自己洋溢着身体快乐的阅读体验,“书卷多情似故人,晨昏忧乐每相亲。眼前直下三千字,胸次全无一点尘。活水源流随处满,东风花柳逐时新。金鞍玉勒寻芳客,未信我庐别有春。”[①]而在罗兰·巴特的阅读里,阅读不仅是对身体快感的生产,还是对文本知识的再创新。

随着文本神话在知识媒介技术和社会进步面前瓦解,文本不再垄断知识传播和话语权力,阅读才真正回归到了身体与文本之间。阅读作为身体行为,必须接受身体快感生产的选择。在这点上,罗兰·巴特强调了身体在文本阅读中对话语垄断的后现代意义,而在现代消费文化面前,文本阅读本身很快陷入了现代商品消费选择的陷阱之中。

四、阅读危机及全民阅读的身体策略

与视听媒介等大众文化消费相比,文本阅读中对身体的快感生产一定更加困难吗?狂欢的音乐派对与寂静的书斋阅读,哪种身体的快感生产更加让人感到安慰呢?从身体主体意义上说,身体的快感生产总是具体的、变化的和历史的;从阅读快感生产来看,现代身体与文本之间的阅读行为,不过是现代身体物质的、社会的和可变的身体/世界之间的一种关系。

阅读作为身体快感生产的一种商品化选择,是当代消费社会特有的阅读现象。在现代社会,文本阅读首先是知识,其次是知识媒介方式先后成为大众消费商品。阅读行为在当代社会不只是传统的知识生产过程,还是知识商品的身体消费方式。现代身体在阅读中被解放的同时又以一种商品消费的主体形式卷入了大众文化商品消费中,身体先以主体的自由选择进入大众文化消费市场,市场又按照身体快感的生产效率制造消费身体。文本的生产和身体阅读行为,都被市场按照大众文化消费的商品规律进行塑造和构建,这样现代“阅读危机”就以一种悖论的形式呈现:快消品式阅读物和阅读越来越多,精品阅读物和深度阅读越来越少。

导致现代性“阅读危机”问题的根源,就在于现代阅读身体的主体性始终交

① 于谦.于谦诗选[M].林寒选,注.杭州:浙江人民出版社,1982.

织着解放与束缚的过程，现代阅读身体刚刚从传统意识观念中解放出来，又作为客体深陷在现代资本、传媒话语的重重困厄之中。当阅读以身体快感生产的方式进入大众文化消费市场的时候，身体快感生产本身也成了资本市场努力商品化的对象，身体主体就不可避免地陷入了自身商品化的危机中。陷落于大众文化消费市场中的现代身体，表现为身体阅读行为同其他知识媒介技术竞争的效率劣势，这就是“阅读危机”的身体主体性危机。阅读与其他知识媒介技术的竞争并不在于身体接受知识的难易程度或接受方式，而在于大众文化消费时代里媒介技术满足身体快感的深度和广度——身体快感生产效率。尽管当代阅读不乏畅销读物和阅读大众，却少有撼动阅读者灵魂的阅读物和社会集体性阅读交流。语言是人的本能，而阅读却是需要训练才能习得的后天技能，因此在身体快感生产的媒介技术竞争中，“阅读危机”恰好显示了我们正从大众文化消费中逐渐丧失阅读的技能。

“全民阅读”(Reading for All)作为回应这种现代“阅读危机”现象的策略，从身体的视域来看，却以逆身体解放的阅读方式开展集体性阅读运动。其实全民阅读的实质还在于被大众文化消费淹没的身体主体阅读行为，让个体阅读的身体快感生产在社会身体的阅读消费中突显出主体的价值。换句话说，让阅读回归到文本与身体主体之间的快感生产本身，就是要调整身体快感生产效率的过度商品化和市场化，用市场和“看得见的手”——全民阅读政策共同调节社会身体与阅读个体之间的价值平衡。读书节中的庆典式活动、《朗读者》中的娱乐化读书，深受大众喜爱的原因就在于它以大众文化消费市场的方式，即用大众习惯的身体快感生产方式开展集体性的阅读交流。但值得追问的是，这是在强化视听媒介的身体快感生产效率，还是在引导和训练身体的阅读技能？

身体快感生产不源于文本阅读习惯的培养，恰是阅读习惯的养成源于身体快感生产的持续性。从身体的视域来看，全民阅读不仅要破除身体与阅读文本接触的技术和制度障碍，更要不断以创新的方式提升阅读身体快感的生产效率，才能真正实现阅读身体的主体自由性。文本阅读必须满足身体快感生产的有效性，否则当激励阅读的外部需求消失之时，也是身体远离文本阅读之时。只有将身体在阅读中的快感生产作为指征，身体与阅读文本的接触方式，身体本身在阅读中的呈现方式，以及阅读身体之间的彼此联系，即身体在阅读中展现的形式和地位，才是创新阅读有效供给的技术途径。在传统纸质文本阅读现象中，身体对纸质媒介的感知建立在书籍对主体的敞口中，而现代数字阅读中向身体提供敞口的只有符号本身。创新阅读中身体具有物质性、可感性和直观性，将身体在阅读中的呈现方式作为快感生产的源泉，阅读才能在竞争中重获身体青睐。

阅读是一种古老的社会现象，而阅读政策不是从来就有的文化自觉。身体在阅读行为上的局限和差异，客观上促成了不同时代的阅读政策；阅读政策则按照其话语权力结构培养和选拔其需要的阅读身体。在二元分立的身体观念中，阅读身体的主体性问题只是存在于阅读现象内部；而在全民阅读的政策中，身体的主体性超越了身体与阅读文本之间的二元关系，阅读成了现代身体实现主体性自由、克服被商品化危机的策略之一。对现代身体来说，文本内容和阅读不只是满足身体主体的知识消费，身体本身也被视作消费商品。因此，对于全民阅读来说，阅读不是一种观念，而是一种身体快感生产技术。身体选择阅读，源于阅读本身创造的身体快感体验，而这种体验正是全民阅读政策推广的阅读身体时尚。全民阅读政策要破除文本向身体敞开的技术和制度障碍，提高阅读的身体快感生产的效率，实现阅读身体的自主性和多元性。身体也要从传统阅读的被动的身份塑造与规训对象，走向全民阅读中主动的、合作的自由主体。

参考文献

[1] 米歇尔·福柯.规训与惩罚[M].刘北成，杨远樱，译.北京：生活·读书·新知三联书店，2012.

[2]汪民安.身体、空间和后现代性[M].南京：江苏人民出版社，2006.

[3] 费多益.从“无身之心”到“寓心于身”——身体哲学的发展脉络与当代进路[J].哲学研究，2011(2)：78-84.

[4] 张文彦，徐升国.从全民阅读活动到全民阅读国家战略——全民阅读十年回顾[J].出版发行研究，2016(4)：5-10.

[5] 徐同亮.关于全民阅读工作的调查与思考[J].出版发行研究，2016(4)：10-13.

[6] 聂震宁.现代阅读的悖论——在“2015年出版界、图书馆界全民阅读年会”上的主旨报告[J].图书馆杂志，2016，35(2)：97-102.

[7] 田菲.我国国民阅读发展趋势研究——基于1999—2015年全国国民阅读调查数据分析[J].出版发现研究，2016(5)：5-9.

高校辅导员个人微信公众号在学生工作中创新应用的探索

吴素红　陈庆宾

（浙江工商大学　杭州商学院　浙江杭州　310018）

摘　要：微信公众平台作为发展迅速的新兴媒体平台，在大学生群体中应用广泛，给高校学生工作带来了新的挑战。本文以辅导员个人微信公众号在学生工作中的创新应用为视角，结合其应用现状和问题，以当前的探索实际为基础，提出有针对性的提升策略。

关键词：辅导员　微信公众号　学生工作　创新应用

随着互联网技术的发展，许多应用及新兴媒体平台着眼于时代要求和用户需求应运而生。微信公众平台就是在此背景下新兴的一个媒体平台。在该平台上，政府、企业和个人都可以通过群发消息、自动回复等形式开展一对一、一对多的自媒体活动。推送内容形式多样，包括图文、音频、视频等。在“互联网＋”行动计划的引导下，各个行业都在推陈出新，追求互联网背景下的创新发展。

高校作为思想政治教育的重要基地，也在积极寻求“互联网＋”的新型工作模式，从学校、各个院系到各个部门，从学生组织到学生个人，产生了一大批特色鲜明的微信公众订阅号。如何创新和突破传统学生工作思维模式，探索和创新网络时代的工作方法，成为高校思想政治教育工作的重要课题。许多高校辅导员紧跟形势，充分利用并发挥网络信息技术的优势，借助移动网络技术发展的机遇，开通个人微信公众订阅号，创新开展大学生思想政治教育的载体和平台。有调查研究显示，大学生群体使用微信应用的比例高达84.7％。这不仅给辅导员开展学生工作带来一定的挑战，也对辅导员增强个人微信公众号在思想政治教育工作上的实效及创新性等方面提出了要求。本文以辅导员个人微信公众号在学生工作中的应用实践为视角，结合当前微信公众平台应用现状和所面临的问题，以当前探索的实际为基础，提出有针对性的提升策略。

一、微信公众平台的特点

微信公众平台在高校学生群体中应用广泛，主要体现在其独有的优势上：其一，能将信息内容及时且快速地传递；其二，在信息传递时可以实现一对多的高效性及信息沟通时的匿名性。

(一)操作便捷，受众多，影响广

微信公众平台的注册和开通，门槛低且操作便捷。消息的推送可以通过手机、电脑等实现，消息继而又通过微信平台通知订阅公众号的用户，用户在有网络的情况下可以尽情阅读。鉴于微信应用的优势及信息传递的优势，加之大学生群体较强的接受能力，微信公众号在大学生群体中的应用非常普遍，认可度也较高。每一个学生根据个人偏好及需求会关注一些特定公众号，这些公众号在对大学生的价值引导、生涯教育等方面发挥着越来越重要的作用。

(二)形式多样，内容丰富

作为一对多的媒体性平台，微信公众号与微博等各类社交平台一样，可以向订阅用户推送音频、视频、图文等多种形式的内容。用户可以根据个人偏好订阅特定类型的微信公众号，并通过各类形式及时获取丰富的内容。值得注意的是，微信公众平台可以同时向所有订阅用户推送消息，确保了信息传递的时效；同时订阅用户可以在后台进行留言沟通，平台与用户之间可以在私密虚拟空间中进行充分的互动，这样确保了用户的问题得到有针对性的回复，能够帮助提升用户的信任感，提高平台建设的质量及加强教育的效果。

(三)传播快，效率高

微信公众号推送信息的传播与QQ空间中的转发功能较为相似。除了向订阅用户实行一对多的推送之外，还可以通过订阅用户向特定微信朋友及在朋友圈、微博、QQ空间分享达到增加阅读人数的效果，且在短期内能够实现较高的转发率。同时，只要利用手机终端就可以不受时间、空间的限制浏览信息，更加充分地利用碎片化的时间；平台推送的内容和形式丰富、契合学生实际需求，也满足大学生群体对信息阅读的要求，因此能够实现更好的传播效果。

二、微信公众号在辅导员学生工作中的应用

(一)依托信息平台，提高学生事务管理效率

高校辅导员开通个人微信公众号，拓宽了自媒体型的学生事务管理渠道。

辅导员可以利用公众平台以图文、视频、音频等形式，将院校通知、公示信息等通过微信及时推送给学生。相较于口头传达、集中会议、QQ及飞信等信息平台，微信公众平台在信息推送的形式上实现了创新，信息传递和受众范围更广，且更加直接和高效。微信公众平台具备群发消息、自动回复、页面模板等功能和模块。辅导员可以结合工作实际，就一些基本问题设置自动回复，能够及时有效地解答学生疑问、拓宽问题解决路径。此外，辅导员作为微信平台的管理员，在推送主题的选择上具有较高的自主权，可以灵活地结合工作中的问题，设置特色菜单，向学生推送一些既有针对性又有系统性的知识、政策等内容，如就业指导、考试技能指导等，以提高订阅学生阅读的可能性，扩充订阅用户面。同时，以学生乐于接受的方式来推送先进典型事例、助人感人行为，也能够积极引导学生用户，起到育人为先的重要作用。

（二）搭建沟通载体，增强信息传递的时效性

即时性是微信推送消息的一大特点，这区别于传统高校学生工作中依托短信、QQ群发消息和集体会议口头传达等传统信息沟通模式。传统的信息沟通模式不仅对人力、物力有一定的要求，而且存在达不到预期宣传效果、反馈渠道不明确等劣势。而微信公众平台不仅可以利用新颖的形式来整合各类宣传素材，且能较好地将线上、线下宣传渠道相融合，并利用自身的传播优势推进多元化宣传体系的建构。因此，公众号可以利用更加明晰和正确的语言及形式将信息及时向学生发布；订阅公众号的学生也可以在获悉相关信息后，利用平台向辅导员做出及时的反馈，从而进一步促进师生良性互动模式及沟通平台的建设。

（三）加强正向引导，推进育人氛围的营造

如何利用网络资源和技术进一步加强大学生思想政治教育工作，营造好高校的育人氛围不仅是对高效辅导员的工作要求，也是工作重点。辅导员开通个人微信公众号，一方面能够结合日常工作帮助解决学生的常规问题，另一方面能够向学生推送积极向上的活动、个人风采等素材，在学生中起到正向引导的作用，成为引领大学生思想教育、价值传递的重要平台和制高点，促成良好育人氛围的营造。

三、辅导员个人微信公众号在学生工作中创新应用的探索

随着微信应用的普及，微信公众平台已经越来越多地融入高校的思想政治

教育工作。这为学生工作提供了新的视角,也要求辅导员结合实际,在日常工作中积极进行微信公众号创新应用的探索。

(一)丰富内容,发挥好平台的载体功能

随着公众号数量的增加,如果推送内容没有新意,便难以吸引更多的学生用户,也无法扩大公众号的影响力。这就要求辅导员不宜简单地将信息进行转载发送,应以学生的需求为导向,贴近学生实际,关注学生成长,推送特色明显、足够创新的内容。同时,学习并使用一些在大学生群体中广泛使用的网络用语,缩小语言表达上的差距,更加接地气;在页面排版和信息编辑上,要考虑学生群体的阅读习惯,让其更易接受。为打造个人特色,辅导员可以结合个人实际,开设一些专栏或特色菜单,在原创的基础上有创新,在育人的基础上有趣味,在引导的基础上有服务。

(二)丰富形式,利用好平台的技术资源

微信公众平台推送内容的形式多样,但千篇一律的图文信息难免降低对阅读者的吸引力。因此应该充分利用平台已有的基础资源,采用多种形式相结合,积极挖掘平台未使用的功能。比如,结合当前“互联网+”的背景,采用互联网思维,针对校园某一现象进行在线讨论,针对某一问题发起在线投票,收集学生群体的数据,帮助了解学生的关注内容,进一步把握当前大学生的思想动态,加强学生思想政治教育工作引导的针对性。此外,还可以通过开发一些学生参与互动的小游戏等形式,增加用户黏性。这也对辅导员个人的自媒体平台运营水平提出了一定的要求,因而辅导员应始终保持学习的状态,紧跟发展的时代。

(三)借助平台,收集学生案例

高校学生工作中许多问题都有其共通性。微信公众平台尽管在信息推送时是一对多的形式,但是当学生个人在后台留言提问时,沟通模式变成了一对一的模式。鉴于其私密性和匿名性,学生能够较为轻松地说出自己遇到的一些困扰。这些问题的解答可以汇总成学生工作的案例库。因此,利用平台收集学生的案例,在征询学生本人同意的情况下,可以针对这一问题发表推文进行专题讨论,这样可以帮助更多的学生恰当地处理相似的问题。笔者在个人微信公众号中,结合学生工作的经历,开通了“秘密树洞”板块,学生可以通过后台留言的方式来倾诉自己的心事。根据已有的后台留言咨询统计,学生主要关注的咨询主题集中在压力和挫折应对、恋爱与亲密关系、人际关系、考研、求职就业等方面。在征询学生同意后，发表专题推文，文中隐去学生个人信息。这种案例“从学生中来、到学生中去”，以案讲案的方法对于解决学生的困扰更有针对性，也更能获得有相似经历学生的共鸣，增强教育引导效果。

(四)开通反馈功能，增强互动性

微信公众平台的运营，需要从用户群体中汇总意见信息，以改进其建设。推文阅读量、点赞量、转载量及留言评论量都是考量推文宣传效果的重要途径。此外也可以采用在线调查的方式，收集学生对于微信公众平台的意见和建议，以推进公众号的建设。当然，要维护用户对公众号的忠诚度，需要在平台和用户之间形成良性的沟通和互动。当前微信公众号主要的互动方式以推文留言板留言、后台留言互动为主，形式较为单一。但在此基础上，可通过在线互动话题的实时讨论，结合校园活动的开展，定期设置奖励等形式提高学生参与的积极性。当然，学生作为大学校园的主体，只有让他们更多地参与到微信公众平台的互动中，才能够进一步加强微信公众平台育人工作的实效性，才能将微信公众平台建设成为大学生参与建设思想政治教育的新阵地。还可以专门开设学生来稿板块，以学生的视角来交流讨论各种现象。这样有更强的说服力，以此实现更好的宣传和教育效果。

(五)提升个人素质，加强辅导员个性化与专业化发展

随着时代的发展，高校大学生个性化突出，传统单一的方式已无法适应当前形势，这就要求辅导员个人也能紧跟形势，实现个人全方位、个性化、多样化和专业化的发展；同时，微信公众平台的运营对辅导员个人的综合素质也有较高的要求，辅导员不仅需要有较为丰富的知识储备、对平台用户结构清晰的判断、个人公众平台的定位，还需要具备解答学生困惑的专业素养，和较高的新闻敏锐度等。因此，要想利用和发挥好公众平台在高校思想政治教育工作中的作用，辅导员需要提升的不仅是专业技能，还有媒体素养。此外，辅导员也可以通过在微信公众平台发表个人观点、评论，分享心得等形式，彰显个人人格魅力，加强对学生的引领和带动。

随着微信公众平台的广泛应用，其在高校网络思想政治教育中也将发挥越来越大的作用。作为辅导员，需要更具创新思维，加强自身学习，主动将“互联网＋”等思维应用到工作中；在借助微信公众平台开展工作时，应充分挖掘和利

用其优势，以引领学生思想、服务学生成长为目标。随着微信公众平台的日益完善，也应继续探索其在工作中的创新应用。

参考文献

[1] 梁蓉.网络新媒体在高校辅导员工作中的应用探索[J].高教学刊，2015(18)：147-148.

[2] 黄静.基于微信公众号的高校辅导员工作创新研究[J].思想理论教育，2015(11)：75-79.

[3] 黄少阳.微信公众号在高校辅导员工作中的应用研究[J].赤峰学院学报，2016(10)：181-182.

[4] 郑晓娜.大学生微信使用现状调查与分析——以全国208所高校为例[J].思想理论教育，2014(2)：83-86.

[5] 赵雨晴.校园微信公众平台的现状及发展方向——基于北京六所高校微信公众平台的研究[J].新媒体，2015(3)：133-134.

党团建设篇

新时代高校学生党支部创新建设模式探析

许郑晗

（浙江工商大学　旅游与城乡规划学院　浙江杭州　310018）

摘　要：高校学生党支部建设是高校基层建设的重要组成部分，本文通过对新时代大学生的特点分析，总结出目前高校学生党支部建设所面临的问题和难题，提出利用"三化"学习、"结对帮扶"、"互联网＋"和"志愿服务"来创新高校学生党支部建设模式。

关键字：高校　学生党支部　创新　建设模式

习近平总书记在全国高校思想政治工作会议中强调："加强高校党的基层组织建设，创新体制机制，改进工作方式，提高党的基层组织做思想政治工作能力。要做好在高校教师和学生中发展党员工作，加强党员队伍教育管理，使每个师生党员都做到在党爱党、在党言党、在党为党。"①高校学生党支部是高校党的基层组织非常重要的组成部分，大学生党员是当代学生中优秀的代表，将是未来社会的中流砥柱，对他们的培养教育关系着中国未来的发展方向，也关系着中华民族伟大复兴的中国梦能否实现，所以对于高校学生党支部的建设和管理显得尤为重要。如何创新高校学生党支部的建设，对大学生党员的教育和发展有着举足轻重的意义。

新形势下，社会发展迅速，新媒体日新月异，大学生也都以"95 后"为主体，党支部的建设面临许多严峻的问题，如何克服这些难题，并创新地建设和管理学生党支部是高校基层党组织亟待解决的问题。本文通过分析目前高校学生党支部建设模式中所存在的难题，提出创新高校学生党支部建设模式的路径。

一、高校学生党支部建设中的难题

（一）学生党员理论知识匮乏，思想信念不够坚定

目前大学生课余生活丰富多彩，许多优秀的同学都是社团的主要干部，学

① 习近平总书记在 2016 年 12 月 7 日至 8 日召开的全国高校思想政治工作会议上的讲话内容。

习生活忙碌，整体感觉比较浮躁，对于专业的学习都是碎片化的，可能只是在期末最后“临时抱佛脚”，更不用说对思想政治理论的学习，基本被摆在了边缘化的位置。面对复杂的社会环境和鱼龙混杂的互联网，“95后”党员的价值观也非常的多元化，有些党员的思想比较功利化，导致服务意识不够强烈；而且现在大多数学生都是在家里被宠大的一代，没有吃苦耐劳的精神，遇到困难总是学着逃避，思想信念不够坚定。同时，高校对党员的教育不够全程化，特别是在转正之后，缺乏规范的要求和教育，导致许多党员没有很好地发挥先锋模范的作用。

(二)学生党支部工作缺乏继承性，组织架构不够稳定

目前大学生党支部的设立有多种方式，有的以年级划分，有的以专业划分。以年级划分的党支部不利于新老党员传帮带；以专业划分的党支部中的党员都以高年级为主，其中毕业班的党员因专注考研、在外实习等会影响整个党支部的统一管理和建设。学生党支部几乎每年都要进行换届，许多工作缺乏继承性，整体框架不够稳定。学生党支部书记一般由学院辅导员兼任，这些辅导员往往身兼数职，一方面要管理自己所带的数百名学生，一方面还要负责对党员学生的管理，加上自身还有分管的其他模块的工作，难免会导致对学生党员教育和管理的效果不佳。[1]部分党支部书记也会由学生担任，但是由于学生的理论修养不强，对于支部的建设缺乏长远的规划，不利于对党员的教育和党支部的发展。

(三)学生党支部战斗力不强

因为党支部的设置不够合理，所以党员在学习和过组织生活中发言不充分，时间分配上不够合理，影响教育工作有针对性地开展。随着入党程序越来越严格化、规范化，在大学生中发展党员的数量相对于以前来说呈现下降的趋势，因此支部活动的开展也受到了限制。同时“95后”大学生的自我意识越来越强，有部分同学有向利己主义发展的趋势，集体观念较弱，导致党支部的凝聚力较弱，这也是党支部战斗力不强的原因之一。许多学生党支部不注重实践，平常应付性地完成各类学习任务，队伍整体缺乏实践锻炼，战斗力也就比较低。

二、创新高校学生党支部建设的路径

(一)“三化”学习模式

目前高校对党员的培训教育工作越来越严格，在党员发展过程中的培训教育非常多，但对成为正式党员之后的大学生的培训教育就明显少了很多。为了

提高对学生党员的教育管理水平，实现党员教育学习的常态化，党支部可以对党员实施制度化、全程化、多样化的“三化”学习模式，切实提高学生党员的党性觉悟和理论水平。制度化就是要对党员进行制度化管理，从学习、活动、思想、纪律等方面制订学生党员考核条例，结合民主评议，用量化的形式对党员的表现进行评估，并将评估结果放入党员个人档案，对优秀的党员予以表彰和奖励，形成良好的学习氛围和风气。全程化就是要在党员发展的全程进行学习教育，针对入党积极分子、发展对象、预备党员、正式党员都要安排相关的学习活动，提高对学生党员的要求，特别是正式党员，避免“入党前拼命干，入党后松一半”的现象出现，让党员在每个阶段都有自己的奋斗目标，这样有利于党员先锋模范作用的发挥。多样化是指学习形式的多样化，不仅仅限于集中理论学习、座谈交流、个人自学等党员个体参与度不高的学习形式，更要在“三会一课”的基础上，积极挖掘更加新颖的学习模式。笔者所在的学院党组织积极挖掘各类学习活动，例如微党课的讲授拍摄，在准备微党课的过程中，老师收集资料，提炼总结，让学生对时事热点等问题有更加深入的思考，保持理论和思想的先进性。

（二）“结对帮扶”模式

学生党支部的党员流动性较大，支部建设和发展没有很好的继承性，因此需要更有经验的党员来进行指导和培养。而高校教工党支部成员相对稳定，并且许多教师也都具有较高的思想水平和专业素质，学生党支部可以与教工党支部进行结对帮扶，通过结对学习、活动共办等形式开展各类学习实践活动，在支部活动当中融入与专业相关的内容，在加强学生专业学习的同时，让支部活动更有吸引力，提高党支部的凝聚力。师生党支部通过“结对帮扶”不仅能够让学生党支部得到更好的发展，也可以激发教职工党员的师德、岗位责任意识，增强他们的党性修养，对教工党支部的建设也有促进作用，产生党支部建设“1＋1≥2”的效果。学生党支部也可以与校外的党支部进行结对合作，丰富支部的学习实践活动。例如与一些老兵党支部进行联系，学生能在与老兵的交流中接触到许多先进典型人物，感受红色精神，不但可以提升学生的思想高度，同时也能让老兵感受到来自青年一代的关心和敬仰。

（三）“互联网＋”模式

CNNIC（China Internet Network Information Center，中国互联网络信息中心）的数据显示，截至 2017 年 6 月，中国网民规模已达到 7.51 亿，手机网民

占比达96.3%,学生群体占比仍然最高,为24.8%。[①] 从数据中可以看出,移动互联网主导地位强化,而且学生为使用网络的主体群体,大学生更是学生互联网使用的中坚力量。如何利用好互联网来进行大学生的党员管理和学生党支部建设就成了高校基层党建需要思考的问题。

利用互联网,构建党员学习互动平台。"互联网+"的出现,既突破了党建工作的时空界限,有效加速了大量复杂信息的传递,提升了党组织的应急水平。[2]党组织可以利用互联网建立各种交流平台,例如党建微信群、党建论坛等,可在第一时间发送各类学习文件,加快思想理念的传播速度。通过这些平台的建立,形成"人网交互"的良好状态,让党员有发表自己想法和学习心得的机会,促进党员对大政方针、时事热点的思考,提高党员的理论水平。同时通过建设交流平台,也能克服部分党支部成员由于不同专业、不同年级无法安排同一时间进行学习讨论活动的困难,还为部分出国交流的同学参加组织生活提供了便利。

利用新媒体,打造支部网络宣传阵地。学校学院专门开设党员教育网站,微信公众号等新媒体信息平台,发布各类正能量信息,引导主流思想。目前几乎所有的学校学院的网站都有党建的板块,但是内容比较单一,不够生动,缺乏足够吸引力,这样不能对新时代大学生起到很好的引领作用,所以在网站建设方面要更加花心思,丰富宣传内容,改善板块设计,吸引大学生党员的关注。同时可以让学生自己经营网站或者微信公众号平台,进行党员活动展示,记录学生党员成长的过程,使学生党员能够不断砥砺自己做得更好,提升党性修养,增强支部的凝聚力和向心力。在宣传的过程中,潜移默化地做好思想引领工作,帮助学生树立正确的世界观、人生观和价值观。[3]

(四)"志愿服务"实践模式

党支部活动不能仅限于学习活动,还需要更多的实践活动才能加强党员的实操能力,丰富党支部的活动形式,提高支部的团队建设。而针对"95后"利己主义的倾向,学生党支部可以结合支部的实际情况开展各类志愿服务活动,培养学生的奉献精神,锻炼其意志品质,使他们成为真正的合格党员。学生党支部可以结合自己的专业特色,或者与学生社团合作,开展各类志愿服务活动,打

① 数据来源于CNNIC第40次中国互联网络发展状况统计报告。

造志愿服务品牌，在提升支部内部建设的同时，也能够增强支部的社会影响力。同时以暑期社会实践为契机，组织党员进行进社区、“三下乡”走进农村基层与义务支教等活动，锻炼个人能力，实现自我价值。

三、结 语

本文结合当代大学生的特色，试探性地提出高校学生党支部建设的创新路径，希望能够给大学生党建工作一些启发和改进。同时，笔者也深刻地意识到高校大学生党支部建设还有很长的路要走，在创新路径中还有许多的内容有待挖掘。作为高校学生党建工作者，需要不断思考，积极进取，在认真踏实地完成与党建相关工作的同时，一定要提出新的想法和做法。创新是一个支部活力建设的源泉，是大学生青春活力的展现，只有坚持创新建设，才能培养出更多优秀的大学生党员，引领身边的青年不断前进，为社会主义现代化建设做出应有的贡献。

参考文献

[1] 何颖迪.新时期高校学生党支部建设策略的探讨[J].山西青年，2017(3)：214-215.

[2] 姚呈，杨倩蓉，杨明莹，等.“互联网＋”时代高校学生党支部建设浅谈[J].科教导刊，2017(20)：78-79.

[3] 刘克.新时期创新高校学生党支部组织建设的实践路径研究[J].时代报告，2017(22)：48.

大学生志愿服务常态化路径构建
——以浙江工商大学志愿服务为例

郭海洋

（浙江工商大学　财务与会计学院　浙江杭州　310018）

摘　要：志愿服务是一项崇高的事业，需要全社会的共同参与。大学生作为志愿者的主力军，在我国志愿服务中扮演着重要角色。大学生志愿服务能否常态化发展，影响着我国志愿服务的发展。因此，大学生志愿服务的常态化发展，一要建立多方联动机制，加强学校、政府部门和志愿服务组织的三方合作；二要运用新媒体，建立信息共享机制，整合志愿者资源，做到志愿者的信息供需对接；三要完善保障措施，推动志愿服务正常开展，加强志愿服务引导，避免服务内容同质化；四要优化激励方式，提高志愿者积极性。

关键词：大学生　志愿服务　常态化　路径构建　浙江工商大学

一、引　言

志愿服务是人们在不图任何回报的前提下自愿贡献个人的时间和精力，做自己力所能及的事情去帮助他人、服务社会的志愿活动。[1]大学生作为志愿者的主力军，其所开展的志愿活动也是我国志愿服务的重要组成部分。大学生不仅在高校周边的社区、城市众多的博物馆等处开展志愿活动，还在如北京奥运会、上海世博会、世界互联网大会等重大赛事或活动中承担着志愿者工作，发挥着重要作用。大学生志愿者的兴起与发展，对我国整体志愿服务起着重要的推动作用，不仅丰富了志愿服务的形式，还提升了志愿服务的内涵，同时也提高了志愿服务队伍的质量。

二、大学生志愿服务的特点

大学生志愿服务从产生到现在共经历了五个发展阶段，改革开放至20世纪80年代中期的公益转型、80年代末到90年代初的局部自我探索、90年代中后期的组织推动、21世纪初的多元化发展、2008年之后的自觉性发展。[2]无论在哪个发展阶段，大学生志愿服务都具有自愿性、无偿性和公益性的基本特征。同时与其他社会志愿服务相比，大学生志愿服务又具有以下特点：

1. 组织参与方面

大学生志愿服务一般由高校团委、校志愿者协会、院青年志愿者服务队发布志愿服务信息，并招募志愿者进行服务。组织参与的形式主要有两种：第一种形式是高校团委在收到政府或者主办方的志愿服务信息后在全校范围内招募志愿者，这种志愿服务一般带有政治色彩，所以招募方式和条件会比较严格；第二种形式是校院两级的志愿组织主动与社区、博物馆等签订服务协议，组织志愿者定期开展志愿活动，这种招募方式的要求相对较低。

2. 参与人员方面

大学生在校期间的志愿服务参与率总体较高，但是不同特征、不同年级的学生所表现的服务情况也是有差异的。[3]第一，低年级学生比高年级学生的参与热情高，主要原因是大一、大二学生的课余时间相对较多，而大三、大四的学生则忙于准备考公、考研、找工作，课余时间相对较少；第二，女生参与志愿服务的次数远高于男生，主要原因是女生相较于男生更富有爱心，也更愿意走出校园参加志愿服务；第三，受教育程度与志愿服务呈负相关关系，受教育程度越高，参与志愿服务的次数和时间越少，如本科生参与志愿服务的次数最多、硕士研究生次之、博士研究生最少。

3. 服务领域方面

大学生志愿服务在承接敬老院、社区等简单易行的为老服务的基础上扩充了服务领域，丰富了服务内容。大学生们纷纷依托专业结合所学知识开展了阳光助残、关爱留守儿童、邻里守望、节水护水、扶贫开发、网络文明、禁毒教育和环境保护等方面的志愿服务，几乎涵盖志愿服务的方方面面。

三、浙江工商大学志愿服务的成效和困境

截至 2015 年，浙江工商大学共有注册志愿者 13 918 名，1 个校级志愿者协会，18 支院级青年志愿者服务队。浙江工商大学自 1999 年成立志愿者协会以来，连续多年被评为全国、浙江省青年志愿者服务先进单位；多位同学被评为杭州市最美大学生志愿者和浙江省优秀志愿者。经过十几年来的发展，浙江工商大学在志愿服务品牌和内容方面都有独树一帜的表现，但同时也面临着发展的困境。

(一)成　效

1. 服务品牌方面

浙江工商大学青年志愿者服务中心自1999年成立至今,经过多年的努力和积累,众多志愿服务项目已形成了强烈的品牌效应,涌现出"绿书袋"环保、"心译"外语志愿服务、义务导游服务、爱心家教服务等品牌项目。"绿书袋"环保项目成功入列中华环保基金会第四批大学生小额资助项目的名单,并且获称全国优秀志愿者服务项目;"心译"外语志愿服务项目获称第八届中国青年志愿者优秀项目;义务导游服务项目依托旅游管理专业,近20年来项目参加者一直利用节假日时间为来杭游客进行免费讲解;无障碍地图项目连续坚守6年,旨在提高残障人士出行的便捷程度,该项目荣获浙江省第三届社会青年组织志愿服务项目大赛金奖。一大批志愿服务品牌项目的涌现,大大提升了浙江工商大学志愿服务的影响力,也奠定了浙江工商大学志愿服务事业在省属高校中的领先地位。

2. 服务内容方面

从服务领域看,大学生开展的志愿活动几乎涵盖了志愿服务的方方面面,浙江工商大学的大学生志愿服务也不例外。浙江工商大学的志愿服务内容主要分为三类:第一类是专项服务于世界互联网大会、G20峰会、全国残疾人运动会等政府重大活动或全国性重要赛事的志愿活动;第二类是依托旅游管理专业开展义务导游、依托土地资源管理专业开展无障碍地图等专业性志愿服务;第三类是开展无偿献血、关爱自闭症儿童及爱心家教等公益性志愿服务。

(二)面临的困境

1. 服务内容同质化

虽说各二级学院的青年志愿者队伍都在依托专业开展特色志愿活动,但是对各青年志愿者队伍开展的活动进行比较后,不难发现各队伍都将服务集中在爱心支教、社区老人服务、福利院陪伴、捡垃圾护环境等几方面,存在严重的同质化问题,尤其是爱心支教和社区老人服务,18支队伍均有涉及。造成这一现象的原因,一方面是学校和学院引导不够,没有对各学院青年志愿者的发展和活动开展明确的指导;另一方面是院级青年志愿者之间的沟通与合作不足,导致志愿服务跟风模仿现象严重,志愿服务内容愈加同质化。

2. 激励方式单一

学校对志愿者的激励基本上为精神激励,主要表现在开展院"优秀志愿者评比"、校"十佳志愿者"评比，为获奖的志愿者颁发荣誉证书，并对其进行通报表扬。但这类评比的受众面非常窄，不是志愿者队伍中的佼佼者，一般享受不到这类奖励。这类激励方式在高校已存在多时，并将在未来很长时间内仍占据主导地位，但其激励效力和影响力会越来越弱。时代在发展，激励方式也应与时俱进，优化的激励方式会使志愿服务事半功倍。

3. 经费支持力度不够

在对18支志愿服务队负责人的访谈中笔者了解到，90%的负责人表示学校和学院对开展志愿服务的经费支持力度不大，如2015年评出的校级优秀志愿服务项目的支持资金仅有200元，有时志愿者都要自费开展志愿服务活动，这不仅打击了志愿者的积极性，也使得志愿服务不可持续。同时也了解到，目前各服务队开展活动的经费主要来自赞助，但是仅仅靠"化缘式"的拉赞助并不能解决自身发展中存在的问题。

4. 志愿者流失

大学生志愿者是我国志愿体系中不可或缺的组成部分，但一部分志愿者却退出了志愿服务大军。笔者通过分析发现，主要有主客观两方面原因造成志愿者流失。主观方面存在两种情况，一种是在校的志愿者因为学习任务加重退出志愿服务行列；另一种则是毕业生志愿者离校后因为忙于生活和工作主动放弃了志愿者身份。客观方面也存在两种情况，第一种是学校没有及时发布志愿服务信息或者发布的志愿服务信息不符合志愿者的需求，从而导致志愿者服务激情消退，渐渐地放弃了志愿服务；第二种是学校与社会对接不畅，没有将毕业生的志愿者信息移交到社会志愿服务组织，导致志愿者找不到相应的志愿服务平台，无法进行志愿服务，因而放弃了志愿者身份。不管哪种原因导致的志愿者流失，都是志愿组织的一种巨大损失，尤其是经过严格选拔和专业培训的志愿者的流失。

四、志愿服务常态化路径构建

1. 建立多方联动机制

大学生志愿服务活动主要是由政府部门、高校团委和志愿服务组织来发动的，所以从互相合作这一角度出发，可以建立政校联动机制和校地联动机制来保障大学生志愿服务的常态化发展。政校联动机制主要指政府部门和高校相互配合，共同指导大学生开展志愿服务。政府部门根据活动的需要向高校招募志愿者，对志愿者进行专业的培训，并为志愿者提供保险、交通和食宿方面的补贴；而学校则根据政府部门的要求，在全校范围内选拔志愿者，对其进行礼仪、交流等方面的培训。校地联动机制是指学校或二级学院与志愿者开展服务的机构或社区等签订基地合作协议，每学期都安排志愿者定期开展服务；而基地则为志愿者提供交通和餐费补贴及志愿者开展相应志愿活动的资金，减轻志愿者活动的经费压力。校地联动就是要做到志愿者固定、服务场地固定、服务对象固定、服务时间固定及服务内容固定，从而真正落实志愿服务长效机制。建立联动机制，一方面可以破解学生志愿服务组织经费短缺的困境，另一方面可以提高志愿服务的专业性和长效性。

2. 运用新媒体，建立信息共享机制

互联网作为信息传播的载体，因其快捷、便利及自由而深受大学生欢迎。志愿服务组织一方面可以通过微博、QQ 群、微信平台发布志愿服务信息，从而快速准确地招募到对口志愿者；另一方面也可以利用新媒体了解社会的切实需求，开展更有针对性的志愿服务，避免服务内容同质化。同时，学校应利用新媒体进行志愿信息网络化管理，建立信息共享机制。北京奥运会之后，北京市推出了“志愿北京”平台，有效地整合了全市志愿者资源，做到志愿者信息的供需对接。学校可以效仿建立志愿服务信息平台，一方面，引导志愿者在平台上进行注册，填写个人信息及服务类别，发布志愿服务信息；另一方面，与社会志愿服务信息平台合作，挖掘社会需求信息，实现志愿服务供求的有效对接。新媒体的运用和信息共享机制的建立，可以为志愿者提供准确的志愿服务信息和服务平台，有效防止志愿者的流失。

3. 完善保障措施，加强志愿服务引导

一要有长远的规划，学校要将大学生志愿服务纳入通识教育范畴，开设与志愿服务相关的必修课；同时建立志愿服务工时制，用志愿服务时数换取该课程一定比例的学分；再将志愿服务与评奖评优挂钩，没有达到一定志愿时数的学生不能参与评奖评优，但不影响其素质评价。二要加强经费保障，建立多渠道的经费筹措机制，加大行政经费的支出，鼓励志愿组织自行募集社会资金，争取政府和社会的资助，保障志愿服务的正常开展。三要加强对志愿服务的指导，学校要掌握校内各志愿组织的活动内容，引导其开展具有学院专业特色的志愿服务，形成阳光助残、关爱行动、节水护水与环境保护、邻里守望与为老服务、文化宣传等多点开花的志愿服务局面，避免志愿服务内容同质化。

4. 优化激励方式

大学生参与志愿服务虽然是不求回报的，但是适当的奖励可以激发志愿者的工作热情，推动志愿服务健康长效的发展。因此，学校应重视激励方式的优化，做好以下三点：一是要坚持精神奖励与物质奖励并重，一方面要开展评选优秀志愿者、寻找身边最美志愿者等活动，树立典型，宣传正能量；另一方面，设立志愿服务专项奖学金，奖励在志愿服务方面有突出成绩的学生，从而带动周围学生加入志愿服务的行列。二是建立志愿服务“储蓄制度”，学校为每位志愿者建立一个档案，记录每位学生参加志愿活动的时数和内容，然后根据不同内容和时数兑换话费、饭卡金额、公交费用等，提高志愿者的积极性。三是开展星级志愿者评定活动，从志愿者的服务时数、服务内容、服务评价等几方面综合考虑，评出 1—5 星级志愿者，不同星级的志愿者享受不同的殊荣和奖励。

参考文献

[1] 丁元竹. 志愿活动研究：类型、评价与管理[M]. 天津：天津人民出版社，2001.

[2] 胡雅娟. 基于志愿失灵理论的全民志愿服务问题及对策研究[J]. 学园 2014(14)：175-176.

[3] 张洪峰，于媛媛. 大学生志愿服务探讨[J]. 教育探索，2014(8)：127-128.

新时代高校党建工作对学生思想引领的思考研究

薛小敬

（浙江工商大学　统计与数学学院　浙江杭州　310018）

摘　要：本文提出了新时代下高校党建工作对大学生思想引领的意义。作为新时代的大学生，其思想政治方面的理论素养、政治观念、素质提升等都存在着不完善的地方，这使得高校大学生思想政治教育面临新问题与新挑战。本文结合当下学生党建工作与思想政治教育的密切联系及学生党建工作中存在的问题，对如何发挥大学生党建工作的思想引领作用提出了相关建议。

关键词：新时代　高校大学生党建工作　思想引领

中共十九大报告指出："经过长期努力，中国特色社会主义进入了新时代，这是我国发展新的历史方位。"中国特色社会主义进入新时代，是党在准确把握我国发展所处的新的历史方位的基础上做出的重大政治判断，具有科学的时代依据、实践依据和理论依据。时代巨轮从未停歇，教育发展日新月异，高校大学生的党建工作也应当推陈出新，与时俱进。

中共中央、国务院《关于进一步加强和改进大学生思想政治教育的意见》指出："高校党组织要高度重视学生党员发展工作，坚持标准，保证质量，把优秀大学生吸纳到党的队伍中来。对入党积极分子要注重早期培养，加强制度建设，严格发展程序，进行系统的党的知识教育和实践锻炼。对大学生党员要加强党员先进性教育，使他们严格要求自己，提高党性修养，充分发挥在大学生思想政治教育中的骨干带头作用和先锋模范作用。"上述足以说明，高校学生党建工作的地位与重要性。"学生党建工作的成效，直接关系到高校思想政治教育工作的成效。因此，充分发挥学生党建工作的优势，抓好一批思想政治素质高、工作能力强、学习成绩优的大学生，以他们为引领，高校的思想政治教育工作就能又好又快地开展。"这使我们明确了高校学生党建工作引导大学生的目标主要有以下两点：一是为实现党的任务而努力奋斗；二是培养忠诚可靠的党的接班人。很显然，实现这两大目标的根本保证是加强对当代大学生的思想引领。

一、高校党建工作对大学生思想引领的重要意义

2005年由中共中央办公厅转发的《中共中央组织部、中央教育部党组、共青团中央关于加强和改进在大学生中发展党员工作和大学生党支部建设的意见》明确指出："要把大学生党支部建设成为带动学生班级团结进步和开展思想政治教育的坚强堡垒。"因此，高校党建应是高校长期坚持和开展的一项重点工作。

习近平同志代表第十八届中央委员在中共十九大上做报告强调："青年兴则国家兴，青年强则国家强。"当代大学生是实施人才强国战略的重要力量，是祖国的希望、民族的未来，而高校学生党员正是其中的佼佼者，是中国未来发展的主力军，承载着中国未来的希望。同时大学生所处的人生阶段是其学习专业知识、锻造人格品质、树立正确三观及政治信仰的关键时期。高校必须通过开展学生党建工作，积极宣传党的路线方针政策，正确引导当代青年树立科学的世界观、人生观和价值观，同时使他们坚定理想信念，争取把大学生中的佼佼者培养成共产主义的接班人。更值得一提的是，大学生党员在学校的思想政治教育中同样发挥着榜样性、先进性的作用，这种榜样的力量使得整个校园环境充满着积极向上的风气，并且使学校的党建工作得以有序发展。要做好高校学生党建工作必须紧紧抓住社会主义核心价值观的核心，坚持用马克思列宁主义、毛泽东思想和中国特色社会主义理论、习近平新时代中国特色社会主义思想武装大学生的头脑。由此可见，高校党建工作对当代大学生的思想引领的重要性。

二、高校党建工作在学生思想引领中存在的问题

当代大学生是高校学生党员队伍中的主力军，其素质高低会直接影响高校党的建设和各项事业的发展。

1. 政治学习和理论修养不足

少数大学生党员的理想信念容易产生动摇，价值观不明确，不能正确对待社会现象，还未养成明辨是非的能力。

2. 入党动机不纯

部分学生的入党动机不够端正，有的学生申请入党只是随波逐流，自身并

未对马克思主义抑或中国共产党有清晰的了解和认识，只是认为通过入党可以为未来谋求一份更加稳定与美好的工作创造条件，不能对入党所带来的光荣感和责任感树立正确的意识，同时为同学服务的意识淡薄。

3. 缺乏原则性意识

在部分学生党员中还存在对处理重大问题的原则性不强，组织观念淡薄，且不能够与组织保持高度一致等问题。

4. 党建工作整体影响力不够明显

目前，学生基层党支部与团学组织相比，整体的影响力显然不足。高校的学生党建工作重前期的发展，轻后期的教育力量；活动内容对教育缺少针对性，活动形式的单一也造成活动缺乏吸引力，使学生对党建活动产生“审美疲劳”。

如何更加有效地加强学生党员与入党积极分子之间的主动凝聚力，这是对新时代高校党建工作提出的新的要求与挑战。

三、提升高校党建工作对学生思想引领的主要途径

第一，“人生的扣子要从一开始就要扣好”。因此，高校党建工作要从大学新生入学开始抓起，并且要贯穿整个大学阶段。

在大一新生入学报到期间进行入党动员宣传，目的在于提升广大新生主动积极向党组织靠拢、主动撰写入党申请书的觉悟。对所有写入党申请书的学生开设有关党的光辉历史、党的指导思想、党章解读等方面内容的党课教育，使广大新生对党组织有更深层次的认识，从而激发他们爱党爱国的热情。通过新生入学教育、军训教育、党课教育的形式，进一步发现表现积极、思想进步的学生，从而在这些学生中确定一批入党积极分子，为接下来的党员发展工作奠定扎实的基础。

第二，开展好高校线上党建服务工作，组建一支线上党建服务队伍：党员—入党积极分子—普通群众，构建网络服务体系，从而使得高校党建工作更加广泛且深入地开展。

高校大学生的党建工作是高校思想政治工作的重要内容，并不只是党支部、党员的事情，而与每一位在校师生都有关系，原则上更应该是全员参与，构建成一个强大的网络服务体系。高校要充分调动广大党员教师的积极性，建立一个教师党员与学生党员、学生党员与入党积极分子的联系网络。党员教师要

经常性地与学生党员谈心，将之间的联系做到实处，实现党建工作线上线下的全覆盖。

第三，共青团是中国共产党的重要后备力量。高校党建工作应当积极紧密地与团学工作结合起来，使党建工作充满活力与生机，更加贴近学生生活。

调查显示，多数学校是通过开展团学活动，在活动中发现并重点培养一些优秀的学生，最终以“团推优”的方式发展其入党，这就造成了学生本人并没有强烈的入党愿望，从而会营造出一种党组织硬拉学生入党的氛围。因此，更应该以党建工作为方向标引领团学活动，让广大的入党积极分子通过参与团学活动的策划、组织及开展，在实践中接受锻炼和考察，使他们获得主动性和自我认同感。

第四，实施党员质量工程，把好“三关”(入口关、发展关和出口关)。高校要严格按照党员发展程序发展党员，从源头上保证大学生党员的质量。

党员发展虽然有严格的程序，但是有些基层党组织并未严格按照程序发展党员，跳过谈话环节、省略征求群众意见等环节；有的表面上看着是按照程序办事，实则是在走过场，未能真正做到了解情况和发现问题，对党员所上交的入党申请书、思想汇报等也没有认真审核。由于程序不严格、把关不严格，让发展的党员政治意识不高，素质能力低下，工作作风方面存在问题。值得深思的是，如果通过上述程序成为党员的人有朝一日走上领导岗位，就可能会产生非常严重的后果，进而严重损害党的形象，危害党和国家的未来。严格学生党员发展程序，实施党员质量工程，把好“三关”是极其重要和必要的。这就要求每个党建工作者应该加强工作责任意识，明确工作的重要性，不能因为党建工作的烦琐就忽视最本质的“把关”问题。

新时代下大学生是国家实施人才强国战略的重要力量源泉，是祖国的希望、民族的未来，大学生党员是大学生中的佼佼者，更是中国未来社会发展的主要力量，影响着高校党的建设与各项事业的发展。因此新时代的这支队伍的素质建设是高校思想政治教育工作的重中之重。身为高校党建工作者必须要抓好大学生党建工作，抓牢党建工作程序，提高学生党员的责任意识，提升学生党员的担当意识。高校党建工作者要真正实现“一个党员，一面旗帜”的战斗堡垒作用，为党和祖国的未来培养出一支政治合格、能力过硬、作风优良的新时代大学生党员队伍。

参考文献

[1] 习近平.决胜全面建成小康社会夺取新时代中国特色社会主义伟大胜利[M].北京.人民出版社,2017.

[2] 关于进一步加强与改进大学生思想政治教育的意见[Z]. 2004.

[3] 刘向.加强和改进高校学生党建工作的思考与探索[J]. 高教高职研究,2011(35):217-218.

[4] 张琦.新时代高职院校学生党建工作的对策及意义[J].时代机农,2017(10):243.

[5] 孙凌云.新时期高校党建创新工作的基本思路解析[J].时代教育,2017(65):19.

高校网络党建的应用研究

范剑飞

（浙江工商大学　金融学院　浙江杭州　310018）

摘　要：随着21世纪以互联网为代表的信息技术的蓬勃发展，在这种高校面对的新形势、新常态下，要求我们不断创新工作方式和方法，加强高校思想政治工作的针对性与实效性，提高其吸引力与感染力，而高校网络党建正是我们提高党建工作有效性的一个新途径。本文主要研究的是高校网络党建实施路径的相关问题，并提出要完善网络党建实施路径必须要加强网络平台建设、调节工作主体结构及健全网络平台管理制度。

关键词：网络党建　平台建设　实施路径

中共中央总书记、国家主席、中央军委主席习近平指出，高校肩负着学习、研究、宣传马克思主义，培养中国特色社会主义事业建设者和接班人的重大任务。加强党对高校的领导，加强和改进高校党的建设，是办好中国特色社会主义大学的根本保证。[1]随着21世纪以互联网为代表的信息技术的蓬勃发展，在传统观念中仅作为现实生活的调剂品的电子虚拟世界越来越成为人们日常生活中不可缺少的一部分。特别是目前以“95后”为代表的高校学生，常利用电脑、手机等电子设备在网络中社交、学习等，与其在现实中的活动构成了其高校生活的线上线下两大模块。新的时代要求我们不断创新工作方式和方法，努力加强高校思想政治工作的针对性与实效性，提高其吸引力与感染力，而高校网络党建正是我们提高党建工作有效性的一个新途径。

目前，传统党建工作方式仍旧发挥着其不可替代的作用，然而面对社会网络化、信息化的新形势，就需要以网络党建的新形式来快速充分地占领“网络”这块新高地。网络党建是指将网络信息技术应用于我国高校党建进程的一种工作形式，其实质是对我国传统党建工作的延伸。[1]根据网络党建在实际工作中的表现，可对其进行如下定义：以传统党建思想为核心，以网络信息技术为载体，通过各种网络平台、应用等进行党建工作的形式。根据定义我们可以看出，网络党建实质上是利用新兴的信息技术对传统党建工作的进一步发展，其在根本上仍属于传统党建工作的范畴，是传统党建工作的延伸和发展，是党建工作的一种新形式。但这并不意味着我们沿用传统的老方法、老思想就能做好这项工作，只有保持实事求是和与时俱进的精神，改变工作思想、改善工作方法与方式，才能适应好新形势下新的工作形式。[2]

一、我国高校网络党建实施路径的现状

(一)全国范围内高校网络党建实施路径建设工作初见成效

截至 2017 年 9 月，全国高校基本完成了党建网络平台的建设，其中绝大部分高校都已经建成专业的网络党建平台。以我校金融学院为例，除了设立专门的党务网页，还通过设立“金融党建”微信公众号等形式建立了多方面的、立体的高校网络党建平台，形成了以传统党建工作为核心，以现代化网络信息技术为载体，以各类网络内容为表现形式的新常态下的新的党建工作模式，特别要指出的是，其中大多数相关网络信息技术的应用工作，比如公共主页和微信公众平台的建立和更新都是学生党员组织独自完成的。因此，网络党建工作不仅提升了工作效率，还提高了学生的参与度，帮助学生更近距离地接触党建工作，了解党建工作，支持党建工作。最终实现以网络党建推动传统党建工作的发展，达到党建工作全面铺开的效果。

(二)网络党建各平台接受率及利用率不断提高

相对于传统党建工作，网络党建因其带来的工作效率的提升及贴近生活、贴近实际、贴近学生，让师生对它的接受率和利用率不断提高。首先，网络平台及相关应用的普及和使用大大降低了高校党建工作的运行成本，相对于传统高校党建工作中可能需要占用的时间、人力、资本等要素，网络党建这一新的工作方式能够切实解放这些资源，降低工作成本，提高工作效率；其次，相对于大学生对于传统党建工作晦涩呆板的印象，网络党建更加符合现阶段以“95 后”为主的当代大学生的审美和使用习惯，使得他们能够更加近距离地接触党建工作、了解党建工作，即以当代大学生较为熟悉的手段和方式，在潜移默化中帮助他们树立正确的人生观、世界观、价值观；最后，越发完善的高校网络管理规定使得网络党建有了良好的网络氛围，有利于形成健康、积极、向上的网络风气。

(三)党建工作主体、客体与内容发生变化

由于网络党建是以现代化的网络信息技术为载体,使党建工作的主体与内容都发生了细微的变化。从工作主体来看,传统党建工作中绝大多数以经验丰富、理论知识扎实的中老年同志为主体,而由于在网络党建中利用了大量的网络信息技术,使得更多的年轻人加入到了党建工作中,改变了党建工作主体的年龄结构,为党建工作提供了新鲜血液。从工作客体来看,由于目前高校学生的年龄主体为当代"90后""95后",其具有鲜明的时代特征,且"90后"与"95后"之间亦存在明显的思想价值观差别,因此不论是传统高校党建工作还是网络党建工作都存在着复杂性,不论是内容上还是形式上都需要寻找两个代次之间存在的共性,再针对之间的差别来加以引导。从工作内容来看,相对于以往严肃、理论化较强的内容,由于网络党建不可避免地携带着互联网的基因及针对对象的不同,使其在工作内容上发生了改变,其内容载体形式更加多样化,从原本单一的文字、图片到如今的视频、音像等多媒体形式,其表述的语言文化更加趋于扁平化和口语化,使得原本相对晦涩的党建工作内容变得更加生动活泼,也更加贴近学生、贴近生活、贴近实际。

二、高校网络党建实施存在的问题

就目前我国高校党建总体情况而言,尽管高校网络党建已取得一定的成效,但是根据其在实际工作中的表现情况,我们仍将其看作对传统党建工作的一种延伸和发展,然而随着整个社会信息化、互联网化的发展,网络党建必然会成为与传统党建工作并重的重要内容,而非只是简单地延伸。因此就目前而言,网络党建尚未达到其应该取得的预期工作效果,在实际中仍存在较多的问题。

(一)相关的网络平台建设尚未完善

尽管就全国高校来看,专业化的网络党建平台已基本建立完毕,但是尚存在较多问题:第一,缺乏相应的资金和技术支持。平台的完善和运行是一个长期动态过程,并非一日之功,但就实际情况而言,大多数高校的网络党建平台缺乏相应的后续资金和技术支持,仅在平台建立时得到相应的资金和技术支持,但当平台建立后,就缺乏后续的支持,使得高校网络党建工作常常会因为平台的瘫痪而无法持续。第二,网络党建平台内容陈旧,形式单一,缺乏吸引力。平台内容相对陈旧，大多数的平台内容仅仅是将过去的一些纸质内容照抄到网络上，更有甚者直接盗用其他网络平台的内容以次充好；内容更新缓慢，往往数天甚至数周都没有得到及时的更新，学生在进入平台后只能得到过时的内容。第三，网络党建平台单一或各个网络平台间缺乏互动协作。有的高校仅仅通过单一建立一个主页来实现网络党建工作，形式十分单一，即使利用微信、QQ等网络工具建立了公共主页和聊天群这样的平台，但多个平台间也没有形成良性的互动和协作，多平台之间仅仅是简单的内容再重复。

（二）工作主体与新工作形式之间的不适应

不适应问题集中体现在党建工作中不同年龄阶段的工作主体对于党建工作的不适应。[3]对于年龄较大的工作主体而言，其具有丰富的工作经验和扎实的理论知识，能够妥善处理好传统形式的党建工作；而对于新时代下的网络党建工作，由于这一年龄层次中的大多数人缺乏相应的网络知识和信息技术，其计算机操作能力也有限，加之多年在传统党建工作中形成的工作思路和工作方法与新的工作形式有所冲突，使其在面对网络党建工作时无法做到得心应手，集中表现为工作效率较低、工作内容相对当代大学生而言较陈旧、对大学生的吸引力不足。对于年轻的工作主体而言，其具备相应的网络知识和信息技术，也有足够的电脑操作技能，能够较快地上手网络党建工作，但是由于他们缺乏丰富的工作经验和扎实的理论水平，他们的主要问题在于工作内容比较浅显，无法深入实现党建工作的思想政治要求，工作缺乏深度，无法从理论高度进行党建宣传工作。

（三）对网络党建平台等实施路径的重视和利用还不够

对网络党建平台等实施路径的重视和利用还不够这一问题主要表现在使用者和建设者两方面。从使用者角度而言，一些使用者并没有切实地将网络党建平台看作一个学习和交流的平台，对他们而言，网络平台只是一个能够帮助他们快速处理相关事务、节约时间和精力的便利工具，于是在实际中可能存在注重效率而不是效果、注重成绩不注重内涵的情况。从建设者角度而言，一些基层党务工作者没有从如何使党建工作变得更为生动活泼、富有成效的角度出发，只追求创新形式，从这一角度而言，在一些基层组织中网络党建、智慧党建可能没有发挥其预期作用；同时由于网络党建平台的建设不可避免地会占用原本传统党建工作的部分人力、时间等资源，甚至一些传统党建中的工作由于利用新形式来开展,使得党建工作的实效性和针对性下降了,没有处理好网络党建和传统党建的关系,最终还会导致传统党建工作质量的下降。

三、对高校网络党建实施路径的建议

针对现阶段高校网络党建实施路径在建设过程中存在的问题,本文提出以下几点建议。

(一)加强平台建设,实现多平台共同协作

切实加强高校平台建设,真正将网络党建纳入党建工作体系中,而非只是简单地对传统党建工作的延伸和发展;重视高校网络平台的建设,加强技术支持与资金投入,增强对网络平台的后续支持与效果追踪;同时善于利用其他已有的互联网工具例如微信、QQ 等建立公共主页、聊天群,利用各个平台的不同功能进行统筹规划,通过多个平台之间的互相协作,以内容互补、平台互动和方针统一为原则形成一个多渠道、多平台、多路径的网络党建体系,实现网络党建实施路径的全面铺展。

(二)调节工作主体年龄结构,强化工作内容质量

以调节工作主体年龄结构为手段,强化工作内容质量为目的,针对现阶段党建工作中两个年龄群体各自存在的问题,经常性地开展相互交流学习的活动,使两个群体在交流学习中弥补各自的不足。同时在挑选党建工作的人才时,应当更加注重推选复合型人才,通过复合型人才带动其他两个群体提升工作水平,增强工作的实效性和针对性,加强工作的吸引力和感染力,最终实现改善工作内容的目的,使得内容更加贴近实际、贴近生活、贴近学生,达到网络党建、智慧党建的预期目的。

(三)加强制度管理,健全平台制度建设

应该将网络思想建设、纪律建设、制度建设统一起来,以解放思想、实施求实、与时俱进的精神,不断从制度上创新,健全法规,进一步建立网络管理的规章制度。特别要注意制度设计时的整体性与一致性,避免出现不同制度之间互相矛盾的问题,使得在实际工作中出现无所适从的情况。[4]同时,在制度建设的过程中要注意可操作性、可持续性的问题,网络党建、智慧党建平台的运行是一项长期的工作,因此在制度的设立过程中应特别注重可持续性,避免“短期工程”的出现。

参考文献

[1] 胡蝶.高校网络党建工作的现状调查和对策研究[J].老区建设,2015(2):45-48.

[2] 芮晓武,党建云.党的信息化建设探索与实践[M].北京:人民出版社,2014.

[3] 符策,王长勇.现阶段高校网络党建工作机制研究[J].中共郑州市委党校学报,2012(1):29-30.

[4] 王丹,单雄飞.高校网络党建的几点思考[J].青年与社会,2014(3):202.

[5] 习近平.坚持立德树人思想引领 加强改进高校党建工作[EB/OL].http://news.xinhuanet.com/politics/2014-12/29/c_1113818177.htm.

十九大背景下高校主题团日活动设计与实践
——以浙江工商大学食品学院为例

廖　文　陈晓艺

（浙江工商大学　食品与生物工程学院　浙江杭州　310018）

摘　要：高校主题团日活动是大学生树立价值观念与增进同学感情的重要方式，是贯彻育人为本教育理念的重要途径，是高校辅导员思想政治教育的主阵地。在党的十九大盛大召开之际，我院积极开展主题团日活动，为学生的成长成才谋篇布局，在我院师生的共同努力下，团日活动开展得有新意、有内涵、有成果。

关键词：十九大　主题团日　设计与实践

党的十九大报告为高校主题团日活动提供了优质的素材，是大学生思想成才的重要读本，是每一个青年奋斗的方向标。习近平总书记曾指出，高校最重要的是要明确培养什么样的人，怎样培养人，为谁培养人的问题。作为高校思想政治工作者，我们要以围绕学生、关照学生、服务学生为核心，以主题团日活动为契机，深入到学生中，用实际行动引导学生价值观念的塑造。接下来，本文将从本院主题团日活动的设计特点、实践成果、总结与思考展开论述。

一、学生团支部主题团日活动的设计特点

（一）以学习十九大报告内容、领会十九大精神为主线

十九大的胜利召开，是党带领人民在奋斗道路上的又一新的里程碑，是全党全国人民意志的集中体现，为当代青年奋斗指明了方向。在十九大胜利召开之际，我院主题团日活动也正如火如荼地展开，本文深入了解了全院24个本科团支部的主题团日活动内容，总结归纳了其主要形式与活动内容。在本次主题团日活动中，所有支部活动的设计都自觉以学习十九大报告内容、领会十九大精神为主线，集合班级同学集体的智慧，活动形式丰富多彩，其中2016级生物工程班开展了线上学习十九大活动，班级每位同学有选择性地精心准备一篇学习十九大的体会文章推送或设计一个微视频，形成自我学习与相互学习的良好

氛围；此外，2017 级生物工程班开展了以“走进十九大”为主题的知识竞赛活动，让同学们在竞赛过程中学习十九大内容、领会十九大精神，为学生形成正确的价值观念打下坚实的基础。

(二)低年级重知识体验与趣味运动的结合

通过活动的形式来促进学生思想健康发展是主题团日活动的重要内容，是全员育人、全方位育人、全过程育人教育实质的重要体现。在本次主题团日活动实践中，大一与大二年级学生十分重视知识体验与趣味运动的结合，在食品安全知识的辩论中体会专业知识的魅力，在丰富多彩的趣味运动中享受运动带来的快乐。在 2017 级两个应用化学班之间，以主题团日活动为契机，组织开展了一场以“食品安全是管出来的还是产出来的”为主题的大辩论赛，将十九大精神与大学生的日常接轨，让十九大报告更接地气，更加深入人心。本研究通过对主题团日活动的深入了解发现，有 6 个班级组织开展了趣味运动会，通过“趣味＋运动”的形式，拉近了同学之间的距离，加深了同学间的感情。这对于刚入大学校园的新生与刚进行专业分流的大二同学来说，具有十分重要的意义。

(三)高年级重意识形态的培养

相比于低年级而言，高年级是个人价值观成型的重要阶段，高年级学生的思想也日渐成熟，因此在主题团日活动的开展中更加趋向于对主流意识形态的传播，更加重视同学心中榜样的树立。2015 级食品创新班以开展读书会的形式，深入全面地学习《习近平的七年知青岁月》，展开价值观念的大讨论，在同学们心中树立了标杆；与此同时，2015 级生物班开展了集体观看近代史纪录片的学习活动，在观看后组织班级研讨会，让同学们将所思所感所想相互分享，影响彼此，激励彼此；2015 级食安班与应化班分别开展了参观浙江省历史博物馆与烈士陵园、革命纪念馆的主题团日活动，追忆历史，缅怀先烈，让每一位同学能够树立“居安思危”的意识，珍惜来之不易的和平环境。

(四)活动设计凸显创新理念

创新理念的融入，为我院主题团日活动的开展注入了新鲜血液，焕发新的活力。在团支部主题团日活动中，每个支部都在活动设计中凸出了新意，展现了亮点。2016 级食品创新班首次提出了“21 天养成计划”，21 天的坚持，21 天的付出，21 天的习惯，让每一位同学都体验坚持背后的辛酸，体会坚持过后的甘甜，为成功的人生迈出坚实的一步。全方位系列的目标，让学生不断挑战自己，不断拼搏奋进。2015 级应用化学班组织集体登山活动，在登山中收集树叶，将树叶制作成写有十九大经典语句的书签，大家互送赠送，让十九大精神在书签中温暖传递。

二、学生团支部主题团日实践成果

(一)班级凝聚力的提升

在学院组织的团日活动评比中，“增加交流”“增进感情”“提高默契”是各支部书记述职时出现频率最高的词汇，在活动开展后，令同学们感触最深的还是主题团日活动对于班级凝聚力提升，在多样的学习与领悟十九大精神的过程中，同学们自发地形成了积极向上的强大“磁场”，团结向上成为每一个支部的奋斗目标，激发了更多同学的斗志，强化了为实现中华民族伟大复兴而奋斗的意志。

(二)党团知识了解的深入

在社会主义核心价值观树立的基础上，各支部还开展了形式多样的党团知识学习活动，如 2015 级食安班，在组织同学参观浙江历史博物馆的同时，还增加了党团知识竞赛的活动环节，让同学们在党团知识竞赛中更加全面地学习党的基本知识，树立坚韧的意志，为做好共产主义接班人打下坚实的理论基础。

(三)社会对大学生认识的加深

在主题团日活动的组织中，不少班级将其与志愿者活动相结合，走出校园，走向社会，为社会文明健康发展献上自己的一分力量，如 2016 级食安班组织前往居民社区，进行以“感恩”为主题的宣传活动，帮助社区人们丰富精神文明建设内容。活动加深了社会对大学生群体的了解，促进了大众对学生群体更加深入的认识。

(四)学生正确价值观念的树立

思想引领是大学思想政治工作的重要内容，也是大学教育的重要方面，大学时期是学生思想价值观确立的关键时期，因此如何树立正确的价值观念是每一位高校辅导员最需要思考的问题。团日活动作为大学生主题活动，具有很强的思想引领性，是树立价值观念的重要抓手。在本次团日活动中，食创 1601 班与应化 1601 班开展了给榜样写信、向榜样学习的经验交流会等活动，激起了全院同学向榜样学习的热潮，这对于青年价值观念的树立具有重要意义。

三、关于主题团日活动的总结与思考

(一)要丰富主题团日活动的形式

在本次主题团日活动中,虽然 24 个团支部中有不少支部在主题活动的内容与形式上有所创新,但从整体看,还是存在学习形式单调与照搬照抄、组织内容多有重复的现象。刻板生硬地组织对十九大报告的学习,不但不能激起同学们的学习兴趣,反而容易引起心理的排斥。因此在团日活动中,如何精彩巧妙地组织主题团目活动是我们未来主攻的方向。

(二)要加强对主题团日活动的引导与规范

高校在强调主题团日活动形式创新的基础上,还要强调对活动的引导与规范。在访谈中发现,少数班级在组织团日活动的过程中存在形式主义的坏风气,班级干部不把主题团日活动当一回事,马虎对待,蒙混过关,导致班级主题团日活动的开展缺乏实质性意义;此外,还有部分的新生班级与重组班级不了解团日活动组织方法,对于活动开展没有明确思路。针对以上情况,在以后的主题团日活动开始前,负责学生团日活动的老师应该专门开展课堂培训,为班级干部组织开展团日活动提供思路与方法。

1. 合理安排主题团日活动的频率与时长

在对主题团日活动进行设计时,要结合各年级学生学习、生活的特点,合理规划安排活动举办的频率和时长,并充分征求学生的建议。一般而言,在低年级开展团日活动的频率可以较高年级多些,但时间不宜过长,以免耽误学生正常的学习与生活。

2. 合理规划主题活动的内容与形式

主题团日活动的内容与形式如果只限于低级趣味的游戏与简单意义的集体出游,那活动的教育性与引导性将会被不断削弱,活动的开展将没有实质性的意义。因此,帮助同学们框定主题团日活动大致的内容、规划多种合理的活动形式是必要的,主题团日活动内容应紧跟时代步伐,贴合学生日常实际,要对学生的思想成长有引领性。

(三)要重视校园文化的融入

主题团日活动的开展,在融合社会主流价值观的基础上,还需要适当融入学校的校园文化元素，每一所高校都有着自己独一无二的文化底蕴，深入挖掘学校自身文化因子，传承与发扬文化内涵，能增添活动的教育性与实践性。

1. 重“诚、毅、勤、朴”校训文化的融入

在教育教学中，我院一直秉承“工商融和”的教育理念，重视校训文化传扬，致力于培养工商界的杰出人才。“诚”——忠诚、诚信，寓意着对祖国的忠诚，对人民的赤诚，蕴含着“诚信”这一为商、为人之根本；“毅”——坚毅、刚毅，体现了对事业的执着追求，体现了在任何困难面前绝不低头的大无畏精神；“勤”——勤奋、勤勉，勤奋是中华民族的传统美德，也是事业成功的基石；“朴”——朴实、务实。脚踏实地，求真务实，踏实做事，诚实为人。

2. 以“TREES学工文化”为指导

“TREES学工文化”创新了学工文化载体，是我校学工团队的灵魂，团队(Team)、责任(Responsibility)、鼓励(Encouragement)、平等(Equality)、专业化(Specialization)，是高校辅导员指导学生主题团日活动的核心理念，为主题团日活动的开展提供了新思路、新理念。

(四)要突出价值引领

价值引领在各支部的活动中都有或多或少的体现，但是还远远不够。我们还应在此基础上，进一步加强引领性作用的发挥，占领学生价值观念发展的主阵地，突出价值引领作用，只有这样才能让大学生在价值观念形成的关键期少走歪路、不走邪路，才能更好地为大学生的成长成才保驾护航。

总的来说，通过本次对我院主题团日活动的调查研究，我们发现了活动开展过程中存在的问题，如个别团支部主题团日活动的开展缺乏实质性效果、活动开展的创新性不强等，但从总体上来看，本次主题团日活动形式丰富、组织有序、落实到位和效果显著，在师生中得到了很好的反响。在未来主题团日活动的开展中，我们将丰富主题团日活动的开展形式、加强对团日活动的引导与规范、重视校园文化的融入、突出价值引领，求实创新，踏实进取，为打造学院品牌主题团日活动不懈努力。

参考文献

[1] 胡丹，梁炳辉，王朵朵. 高校和谐校园文化中团日活动创新与发展研究[J]. 吉林教育，2010(16):3.

[2] 汤丽萍,严柏炎.主题团日活动是大学生思想政治教育的有效载体[J].党史文苑,2010(6):63-65.

[3] 郑蕾,殷为民.对当前高校团日活动开展现状的几点思考[J].太原城市职业技术学院学报,2008(7):80-81.

[4] 贺芳.论高校学生团日活动的创新[J].文教资料,2009(31):219-221.

[5] 吴静.高校团日活动中应用团体动力学理论的探讨[J].共青团,2008(3):40-41.

[6] 张远新,何煦.社会主义核心价值体系与当代大学生核心价值观教育[J].思想教育研究,2007(10):8-11.

高校学生网络社团发展动力及其引导策略研究

丁　汀

(浙江工商大学　环境科学与工程学院　浙江杭州　310018)

摘　要:互联网技术的迅猛发展及个人电脑的日益普及,使得"网络进社团,社团进网络"逐渐成为新世纪大学生社团发展的新方向,极大地推动了网络社团在高校中的发展。所谓网络社团,即大学生借助虚拟身份,通过网络所创建的基于某种兴趣或需求的组织。高校学生网络社团的兴起与发展是新的社团理念和网络信息技术结合的产物。网络社团不但使大学生的校园生活出现变化,也对大学的传统学生观念、教育方式及管理模式产生很大冲击。深入开展对高校学生网络社团发展动力及其引导策略的研究,无论是对促进我国高校学生社团的科学发展,还是对我国正在进行的高等教育改革和全面开展的大学生素质教育都有十分重要的意义。

关键词:网络社团　大学生　引导策略

随着信息技术的迅速发展,高校学生的日常学习生活更加趋向于网络化、平台化。网络新兴媒体的迅速发展对大学生的行为习惯、思想信念、学习生活等各方面都产生了巨大的冲击,对他们的学习生活产生了前所未有的影响,利用互联网平台的方式来交流成为大学生之间全新的沟通交流方式。中国互联网络信息中心(CNNIC)最近发布的《第 40 次中国互联网络发展状况统计报告》显示,2017 年 6 月底,中国网民规模达到 7.51 亿,全年新增网民 2830 万;在职业结构中,学生仍然是网民规模中最大的群体,比例占 24.8%。腾讯《2017 微信用户 & 生态研究报告》公布了截止到 2017 年 4 月底,中国微信用户已经接近 8.89 亿,学生依然是用户的主要群体。随着网络技术的迅速发展,互联网已经渐渐融入人们的生活,尤其是对于大学生而言,利用互联网进行信息交流已经成为其生活中不可或缺的一部分;对于高校学生社团而言,他们充分利用网络技术,积极开展社团活动,从而使传统的社团活动在组织方式和活动方式上有了新的发展模式。

互联网为人们交流提供网络平台,微信、微博、QQ 等虚拟社区的建立方便了人们的交流。对于高校学生而言，这些虚拟社区为他们提供了网上交流的平台，并进一步促成了网络社团的创建。网络社团为大学生提供了一种新型的结社方式。目前，高校中的大学生能够积极参加网络社团的各类活动，这对于网络社团的发展有着极大的作用。对于社团组织方而言，他们不仅积极地进行活动平台的创新，还促使大学生更多地通过这种交流方式，参与相关的活动。高校学生网络社团发展的新趋势就是“网络进社团，社团进网络”。对于学生网络社团而言，他们不仅能够充分发挥传统社团的优点，还可以汲取和结合信息化进程中的新鲜养分，从而使其规模得到不断的发展。[1]目前，学生网络社团已经深深地融入了大学生的生活，并在大学生心中留下了深深的烙印。因此，我们必须对学生网络社团进行研究，研究其发展动力，从而加大对网络社团的监管力度，同时提出具有可行性的引导策略，以保证其健康发展。

一、高校学生网络社团管理难度

网络社团和传统社团之间有着较大的区别。高校学生社团的创建主要是学生以兴趣爱好为基础自发地组织起来的，并制订相应的规章制度，从而促使社团的创建。对于高校学生网络社团而言，其对象主要是针对具有共同爱好的学生网民，由于网络具有一定的虚拟性，学生社团成员是以隐匿的身份参加的。网络社团的成员选取门槛较低，并且没有严格的规章制度，从而导致网络社团的发展仍不是很正规。网络社团主要还是以民间组织为主，在高校的管理工作中，并没有充分考虑网络社团的发展，因此没有引起相关部门的重视，在对社团思想文化建设方面也存在着一定的漏洞。高校学生创造的传统社团与网络社团存在着很大的区别，传统社团需要学校相关部门的监督和管理，网络社团虽然具有很大的自由性，但是其成员组成比较复杂，不利于对其实行统一的管理，也对学校管理的正常运行产生了很大的影响。相对于高校文化而言，它们之间存在着很大的差异性，导致社团成员的素质水平参差不齐，从而加大了对网络社团监督和管理的难度。

二、高校学生网络社团特点

(一)微信平台成为重要载体

随着社会的发展，网络技术得到了迅速的发展，并且移动设备及其网络的发展也取得了质的突破，互联网在为大学生提供交流平台的同时，也对大学生创建社团的方式产生了很大影响。互联网为人们提供了网络平台，如微信、微博、QQ群等虚拟社区，方便人们的交流。对于大学生而言，这些虚拟社区为他们提供了网上交流的平台，同时还推动了网络社团的创建。就高校大学生而言，逐渐出现了其自主参加活动的趋势，网络社团得到了一定程度的发展。就社团组织而言，他们不仅积极地进行活动组织模式的创新，还促使大学生接触这一交流方式，并且参与其相关的活动。对于网络社团而言，他们不仅能够充分发挥传统社团的优点，还可以积极地接触先进的文化知识，从而使其规模得到不断发展。

此外，高校学生网络社团已经进入“指尖互动时代”，微信平台已经成为其重要载体。《中国新媒体发展报告(2014)》公布了截止到2014年7月底，中国微信用户已经达到4亿。“微生活”“微文化”正在大学校园里热火朝天地进行着。微信因为有整合性强、资费低廉、功能多样等优势，所以在高校中迅速得到网络社团的推崇。随着互联网技术的发展，网络逐渐成为大学生群体的生存方式之一，线上的生存和符号逐渐地为大部分大学生所熟悉，高校学生社团的发展出现了新的状况，学生参与社团活动的方式也出现了新的趋势。[2]

(二)网络社团类型多样化

当前高校大学生都是在思想先进、信息技术发达、多元的社会大背景下成长起来的“90后”，因而他们能够迅速接受新事物，而且有着较强的好奇心与创造力，从而使学生网络社团呈现出多样性。目前，本研究在杭州下沙高教园区发放2000份调查问卷，共收回有效问卷1890份，调查显示当前高校学生网络社团主要可分为以下五种类型：兴趣型占73.8%、服务型占48.3%、情感型占34.7%、学习型占45.3%、实践型占32.6%。

根据调查可知，在高校学生网络社团中因兴趣而发起的占比最大。高校学生网络社团的社员通常有着较为相同的兴趣爱好、生活经历，因而社团能够为他们提供较好的交流平台。网络社团的出现既体现了当代大学生心理需求的多样化，也表现了高校学生参加和组建网络组织的动机多元化。在组建的学生网络社团中，兴趣型的占73.8%，这些网络社团的创建是因为“共同的兴趣爱好”，比如健身群、游戏群、吃货群等；45.3%的学习型学生网络社团的目标是“学习发展”，如考研信息共享、公务员考试经验交流等；情感型学生网络社团占 34.7%，其目标是寻找归属感，比如校友会、老乡会等；48.3%的服务型学生网络社团的目标是使学生能够更好地实现自身价值，比如志愿者联合会等；实践型网络学生社团占 32.6%，主要是给同学们提供创业交流、就业服务的平台。

（三）社团管理信息化

当今时代，学生网络社团运营模式的信息化已经成为时代的潮流。学生网络社团的发展和壮大需要先进的网络管理技术作为支持。学生社团在校园生活中的地位和作用，决定了它必须革陈出新，不断发展。因此，各学生社团也加大了网站建设和微信平台、微信公众号宣传等工作的力度，使得社团的管理趋向于信息化、科学化和规范化。

（四）社团发展社会化

社团组织在学生日常学习生活中扮演着十分重要的角色。社会体系的变迁、我国经济规模的不断壮大和学生对新型社团的渴求这些因素都在客观上促进了学生社团与社会的联系，社团的社会属性趋显。

（五）社团发展精细化

社会的发展和经济水平的提高导致学生的个性、爱好、兴趣趋向多元化、个性化。因此使得人数众多的大型社团已很少出现。小型社团的数量不断增加，基本都是几十人的规模，甚至十几人的小社团也存在。尽管小，但是由于同属于一个社团的人都有着共同的爱好，他们可以在社团中得到归属感。

因社团也有着其时代性的特点，为了满足更多人的个性化需求，学生网络社团的类型和内容更加趋于精细化，因此涌现出比如轮滑社团、电竞社团、动漫社团、cosplay 社团等一系列定位鲜明的网络社团，这些网络社团广受学生的追捧。精细化的网络社团为大学生提供了更多的交流可能和更好的锻炼机会，帮助学生更快地融入社会，提高适应能力。

当前，新型大学生社团的不断出现，给大学的学生组织管理工作带来新的挑战。为应对这些挑战，高校学生管理工作者需要对学生网络社团新的发展和新的特点加以关注，对学生网络社团出现的问题进行有针对性的研究，要有针对、有效果地对学生网络社团进行管理，制订规范合理的管理规章，使学生网络社团健康的发展。

三、高校学生网络社团发展动力

第一是社会因素。改革开放使得社会主义市场经济不断发展，社会民主程度逐渐提高，旧有的社会机制被打破，计划性、行政性的社会管理模式逐渐变革为市场性、开放性。政府正在改变其包揽一切的旧有特点，将一部分社会功能的运行交给非政府组织。非政府组织在大学生中的体现就是学生社团。并且，高校特有的学生管理制度譬如学分制的推广，使得"班级"在大学生中间被逐渐淡化，这也在一定程度上推动了学生社团的发展。

第二是科技因素。科学技术的进步也极大地推动了学生网络社团的发展。网络本身特有的方便传输、开源和廉价都促使学生通过网络来开展学生社团工作。移动新技术的发展也使得学生更容易参与到社团的活动中来。移动新技术和网络技术的普及使得大学生的生活方式发生了极大改变，因此，学生网络社团的出现也就不难解释了。

第三是个人原因。新时代青年的生长环境和生长状态让他们具有渴求外来新生事物的禀质。他们从书本中解放出来，开阔的思想、跳跃的个性使得传统的学生管理办法不再有效。同时，学生网络社团因其成为学生展现个性、发展自我的舞台，而受到学生欢迎。调查表明：70.3％的学生选择了"对网络公开课感兴趣"；关于"你对网络公开课感兴趣的原因"的调查结果显示：40.7％的学生选择"拓展知识面"，22.3％的选择"挖掘新的兴趣点"。

四、高校学生网络社团发展引导策略

（一）搞清现状，把握发展趋势

目前，学界对高校学生网络社团的研究和探索还远远不能满足管理的需要，各种对高校学生网络社团的研究和探索的数据还远远不够。高校学生网络社团的管理者们首先要深入社团中，探究学生网络社团的本质属性，了解学生网络社团的体系结构和运行方式，客观准确地开展调研工作。其次是进行研究分析。要紧紧抓住高校学生网络社团的本质和发展规律，及其发展动力，仔细研究学生网络社团的发展情况。最后要摸清学生网络社团与传统社团的区别和联系，了解学生网络社团的特征，获得准确的数据。上述的做法都有助于我们更好地管理学生网络社团，和促进学生网络社团的发展和提高，使得大学的管理工作更加有效。

(二)顺应时代需求,扩大引领的覆盖范围

首先,必须重视对学生行为的个体引领。个体组成是学生网络社团的主要形式,因此必须从思维意识方面对个体的行为进行引导。对于高校管理人员来说,了解学生网络社团的内在发展规律极其重要,并且要以此为前提,积极借助校园论坛、QQ群、微信平台及其他相关论坛等广受学生喜爱的媒介,对高校学生进行专业的技能教育、思想价值观教育、心理卫生教育及相关的生活服务教育,以帮助同学们在德智和心理等方面的全面发展。

其次,正确引导学生网络社团。通过主动的接触和联络等方式,高校管理人员要实现与学生网络社团的融合,同时,积极探索新形式,开展相关的培训或服务活动。为了确保网络社团的健康、稳定发展,高校管理部门应当从管理和经费等多个层面给予相应的支持,促使高校学生网络社团能够朝着更加专业化的方向发展,并不断鼓励各网络社团创建自己的品牌,使其在促进学生健康成长方面发挥更重要的作用。

最后,正确引导关键成员的相关教育。相关负责人和关键成员在此类组织中起到协调、调动和指挥的作用,他们不仅以自己的能力和个人魅力成为其他成员的榜样,更因其较强的团队协作意识,在组织中发挥着至关重要的作用。开放性和自主性是高校学生网络社团的主要属性,由于缺乏刚性的组织和管理机制,高校管理人必须通过对社团的关键成员和相关负责人的教导,以确保网络社团的良性发展。

(三)创新管理渠道,健全群体管理制度

第一,必须构建一套完善的管理制度。制度层面的保障起到了根本的作用,为了确保高校学生网络社团的管理在制度和法律方面有据可依,高校必须对此类组织的内在规律有充分的认识,在制订相关的管理制度时,还应以高校的实际状况为依据。与此同时,在贯彻和落实管理制度的过程中,高校必须做到权责一致,将各项制度落实到细节。从当前的情况来看,国内高校学生网络社团的制度建设还处于初级阶段,很多方面仍存在漏洞,因此必须在实践中加强对制度的建设。[3]

第二,重视网络思想政治教育基地的建设和使用。在网络思想政治教育方面,高校作为教育主体,必须重视对教育形式、内容和方法方面的创新,积极落实教育基地的构建工作。高校要以满足大学生思想政治教育需求为出发点,在教育中融合知识性、技术性、思想性及趣味性，再通过网络等现代化的媒介工具，对大学生进行形式多样的网络思想政治教育。在学校的文化建设和科研建设中，融入对高校学生网络社团发展的研究课题，可以更好地了解青年的需求，实现正确的引导和管理，高校可以借助专题研究、课程设立及研究队伍培养等方式，推动高校学生网络社团的健康发展。

(四)积极开展帮衬活动

其一，将学生网络社团作为帮衬对象。高校将学生网络社团引入学生会、科技指导中心等社团组织内，依靠党组织和团组织的领导，逐渐将其发展成为正式的社团组织。在实践中，通过培训基地的建设和交流平台的搭建，为学生网络社团的发展提供有利条件。其二，将沉溺网络的学生作为帮衬对象。高校可以设立一套科学完善的预警机制，通过学生网络社团了解同学们的情况，并对心理和思想上存在问题的同学展开心理方面的辅导和引导，帮助他们树立正确的人生观和价值观，使他们正确认识网络，并能够管理和利用好自己的时间，将主要精力放在学习和有益的校园活动上。

参考文献

[1] 杨连生，胡继东.大学生网络社团问题探析[J].思想理论教育，2012(7)：72-75.

[2] 黄平.大学生网络社团存在的问题与对策[J].南京林业大学学报，2008(2)：103-107.

[3] 昝玉林.大学生网络社团的兴起与高校德育的应对[J].学校党建与思想教育，2005(11)：43-45.

"两学一做"背景下有关学生党员思想政治教育的新思考

徐宝见　周荷芳　袁宏亮

（浙江工商大学　信息与电子工程学院　浙江杭州　310018）

摘　要：目前，全国各级党组织正在持续开展"两学一做"常态化、制度化学习教育活动。高校作为"两学一做"学习教育的重要阵地，在广大学生党员中切实落实"两学一做"学习教育活动，对学生党员坚定理想信念、提升政治意识具有非常重要的意义。为此，高校应该扎实推进"两学一做"学习教育的常态化制度化，贯彻落实全国、全省高校思想政治工作会议精神，深入思考目前学生党员在思想政治教育中存在的问题，切实探索出"两学一做"背景下学生党员提升思想政治教育效果的新策略。

关键词：思想政治教育　"两学一做"　学生党员教育

一、引　言

2016年2月，中共中央办公厅印发了《关于在全体党员中开展"学党章党规、学系列讲话，做合格党员"学习教育方案》，并要求各地区各部门认真贯彻执行[1]-[3]。"学党章党规、学系列讲话，做合格党员"（以下简称"两学一做"）学习教育，是在党的群众路线教育实践活动和"三严三实"专题教育取得明显成效的基础上，落实党章关于加强党员教育管理要求、面向全体党员深化党内教育的重要实践，是推动党内教育从"关键少数"向广大党员拓展、从集中性教育向经常性教育延伸的重要举措[4]，从而把全面从严治党的要求落实到每个支部、每名党员[5]。随后，浙江省委和浙江省委教育工委也在第一时间部署了高校开展"两学一做"学习教育活动的学习安排。

2016年12月7日至8日，在北京召开的全国高校思想政治工作会议上，习近平总书记明确指出"把思想政治工作贯穿教育教学全过程"，作为大学生党员思想政治教育工作重要载体的"两学一做"学习教育活动的教育地位和学习效果就显得越发重要。2017年3月，中共中央办公厅印发了《关于推进"两学一做”学习教育常态化制度化的意见》(以下简称《意见》)[6][7],明确始终把思想政治教育作为第一位的任务。这对大学生的思想政治教育,尤其是大学生党员的思想政治教育提出了更高的要求。

在“两学一做”学习教育背景下,各高校党委积极组织学生党员切实开展高校“两学一做”学习教育活动,将“两学一做”作为提升大学生党员思想政治素质的重要手段,使学生党员将“两学一做”精神内化于心、外化于行。共青团员作为中国共产党的后备军,在积极培育“我的中国梦”、践行社会主义核心价值观和开展“四进四信”等活动的基础上,也紧跟党员“两学一做”学习教育步伐。推出“一学一做”学习教育活动,并被纳入大学生思想政治教育体系,稳步加强对当代大学生的政治教育和思想引领。

二、学生党员“两学一做”学习教育活动存在的主要问题

“两学一做”学习教育活动开展两年多来,各高校党委高度重视,学生党员深刻领会,不断涌现出好的做法和典型事例。但是,将“两学一做”学习教育常态化、制度化作为高校大学生党员思想政治教育工作的重要手段,在学习内容、形式、深度、效果方面都存在着明显的不足。

(一)学生党支部组织落实不力

《意见》中指出,党支部是党最基本的组织,是党的全部工作和战斗力的基础,要注意把思想政治工作落实到党支部。与机关和教工党支部相比,学生党支部在党员发展、转正、学习教育培训等方面的制度和程序的落实比较到位,但是对党员发展的标准、党员学习教育的效果、党的思想入心入脑等方面的把控仍有欠缺,在把思想政治建设摆在党员发展首要位置的定位仍不够清晰。在很多党支部书记和党员中存在着对入党规定的曲解、入党动机的混乱、学习教育培训的简化、思想政治教育的弱化等情形,并没有严格按照党章党规按部就班地执行。还有很多学生党员,甚至党支部书记对“三会一课”的内涵和要求不清楚,将开展“两学一做”学习教育当成任务来应付。党支部对学生党员参加“两学一做”学习教育的制度约束力较弱,对参加“两学一做”学习教育不到位的学生党员的引导、教育、批评不足,造成组织学习效果不佳。

(二)学生党员学习主动性不足

目前,部分学生党员的入党动机不纯,他们可能因依靠党员身份争取荣誉、

增加自己就业竞争优势等功利性动机而加入中国共产党，而党组织在党员发展过程中更多地是将专业学习成绩、综合素质能力摆在了思想政治表现之前。这就容易造成学生党员群体中明显存在思想混乱的局面，从而造成他们思想政治觉悟差、对自身党性要求低、理论学习意识弱。因此，这部分学生党员对“两学一做”学习教育常态化制度化的思想认知不到位、重视程度不够高、参加学习不积极，从而对党章党规、系列讲话学习的主动性明显不足，搞形式、走过场情况比较明显，甚至个别党员将“两学一做”学习教育视为一种负担，这些都大大降低了“两学一做”学习教育应有的效果。

（三）学生党员学习创新性不够

当下，高校学生党支部和党员在“两学一做”学习教育活动上，不断涌现出新创意、新形式、新举措、新成效。但纵观高校绝大多数学生党支部和党员，在“两学一做”学习教育、党员固定活动日、主题党日上，更多地是传达中央、省委、学校党委的相关精神，按照上级的指示组织完成既定学习内容，组织学习方式比较单调而缺乏创新性。由于学生党支部所固有的党支部书记的政治理论素养普遍偏低、支部成员跨年级跨专业、学生党员活动经费缺乏等实际状况，党支部比较难以创新内容丰富、形式多样的教育模式，只能依赖于主题授课、讨论会、分享交流等传统教育培训方式。学生党员依托的“两学一做”学习教育平台也主要集中在“三会一课”、党员专题教育培训、党支部书记讲党课等规定动作上，缺乏创新性和实践性。

（四）学生党员知行结合性不深

如今，高校学生党员基本上全是在高校内加入中国共产党的，他们对专业知识体系的学习投入多，对党的基本理论知识、相关文件精神的学习投入少，将思想政治理论知识放入实际学习和工作中进行实践和检验的机会更是少之又少。“两学一做”，基础在学，关键在做，要能够着力解决突出问题，而当代学生党员普遍缺乏将党的基本理论知识与自身的三观建设、生活作风、专业学习相结合的深度思考，也缺少将践行社会主义核心价值观的专业实习、社会实践、志愿服务升华到自我思想政治教育、做一名合格党员的认知上。学生党员在联系实际学、带着问题学、不断跟进学方面明显做得不足，造成学生党员没有清晰认知国家形势、社会要求、人民期盼和存在的差距，从而难以真正认识“实践是检验真理的唯一标准”的深刻内涵。

(五)党员带领团员联动性不密

现在,学生党员依托党支部,借助"三会一课"学习教育平台,能够较为认真地开展"两学一做"学习教育活动。一旦离开学生党员固定的学习平台,他们在团支部、其他学生组织、普通同学中的党员身份不够凸显,主动学习党章党规、学习总书记系列讲话的次数便会相对较少,在广大团员面前的党员先锋模范引领作用的发挥便不会充分。学生党员少有能做到向团员骨干、入党积极分子、广大青年学子主动宣传"两学一做""中国梦"等理论内涵,引导他们认真参与到思想政治课堂的学习中,带领他们参加践行社会主义核心价值观的活动。学生党员与青年学子互动不够密切,从而造成党的战略、路线、方针、政策无法通过学生最容易接受的朋辈方式在学生群体中传播,因而没能真正发挥提升大学生思想政治素养的播种机作用。

三、提升学生党员"两学一做"学习教育活动效果的策略

《意见》指出,党员要对照党章党规、对照系列讲话、对照先进典型,把自己摆进去,经常自省修身,打扫思想灰尘,进行"党性体验"[6],全国、全省高校思想政治工作会议也明确要把思想政治工作贯穿教育教学全过程,这都明确表明要加强对学生党员的思想政治教育和建设。正确认识时代责任和历史使命,激励学生党员自觉把个人理想追求融入国家和民族的事业中,勇做走在时代前列的奋进者、排头兵,这就需要高校依托"三会一课"基本制度、"两学一做"基本内容,不断创新内容、形式、机制和模式,提升当代学生党员的思想政治素养。

(一)制定"两学一做"学习教育实施方案

为扎实稳步地推进"两学一做"学习常态化制度化,各高校党委要明确制订各二级学院和学生党支部的学习要求和实施方案。学生党支部应高度重视,坚决贯彻落实中央和学校党委的决策部署,制订以"学"为理论基础、以"做"为实践途径的、切实可行的本支部"两学一做"学习教育实施方案。学生党支部在学习教育方案时,可以与党员固定活动日、主题党日活动、团日活动相结合,还可以与日常的党的理论学习、党的群众路线实践活动、"中国梦"专题教育活动和专业实习、社会实践、志愿服务活动相结合,进一步促进党员教育成果的形成及转化。[2]党支部"两学一做"学习教育一定要年初有计划,年终有总结,要融入日

常、抓在经常，要防止形式主义、防止“两张皮”现象，从而真正落实“两学一做”学习教育对学生党员思想政治教育的实效。

(二)培育“两学一做”学习教育创新形式

《意见》指出，“两学一做”要充分调动党支部的积极性、主动性和创造性，探索创新党内教育和组织生活的有效方法。[6]对学生党员来讲，教育学习的形式方面不能只局限在专题培训、“三会一课”、分享交流讨论等传统方式上，而是应当基于创新教育形式、构建新型平台，充分利用互联网络技术和新媒体、自媒体等载体，推广学生使用率高的微信、微博、QQ 等社交媒体软件，进而突破原有的时间与空间限制，使得学生党员能够及时关注党中央重要消息，保证与时俱进。[6]学生党员之间、学生党员与其他学生之间应加强互动，积极开展座谈交流会，举办微党课、主题演讲、知识竞赛等活动，实现对学生党员理论素质的有效拓展。突出关键在“做”，通过社会实践服务、追寻红色足迹、倾听老党员的故事等形式，同时以丰富多样的创新学习方式，增强联系工作实际查找解决问题的能力，提升学生党员对“两学一做”的学习主动性和效果。

(三)强化支部制度管理和党员言行监督

针对学生党支部制度执行不力和学生党员学习主动性不足的问题，在“两学一做”学习教育活动中，应特别注重强化学生支部组织生活会建设、制度管理和党员言行监督，以批评与自我批评、制度化约束和监督机制来确保“两学一做”学习教育的开展情况和效果。首先，学生党员通过学习新版党章党规，加深对制度规范的认知，提升自己严格遵守党组织各项规章制度的自觉性。其次，学生党支部也要强化学生党员在党课培训、“三会一课”、专题教育培训中的制度管理，用纪律对学生党员的学习教育行为和效果进行约束。最后，用习近平新时代中国特色社会主义思想和党章党规指导学生党员的言行，将党的组织生活作为查找和解决问题的重要途径，定期严肃认真地开展批评与自我批评，对不经常、不认真、不严肃参与“两学一做”学习教育活动的学生党员要批评指正，让学生党员自觉接受支部成员和广大师生的广泛监督，进一步端正入党动机，提高思想政治觉悟，从而主动、认真地学习党章党规和系列讲话，争做一名合格党员。

(四)强化党团联动的思想政治教育作用

中国共产主义青年团是中国共产党的助手和后备军，是中国特色社会主义事业的合格建设者和可靠接班人，更是大学思想政治教育的主要受众群体。对共青团员的思想政治教育不能仅仅局限于思想政治课堂授课、“四进四信”、“我的中国梦”、践行社会主义核心价值观、“两学一做”等学习教育内容，更要让团员青年在校院两级党委、党支部、师生党员的影响和教育下，主动以“两学一做”的标准作为自身思想政治建设的基点，不断提升思想政治素养。这要求基层党组织要与基层团委、团支部、其他学生组织联动，以学生愿意接受的朋辈方式、喜闻乐见的学习教育形式来学习、宣传和贯彻“两学一做”学习教育活动，切实提升“两学一做”在当代大学生中的思想引领作用。学生党员要将自身摆进去，从团员中来、到团员中去，在广大青年学子中敢于亮身份、树立先进典型、争做先锋楷模，成为青年学子争优创先奋进的标靶。

四、结　语

在“两学一做”学习教育活动的大背景下，尤其是在“把思想政治工作贯穿教育教学全过程”的重要指示下，高校大学生党员切实开展思想政治教育活动，提升思想政治教育效果，既是一个紧迫要求，又是一项长期任务。通过建立学生党员“两学一做”学习教育机制、创新“两学一做”学习教育形式，党团两级联动开展“两学一做”学习教育活动，不仅能使学生党员主动开展党章党规、系列讲话学习教育活动，提升理论知识素养，还能不断强化自身积极服务师生和社会，争做一名合格学生党员，树立先锋模范榜样。高校党组织、党政领导、学生党员和广大团员青年应共同努力，真正将“两学一做”学习教育活动的要求和任务“内化于心，外化于行”，从而有利于提高当代学生党员的理论修养、增强广大学生党员的实践能力、扩大学生党员的先进模范作用，从而切实提升学生党员的思想政治学习效果。

参考文献

[1] 中共中央办公厅．关于在全体党员中开展“学党章党规、学系列讲话，做合格党员”学习教育方案[N]．人民日报，2016-02-29(6)．

[2] 刘里卿．关于高校学生党支部落实“两学一做”学习教育活动的思考[J]．知音励志(社会科学版)，2016(8)：219，279．

[3] 连珠，邵鑫．高校基层党组织关于“两学一做”教育常态化制度化研究[J]．

当代教育实践与教学研究,2018(10):219-220.

[4] 范晓锐,兰安琦,王佳媛.高校学生党支部组织生活会深入开展“两学一做”的策略研究[J].知识经济,2018(6):6-7.

[5] 郭小辉.高校开展“两学一做”学习教育的建议及思考[J].科技资讯,2016(1):132,134.

[6] 中共中央办公厅.关于推进“两学一做”学习教育常态化制度化的意见[EB/OL].(2017-03-28) http://news.xinhuanet.com/politics/2017-03/28/c_1120710952.htm.

[7] 张国强.高校开展“两学一做”学习教育常态化制度化路径浅析[J].课程教育研究,2018(5):222.

[8] 薛俊生.深入推进“两学一做”强化高校党建工作[J].现代交际,2016(5):1-2.

高校大学生社团的精英依赖和发展路径研究

赵恒 俞佳

（浙江工商大学 法学院 浙江杭州 310018）

摘 要：本文首先梳理了当前高校大学生社团的基本现状、存在问题和相关研究，并借助精英依赖理论，运用实证分析的方法，以浙江工商大学法学院X社团为例，分析了高校大学生社团的精英依赖现象和内在原因，进而提出高校大学生社团的发展路径。

关键词：大学生社团 精英依赖 思想政治工作 发展路径

高校大学生社团是高等教育的重要组成部分，是素质教育的重要途径和有效方式，更是校园文化建设的重要阵地。高校大学生社团在提高大学生综合素质、引导大学生适应社会、促进大学生成才就业等方面有着无可替代的作用，是新形势下有效凝聚大学生、开展思想政治教育的重要组织动员方式。习近平总书记在全国高校思想政治工作会议上指出，要更加注重以文化人、以文育人，要更加注重发挥共青团、学校社团、学生自治组织的作用。因此，研究高校大学生社团的发展现状并提出相应对策，是高校思想政治工作的重要内容之一。

一、我国高校大学生社团的基本现状、存在问题和相关研究

受历史背景、社会环境和价值观念等因素的影响，我国高校大学生社团无论是在数量方面还是质量方面，与国外高校均存在不小的差距。西方国家普遍崇尚组织社团。据廖良辉在2005年的研究，美国哈佛大学有600多个学生社团，平均不到30个学生就有一个学生社团，而且社团活动经费充足，管理十分规范。[1]另据王永胜在2008年的研究，澳大利亚悉尼大学有200多个学生社团，社团也有充足的经费，呈多样性发展的态势，自身财务管理也很规范，开展活动也注重自我约束。[2]

而我国高校大学生社团虽然在改革开放后发展较快，但整体上数量依然偏少，种类较为单一，管理亟待规范，且存在许多共性的发展难题。据任立娣等人于2017年的研究，浙江大学有82家较为活跃的学生社团，数量明显较国外高

校少，同时存在负责人低年级化、生态发展环境一般、骨干培养困难、创新活动缺乏、宣传营销能力不足等问题。[3]另据王珩在2007年的研究，浙江省每个高校平均有30多个社团，社团成员占在校学生的60%，社团中存在会员认识不清、活动质量欠佳、衔接传承不够等问题。[4]

针对国内外高校大学生社团发展水平的差异问题，上述研究文献均从管理学或教育学的角度进行了分析，并提出相应对策。但高校大学生社团发展的问题具有相当的复杂性，在某种程度上超越了教育学的知识边界，需要借助社会学来进行研究和分析。众所周知，高校大学生社团是大学生的群众性组织，其运作和发展模式应遵循社会学规律。从社会学角度考察高校大学生社团的发展路径无疑具有科学性和合理性。

目前，从社会学角度研究高校大学生社团发展路径的研究相对少见。李健在2003年的研究中，运用社会学分析大学生社团产生的基础，考察大学生社团的目的和任务。[5]宿丹等在2014年的研究中，从组织化的理论出发，认为大学生公益社团是一类“周期性空转”的准组织，指出高校大学生社团要走出“以依赖型为主导的组织吸引阶段”，要进入“以发展—价值型为主导的组织赋能阶段”。[6]

二、精英依赖理论及其在大学生社团中的应用

精英依赖理论是目前较新的社会学理论。根据葛亮在2017年的研究，“精英依赖”是指组织运行依托的是组织结构化力量之外的个体力量，是对精英及非正式关系的依赖。[7]他将精英依赖理论归纳为精英价值依赖在精英依赖中起决定性作用，精英资源依赖与精英能力依赖都受制于精英价值依赖，但反过来精英资源依赖和精英能力依赖也会影响精英价值依赖。

精英依赖理论可追溯到一些关于特定种类社会组织中精英或能人发挥作用的研究。姜朋在2008年的研究中，以农民专业协会为例，提出能人会员与普通会员在内部事务决策方面的权能是一个需要认真对待的问题。[8]

正如葛亮在研究中所言，将“精英依赖”导入社会组织乃至其他组织的研究和分析中是非常有必要的。高校大学生社团是一种学生组织，可以认为是葛亮所言的“其他组织”，将“精英依赖”融入分析要素也是非常必要的。

浙江工商大学法学院X社团成立于2008年，属于校级社团。X社团自

成立以来，一直致力于对抗战期间浙赣地区日军细菌战的田野调查工作，共组织开展了 35 次实地调查，获得了日军细菌战受害者调查表 1013 份，相关口述记录 1062 份。2016 年 7 月 7 日，《中国日报》的报道中专门采用了 X 社团的调查数据。

为了了解 X 社团多年来的发展状况，我们对 X 社团的历届成员进行了抽样访谈，访谈人数共计 29 人，其中既有 X 社团成立初期的已毕业离校的成员，也有近几年参与 X 社团的在校成员。X 社团的资源筹措主要依靠历届社团负责人的个人努力及与 X 社团的指导老师的关系，其精英资源依赖逻辑较为明显。X 社团成立以来，分别有校内校外各一位指导老师，其中校外指导老师是国内知名社会活动家 W 女士。她祖籍浙江义乌，长期从事对日军细菌战受害者的调查取证工作，曾获评 2002 年 CCTV 感动中国年度人物。X 社团取得的成绩一方面与社团负责人与社团指导老师获取的社会资源有关，另一方面也与社团负责人和主要骨干的努力有关。通过人物访谈，我们了解到，社团负责人和主要骨干对 X 社团的归属感很强，在社团工作中的投入也很大。X 社团的运行情况良好，并产生了较好的集聚效应和品牌优势，在校内外均产生积极影响。

高校大学生社团的组织价值往往来源于精英个体。X 社团的负责人和主要骨干基本来源于法学院法学专业和知识产权专业的学生。据统计，历任社团负责人共 11 人，其中来自法学专业或知识产权专业的学生共 10 人，占 90.9%。法学专业和知识产权专业同属于法学类，都是面向法律实务部门、企事业单位和法律服务部门培养从事法律工作的专门人才。法学类专业的学生要接受系统的法学专业训练，这有助于他们形成信仰法律、追求正义、崇尚秩序的法律人共同品行。相比较而言，他们更加关注社会事务，更具有社会责任感和参与意识。

法学类专业学生的价值选择对 X 社团的组织资源起到了决定性的作用。通过人物访谈，我们发现 X 社团成员的参与意识都很强，很多社团骨干成员都表现出很强的投身实践、学习历史、关注现实的意愿，都以参与 X 社团活动为荣，愿意放弃个人利益来实现 X 社团的组织价值。

X 社团作为一个规模中等、内容较为纯粹的校级社团，其主要负责人的人格魅力和能力素质在社团运行和发展中发挥着相当重要的作用，这也体现了高校大学生社团的精英能力依赖逻辑。通过对社团骨干的访谈，我们发现很多成员认为X社团“有心、有爱、敢拼、肯干”(引号中的是受访者原话,下同),对社团主要负责人非常认同,希望能在社团负责人的带领下“一起努力加油”。事实也确实如此,X社团历届主要负责人和重要骨干都是非常优秀的在校学生,他们沟通能力强,工作积极性高。其中,就有数位X社团的主要负责人提到,X社团是能体现他们个人价值的社团组织,更是他们在校期间实现个人理想抱负的平台。

高校大学生社团的精英依赖现象,反映出其运行和发展更多依赖于组织结构化力量之外的个体能力。需要注意的是,高校大学生社团存在精英依赖的组织运行逻辑,这并不意味着仅仅依靠精英个体就能使社团组织正常运行,而是说促使社团组织正常运行的力量来自精英个体及其与社团组织内成员和社团组织外个体的双重非正式关系。这种非正式关系与经济领域中的非正式关系既相似又不同。相似之处是关系双方的互惠性,不同之处是关系的互惠性是基于精英个体所持有价值的独特性,以及互惠关系中的对方对精英个体所持有价值的认同程度。在X社团中,其非正式关系的建立,很大程度上取决于社团指导老师对社团主要负责人和重要骨干的认可,甚至胜于对X社团组织本身的认可;或者说,对社团组织的认可是基于对社团负责人个人的认可。

三、高校大学生社团的发展路径

精英依赖理论认为,高校大学生社团的生存和发展依赖于组织结构化力量以外的个体力量。基于这一认识,我们认为,我国高校大学生社团的生长动力来自精英个体及其与社团内成员和社团外个体的双重非正式关系。要让高校大学生社团充分发挥其以文化人、以文育人的作用,必须有效激发社团组织的活力,善于把高校大学生社团的精英依赖现象转化为促进社团发展的工作策略。运用精英依赖理论规划高校大学生社团的发展路径,既为社团组织扩大了生长空间,又对其规范发展加以引导和制约,从而实现高校大学生社团蓬勃发展又合规运行的发展目标。

(一)完善社团负责人的选拔机制

做事情关键在于选对人。对高校大学生社团负责人的选拔,首先要遵循“自愿、民主、公开、公正”的原则,依照社团的章程及相关制度,采取自愿报名、民主推荐、公开招聘、公正选拔的形式,把政治素质好、组织能力强、沟通水平高的学生选拔到社团负责人的岗位上，保证社团负责人的高素质。

高校大学生社团的发展重在坚守与传承。在社团负责人的选拔中，可重点关注社团内的骨干成员。这既有利于社团的稳定和传承，又可保障社团的可持续发展。

做好高校大学生社团负责人的选拔工作，关键在于建立起一套充满生机活力的选拔机制。只有通过不断完善社团负责人的选拔机制，才能真正把素质好、能力强、水平高的优秀学生选拔到社团负责人的岗位上，让社团负责人在岗位上充分发挥出其积极作用来，从而增添社团组织正常运行与发展的动力。

(二)建立针对社团负责人的培训体系

高校大学生社团负责人本身还只是在校大学生，缺乏社会经验，加之校园环境的局限性，会造成他们对事物认知的不全面，进而影响其对社团事务的处理。因此，建立针对社团负责人的培训体系是非常必要的。众所周知，通过培训，可以让受训者的能力在短期内得到提升。社团负责人接受培训，可以让他们在较短的时间内得到在理念、认知和方法方面的快速提升。通过对社团负责人的培训，可以更好地激发社团负责人的人格魅力和能力素质，进而提升社团组织的活力。

对社团负责人的培训应当形成系统、科学且适合大学生特色的体系。一方面，可以邀请学校负责社团管理、具有比较丰富的社团工作经验的老师进行辅导，也可以组织曾担任社团负责人、有社团工作体会的老社团负责人与新社团负责人进行面对面交流。另一方面，可以针对社团负责人存在的普遍性问题，邀请相关领域的专家，对社团负责人应具有的各种能力进行培训。培训方式也可以多种多样，不只是利用讲座、座谈、讨论等传统形式，也可以采取案例分析、场景模拟、角色扮演等更贴近实际的方式。

通过培训，不仅要让社团负责人的认知和能力得到提升，更要激发他们的工作激情。科学合理的培训体系既能为高校大学生社团的持续发展提供人力保障，还能更新高校大学生社团的工作理念，为社团的持续蓬勃发展提供必要的支持。

(三)开拓社团负责人的交流渠道

精英依赖理论认为，社团组织正常运行与发展的力量很大部分来源于社团负责人与社团内外个体的非正式关系。这就需要社团负责人有较为广泛的校内外人际关系。而校园环境的相对封闭和大学生社会圈子的相对狭小,给社团负责人拓展校内外人际关系造成相对不利的局面。只有注重开拓社团负责人的校内外交流渠道,才能构建社团负责人较为稳定的人际关系,这必将有利于高校大学生社团的生存与发展。

高校大学生社团负责人的交流,既可以是同一学院不同社团间、不同学院社团间和各高校社团间的交流,也可以是社团负责人与校内专业教师和校外企事业单位热心人士的交流。社团负责人之间的交流,可以"取长补短",令社团负责人发现自身的不足,学习其他社团负责人的长处,借鉴其他社团负责人在工作理念、工作方式等方面的优势和创新。社团负责人与社团外的专业教师、社会热心人士的交流,可以拓宽社团负责人的视野,帮助他们找到学习的榜样,也为他们开拓了获取社会资源的渠道,增添了社团发展壮大的力量。

开拓社团负责人的交流渠道,一方面具有相互学习、拓宽视野、提高能力的短期效应,另一方面也具有凝聚社会资源、增添社团发展后劲的长期效应。

(四)改进社团负责人的考核方式

对社团负责人的考核应该先体现在对社团的考核上。目前,高校普遍对大学生社团采用量化考核的方法,将社团开展活动的情况进行量化打分,再对量化打分进行加权综合为总分,依据总分将考核结果进行等级划分。这种考核方式在一定程度上反映了社团的运行状态,但是其也存在简单、片面、不能区分社团具体情况的问题,有时对社团的评价不尽客观。加之,不同社团具有各自的历史传统和特色,很难用千篇一律的量化考核来体现,尤其将其作为对社团负责人的评价依据更存在不合理之处。

针对社团负责人的考核应尽量科学合理,我们建议采取360评价方法,通过对社团内部成员、所在学院老师、开展活动的受益群体及不同社团代表的抽样调查或访谈,多方听取意见和反馈,再进行综合评价。

参考文献

[1] 廖良辉. 中美高校学生社团管理比较——以美国哈佛大学为研究实例[J]. 青年研究,2005(4):45-49.

[2] 王永胜. 澳大利亚高校学生社团发展路径及其对我国高校的启示——以悉尼大学为例[J]. 南方论刊,2008(11):107-108.

[3] 任立娣,陈思达,陈瑞雪. 综合性高校当前学生社团发展的基本现状及对策探索——以浙江大学为例[J]. 求知导刊,2017(1):460.

[4] 王珩. 高校学生社团发展调查报告——以浙江省高校为例[J]. 中国青年政治学院学报,2007(3):35-39.

[5] 李健. 大学生社团社会学角度之考察[J]. 中国青年政治学院学报,2003(2):108-112.

[6] 宿丹,陈莹骄,董晓雯,等. 复合型组织化机制:基于高校社团的经验研究[J]. 兵团教育学院学报,2014(4):34-39.

[7] 葛亮. 精英依赖——一个社会服务型社会组织的运行逻辑[J]. 浙江工商大学学报,2017(2):111-121.

[8] 姜朋. 农民专业协会的治理问题——基于能人依托型专业协会的观察与思考[J]. 中国农村观察,2008(5):30-36.

浙江省高校学生党员廉洁教育现状调查及研究

虞晓东[1] 顾赵丽[2]

(浙江工商大学 1.信息学院 2.法学院、知识产权学院 浙江杭州 310018)

摘 要:高校是人才输出的摇篮,学生党员作为高校青年中的先进群体,他们的思想和行为倾向决定着我国、我党在新时期的发展与未来。针对学生党员群体开展廉洁教育,不仅有利于高校自身的廉政建设,更会对社会产生极其深远且有利的影响。笔者试通过对浙江省十余所高校的问卷调查研究,探析如何丰富高校学生党员廉洁教育的形式与内容,创新廉洁教育的手段和方法,提高高校学生党员廉洁教育的针对性和有效性,实现在源头上的预防与消除腐败。

关键词:学生党员 廉洁教育 调查

学生党员的廉洁教育,即在校期间对学生进行循序渐进的廉洁方面的教化,使其具有廉洁意识,从而在日常生活中将规范内化于心、外化于行。当前,我国正处在中国特色社会主义建设的关键时期,但大量涌入的西方文化思潮和价值观念正以无孔不入的方式影响学生党员群体,导致学生党员群体的纯洁性和先进性受到一定程度的腐蚀。有些人认为,腐败只会发生在掌权者手中,学生党员手中没有权力自然不会产生腐败。殊不知,今天的学生党员有很大一部分将来会进入国家公务员等权力机构,成为社会建设的中坚力量,其价值观、道德取向会直接影响整个社会风气。因此笔者认为,加强在校学生党员的廉洁教育势在必行。

一、高校学生党员廉洁教育调查的基本情况

本次调查通过书面问卷的形式,于 2016 年 6 月至 12 月在杭州、宁波等地的十余所大学开展,范围涉及高校学生党员廉洁教育的认知度与参与度,高校开展学生党员廉洁教育的现状、方式和手段等方面,通过调查数据对目前高校开展学生党员廉洁教育的形式进行探讨。本次调查实际发放问卷 1300 份,回收有效问卷 1103 份。受访对象中公办的 997 人,民办的 106 人;男生 436 人,女生 667 人;专科生 158 人,本科生 716 人。研究生 192 人,博士生 37 人;预备党员 362 人,正式党员 741 人。

二、高校学生党员廉洁教育的分析研究

本次调查围绕浙江省高校学生党员廉洁教育的开展情况，共设计了 20 个问题，数据分析结果如下。

(一)学生党员对高校廉洁教育的认知度与参与度研究

1. 对廉洁教育的认知程度

调查显示，在回答“对我国反腐倡廉有关信息的了解状况”问题时，有 52%的学生党员选择“比较了解”，47%的学生党员选择“一般了解”，但还有极少数的学生党员居然不知反腐倡廉的有关信息，1%的学生党员表示“完全不了解”。可见学校需要进一步拓展学生党员获取反腐倡廉的信息渠道。

2. 对反腐倡廉信息获取的主观意识

调查显示，学生党员群体痛恨腐败，92%的人认为自己的廉洁守法意识很强或较好，能够自觉抵制不良思想的侵蚀。34%的学生党员在回答“你对我国反腐倡廉有关信息关注态度”问题上选择“主动获取”，67%的学生党员回答“被动接受”；与此同时，对于党组织开展的廉洁教育活动，高达 76%的学生党员选择“出于纪律要求被动参加”。

3. 认为学生党员产生腐败的原因

在回答“你认为导致学生党员产生腐败思想的主要原因”问题时，选择“制度不健全”与“廉洁教育不够”的分别占到 31%与 37%，26%的学生认为“社会风气引起”，只有 6%的学生认为“个人道德素质低下”。

4. 可接受的廉洁教育主要渠道

在回答“你可以接受学生党员廉洁教育最主要渠道”问题上，排名前三的分别为“党员网站等平台的专题学习”(27%)、“学校、支部等开展的教育活动”(23%)、“媒体宣传教育”(18%)。

5. 对廉洁教育的必要性认识

值得欣慰的是，参与调查的学生党员全部都认识到大学生廉洁教育的必要性和必须性，并且认为应当从递交入党申请书后即可开始廉洁教育。

调查可知，通过这几年开展的廉洁教育，学生党员群体的廉洁意识正在逐步增强，但针对廉洁教育的接收渠道比较单一，接收的主动性较差，机械灌输、机械接受的学习模式导致当前的廉洁教育与预期目标尚有一定的差距。

(二)高校学生党员的廉洁教育开展情况研究

1. 所在高校开展廉洁教育情况

大部分高校已经充分认识到大学生廉洁教育的重要性,92%的学生党员都认为自己所在高校已开展廉洁教育;在廉洁教育开展的方式上,选择结果则相对分散,排名前三的分别为"专题集中教育"(26%),"报告、讲座、研讨会"(22%),"参观学习、观看教育片"(17%);但值得关注的是,在回答"你认为廉洁教育活动中效果最好、最值得推广的是"这一问题时,学生党员的选择分别为"社会实践"(32%),"参观学习、观看教育片"(28%),"校园文化活动"(25%),"专题集中教育"(15%)。由此可见,目前浙江省高校的廉洁教育形式还是太过于单一与集中,缺乏对受教育群体的吸引力。

2. 开展廉洁教育的频率

在回答"你所在党组织每一学期开展廉洁教育活动的次数"这一问题时,46%的学生党员选择"1～2次",选择"一次也没有"的占5%;36%的学生党员在回答"你认为影响学生党员廉洁教育效果最主要的原因"问题时选择"教育内容是否新颖、针对性强",34%的学生党员选择"方式方法是否灵活、形式多样"。这说明各高校的学生党员廉洁教育活动尚需进一步加强,形式也需更多元化。

3. 对廉洁教育的重视程度

对涉及廉洁教育的重视程度的问题,"要求的多,落实的少"和"流于形式,效果不大"是主流选择,共占95%。可见,目前学生党员对高校开展的廉洁教育的认同度低,这是值得各高校注意反思并加以改进的地方。

调查反映出,浙江省高校学生党员的廉洁教育已初见成效,但相较于人才培养的高度仍有不少差距,具体问题体现在对学生党员的廉洁教育重视不够,教育不够,教育模式单一老套,缺乏专门性、针对性和创新性,以至于教育活动流于形式,无法吸引学生党员的注意力和兴趣,导致有教育和无教育相差无几的尴尬局面。

(三)高校学生党员廉洁教育的成效

第一,在回答"你认为你所在学校的学生党员在评优评奖、提干、出国留学交流等事项中,出现学生拉票、请客吃饭、向老师或同学送礼的现象是否普遍"问题时,选择"很少"或"从未听说过"的共占65%,但仍有35%的学生党员认为这是一种普遍现象；在回答“你曾经做过上题所涉及的类似行为吗”问题时，高达 87％的学生党员选择“从来没有”。但是鉴于上题的数据分析，相信这其中存在部分学生党员不好意思选择“有”的成分。日益开放的思想和行为正在逐步影响青年一代的人际交往方式，这也从另一个侧面反映出针对学生党员的廉洁教育刻不容缓。

第二，对腐败的包容度调查。可喜的是，在回答“你对身边的腐败现象的态度”问题上，98％的学生党员选择“不能接受”，2％的学生党员选择“无所谓”；但在回答“如果你了解掌握了身边的人涉及腐败的线索，你是否会举报”这一问题时，只有 58％的学生党员选择了“积极举报”，42％的学生党员选择了“不敢举报”或“涉及自身才举报”。

第三，高校廉洁教育的制度建设情况。在回答“你所在的党支部、党委、学校的反腐倡廉制度建设”问题时，选择“制度健全并能严格贯彻”的学生党员不到 10％，38％的学生党员认为“有制度但得不到很好贯彻执行”，35％的学生党员认为“有一些制度但具体规定大部分学生党员不清楚”。这说明高校应当在学生党员中加强廉洁教育的制度宣传与学习教育工作。

第四，当前廉洁教育在学生党员中的成效。在回答“你认为对学生党员进行廉洁教育对反腐倡廉有多大作用”问题时，73％的学生党员认为“作用很大”，21％的学生党员认为“一般”或“作用很小”。

通过调查可知，在高校进行廉洁教育后，学生党员的廉洁行为有所改善，但也存在廉洁认知与廉洁行为不一致的现象；同时，许多高校在廉洁政策的制订和实施方面，或有制度无落实，或有制度无宣传，导致廉洁制度形同虚设。

三、高校学生党员廉洁教育的构建思路

培养有理想、有道德、有文化、有纪律的社会主义接班人，这是国家赋予高校的重任。[①] 学生党员作为大学生中的佼佼者，在进入社会后必将成为国家公共服务行业或其他各行各业的新生力量和中坚力量，在求学期间形成较强的廉洁守法意识和廉洁修身品质，不仅有利于自身素质的提高，也必将带动整个社会风气的提升。高校学生党员廉洁教育的构建，不仅涉及理论探讨，更涉及理

① 窦秉慈. 毛泽东廉政思想对高校学生党员廉洁教育的当代价值[J]. 周口师范学院学报，2015(1)：19-21.

论实践。针对目前高校学生党员廉洁教育的新问题、新情况和新要求，高校各级党组织应该加强源头上的把关，加强学生党员的思想教育与自主教育，创新廉洁教育方式，使廉洁教育能真正入脑入心。

(一)加强理论教育，提升学生党员的思想境界

学生党员作为党员队伍的生力军，是我党永葆青春活力的坚实基础。因此，笔者认为，要增强学生党员的廉洁意识，首先应当加强对学生党员的思想教育，提升理论素养。

高校应致力于将“思政课程”向“课程思政”转变，把思想教育贯穿于学生学习生活的方方面面；坚持以习近平新时代中国特色社会主义重要思想为指导，以学生乐于接受的方式，积极主动地夯实学生党员思想理论基础；开展以弘扬爱国主义为核心的民族精神和以改革创新为核心的时代精神，努力培养学生党员爱国进取、自强不息的精神，打造新时代好青年的优秀品质。

(二)加强内在教育，提升学生党员的自我约束力

当前，各高校开展学生党员廉洁教育主要通过专题教育、讲座等形式，教育效果一般，学生党员的参与热情也不高。研究认为，针对学生党员的廉洁教育应当坚持知情意行的和谐统一，根据学生的成长规律，激发学生党员心理上的积极反应，使其产生情感上的认同和共鸣，这样才能真正将廉洁教育教到实处、收到实效。因此，高校要积极创新针对学生党员的廉洁教育手段，对学生党员进行系统、全面、规范且深入人心的廉洁教育，在教育中引导学生党员加强对廉洁思想、廉洁行为的价值认同，并将此种价值认同内化为思想动力，外化为行为准则；要积极探索学生党员喜闻乐见的教育载体，强化第二课堂建设，提高学生党员群体“我要廉洁”和“我想廉洁”的行为意识。

(三)创新廉洁教育手段，提升学生党员廉洁教育的覆盖面

开展分层教育模式。针对新生，高校要开展以社会公德、法制宣传等为主要内容的始业教育；针对毕业班党员，开展廉洁从业教育，制作廉洁从业手册，使学生党员在踏入社会之前就能树立廉洁自律、爱岗敬业的职业观念；针对年级中段的学生党员，结合“三会一课”与日常支部活动，进行党的模范性和纯洁性教育。创新高校党课模式，通过不同阶段的党课培训，加强大学生从递交入党申请书到发展成为党员的过程中的理想信念教育和党风党纪教育，让学生党员自觉维护党员形象。

紧跟时代潮流，加强学生党员廉洁教育网络化建设，积极探索“互联网＋党建”新举措。高校要搭建学生党员廉洁教育新载体，开辟廉政家园、廉政橱窗等，建设廉政校园文化；利用微博、微信等新媒体，定期推送廉洁教育内容，传递正确的价值理念。同时，通过这些新媒体及时了解和掌握学生党员的思想动态和行为波动，努力在“润物细无声”中完成“潜移默化”的教育积累。

参考文献

[1] 夏春涛. 中国共产党怎样解决作风建设问题[M]. 南昌：江西人民出版社，2014.

[2] 张国臣，等. 高校廉洁文化建设理论与实践[M]. 北京：人民出版社，2010.

[3] 夏云强. 大学生廉洁教育[M]. 哈尔滨：黑龙江教育出版社，2008.

[4] 中共中央、国务院关于进一步加强和改进大学生思想政治教育的意见[Z]. 〔2004〕16 号.

[5] 窦秉慈. 毛泽东廉政思想对高校学生党员廉洁教育的当代价值[J]. 周口师范学院学报，2015(1)：19-21.

[6] 刘兵，孟祥栋，勾金华，等. 大学生党组织在廉洁教育中的主体性作用研究[J]. 文教资料，2009(2)：177-179.

新常态下的高校学习型党组织建设*

——基于某省11所高校的问卷调查

蒋关军

（浙江工商大学　马克思主义学院　浙江杭州　310018）

摘　要：新常态下的高等教育发展，呈现突出问题导向、强调创新驱动、注重依法治理的新态势，要求树立问题意识、生成学习自觉，加强制度设计、确立共同愿景，创新学习模式、提高学习实效，改进评价方式、增强学习成效，建立运作系统、形成长效机制，建设富有创造力、凝聚力和战斗力的高校学习型党组织，为服务和引领经济社会发展新常态提供智力支持和思想保障。

关键词：新常态　高校　学习型党组织　建设

党的十七届四中全会提出："把各级党组织建设成为学习型党组织，是建设马克思主义学习型政党的基础工程。"[1]《国家中长期教育改革和发展规划纲要(2010—2020年)》指出，"把教育系统党组织建设成为学习型党组织"[2]。党的十八届三中全会强调："全面深化改革必须加强和改善党的领导，建设学习型、服务型、创新型的马克思主义执政党。"[3]近年来，以习近平同志为核心的党中央提出了一系列新思想、新观点、新要求，我国经济社会也呈现出以"速度变化、结构优化、动力转化"为特征的新常态。与之相适应，高等教育发展呈现突出问题导向、强调创新驱动、注重依法治理的新态势。这些迫切要求建设富有创造力、凝聚力和战斗力的高校学习型党组织，为服务和引领经济社会发展新常态提供智力支持和思想保障。

一、新常态对高校学习型党组织建设的要求

学习型党组织源于彼得·圣吉的"学习型组织"，特点是"永续创新"，起点是"建立愿景"，关键是"团队学习"，前提是"改变心智模式"，基础是"自我超

* 项目来源：本文系浙江工商大学2017年度高等教育研究课题(项目编号：Xgyw1710)和"部校共建"马克思主义学院课题研究成果之一。

越”，精髓是“系统思考”。新常态下，高校学习型党组织的建设作为学习型政党建设的重要组成部分，要突出问题导向，强调创新驱动，注重依法治理，切实增强高校党组织的创造力、战斗力和凝聚力，为服务和引领经济社会发展新常态提供智力支撑和思想保障。

1. 突出问题导向

马克思指出，“问题就是时代的口号，是它表现自己精神状态的最实际的呼声”[4]。习近平同志强调，“改革是由问题倒逼而产生，又在不断解决问题中而深化”[5]。新常态下，人才市场的供需关系正由高校主导的供给驱动变为行业企业主导的需求驱动，这迫切要求加强高校学习型党组织的建设，树立强烈的问题意识，以教育改革发展中的重大问题为导向，按照“聚焦问题—调查研究—解决问题”的学习路径，切实提高广大党员干部从政治上、大局上、战略上分析和解决实际问题的能力。

2. 强调创新驱动

新常态下，国家创新驱动战略对先进科技和高素质人才的需求日益增加，高等教育正走向服务和引领社会发展的中心，由“以量图大”的规模扩张转向“以质图强”的战略发展。[6]这迫切要求高校加强学习型党组织的建设，凝聚办学共识，加强创新驱动，把质量提升作为生命线；立足区域发展实际、面向国家战略需求，不断凝练特色，推动内涵发展，提升社会服务能力和科技贡献力，实现与经济社会发展新常态的深度融合。

3. 注重依法治理

新常态下，教育改革已进入深水区。面对既有利益格局和固定模式，高校要“紧紧围绕立德树人的根本任务，加快构建充满活力、富有效率、更加开放、有利于学校科学发展的体制机制”[7]，理顺自身规律与社会发展的关系，才能整合和发挥各类办学要素的最大效益。这迫切需要加强高校学习型党组织的建设，树立系统治理的思维，以法治方式推进以大学章程为核心的现代大学制度建设，确立政府、学校、社会和内部主体之间的关系，改革治理模式释放办学活力，不断提升科技服务质量和引领经济社会发展的能力。

二、高校学习型党组织建设存在的问题

在校、院两级管理背景下，高校二级学院党委是具体履行人才培养职能的

组织单元，作为高校学习型党组织的主体，其领导班子成员既是学习型党组织建设的具体操作者，又是基层学习型党组织建设的设计者和组织者。为科学把握新常态下高校学习型党组建设存在的问题，调查采用在线问卷调查和访谈相结合的方式，对某省11所高校的150个二级学院党委的669名领导班子成员（其中党务干部310名、行政干部359名）进行调查，接受访谈者81名。发现问题如下。

1. 定位欠准确，愿景不清晰

调查发现，有22.78％的调查对象认为学习定位欠准确，有45.68％的调查对象认为学习是为完成任务要求，为应付党建考核而开展，而非聚焦问题解决，解决实际问题。这说明尚未形成“孕育思路、形成决策、破解难题、创新发展”的学习定位。有20.33％的调查对象认为存在认识上的误区，有78.57％的行政干部认为理论学习与教学、科研相冲突，有5.83％的调查对象认为学习是空对空，会干扰中心工作。可见，缺乏明确的学习定位、对学习重要性认识不够、学习愿景不清晰是最突出的问题之一。

2. 动力尚不足，制度缺落实

调查发现，有50.67％的调查对象认为自己学习缺乏动力，有42.86％的行政干部认为学习只是形式上的政治任务，有79.49％的受访党务干部认为行政一把手的意识不强导致学习型组织的建设难度加大，有17.19％的调查对象认为学习制度缺乏落实，有72.84％的调查对象认为学习考勤、考核等制度要求基本上流于形式。可见，学习热情不够，缺乏追求事业发展和自我完善的内在动力，学习约束缺乏执行力，影响着学习的开展。

3. 指导不到位，形式较单一

调查发现，有80.25％的调查对象认为缺乏学校系统的指导，有23.32％的调查对象认为学校的辅导有待加强；有71.89％的受访对象认为，由于学校指导不到位，学习缺乏战略性，影响了学习热情和学习实效；有58.30％的调查对象认为学习形式单一，只有26.00％的调查对象重视开展专题实践调研。同时，受访对象普遍认为学习多是事务性会议插播“学习广告”，缺乏问题聚焦功能。可见，缺乏强烈的问题导向，学校层面的学习设计和指导不足，影响了学习效果。

4. 评价欠科学，效果不理想

调查发现，有21.23％的调查对象认为学习评价不科学，有57.55％的调查对象倾向于取消量化考核，有77.78%的受访对象认为学习缺乏提升干部思想素质的形成性评价和破解瓶颈难题的质化论证。有22.57%的调查对象认为学习缺乏针对性，有21.52%的调查对象认为学习实效性不强；有78.57%的受访对象指出，学习成效难以量化，成果质化后与教学、科研绩效比较也相形见绌。可见，学习评价偏向业务和专业绩效，缺乏与干部成长、晋升相衔接的评价机制，这影响了学习成效。

三、新常态下高校学习型党组织建设的策略

（一）树立问题意识，生成学习自觉

1. 树立强烈的问题意识

“高校党组织承担着保障人才培养质量、领导高校改革发展、巩固党在高校的领导地位和执政基础的重要使命，应率先成为建设学习型党组织的探索者和实践者”[8]。新常态下，高等教育面临着发展转型与质量提升的双重压力，这强烈要求广大党员干部特别是领导干部要树立强烈的问题意识，按照“科学理论武装、具有世界眼光、善于把握规律、富有创新精神”的总要求，“围绕解决突出矛盾、破解发展难题、提高工作水平，不断研究新情况、解决新问题，在推动实际问题的解决中深化规律性认识，提高分析问题、解决问题的能力”[7]，以“链式学习”不断创新学校改革发展的理念和路径，努力实现学校转型发展和质量提升。

2. 生成内在的学习自觉

学习是领导干部增长才干、提高素质的重要途径，是做好各项工作的重要基础。[9]领导干部加强学习，根本目的是增强工作本领、提高解决实际问题的水平。[5]新常态下，面对复杂的社会外部环境和高等教育内部环境，“只有加强学习，才能增强工作的科学性、预见性、主动性，才能使领导和决策体现时代性，把握规律性，富有创造性”[5]。高校党员干部特别是领导干部，要紧跟高等教育改革发展的脉搏，牢固树立“武装头脑、指导实践、推动工作”的理念，把学习建立在提高修养、增强能力和破解难题之上，努力做到“带着境界学”①、不断改善学习的心智模式，生成追求事业发展和自我超越的学习自觉。

---

① 习近平.之江新语[M].杭州：浙江人民出版社，2007.

（二）加强制度设计，确立学习愿景

1. 加强激励制度设计

高校党委要从事关学校战略发展的高度，认识学习型党组织建设的极端重要性，把加强理论学习作为政治责任和履职目标，将其摆在突出位置，围绕人才培养、科学研究等中心工作研究和提炼学习主题，精心安排学习内容，围绕高等教育发展的新形势、新问题，研究和探讨新思路、新举措。要通过合理的制度设计和程序安排，加强学习情况的考核和考核结果的运用，将学习活动及其实效列为部门年度目标管理、干部履职述职、考核和晋升的重要标准，把真学、真懂、真信、真用的干部选拔到领导岗位上，“形成注重学习的用人导向，引导广大干部把兴趣、心思、精力放在学习上、放在干事创业上，真正做到学习和使用有机结合”[10]。

2. 确立共同学习愿景

“共同愿景是学习型组织全体成员的发自内心的共同目标，是蕴藏在人们心中一种令人深受感召的力量”，“人们寻求建立共同愿景的理由之一，就是他们内心渴望归属于一重要的任务、事业或使命”[11]。新常态下，高校学习型党组织建设的使命是，通过持续深入的学习和实践，提高广大党员干部特别是领导干部的思想政治素质和教育治理能力，凝聚改革共识，形成建设合力，破解发展难题；坚持立德树人，推动内涵发展，实现特色发展，提高教育质量和人才培养水平，为服务和引领经济社会发展新常态提供智力支持和思想保障。这一使命应成为引导高校各级党组织和全体党员干部学习的共同愿景。

（三）创新学习模式，提高学习实效

1. 个体学习与团队学习相结合

领导干部要按照建设学习型领导班子的要求，率先垂范，带头学习马克思主义思想、中国特色社会主义理论体系，贯彻党和国家的教育方针政策，加强理想信念教育，践行社会主义核心价值体系，牢牢把握社会主义办学方向，确保高等教育的改革发展与社会经济发展新常态相适应。同时，要聚焦新常态下的行业产业需求和人才培养结构调整等实际问题，组建项目团队，带领广大党员干部，以“请进来”与“走出去”相结合的方式，通过团队学习激活潜在组织智慧，以团队创新破解发展难题、转变发展方式。

2. 系统学习与专题调研相结合

提高思想政治素养，最根本的是要用科学理论武装头脑。[12]高校学习型党组织的建设，既要系统学习和掌握党的基本理论特别是中国特色社会主义理论体系，又要以战略思维学习和把握高等教育发展的新态势，围绕工作实际中的全局性、战略性、前瞻性问题深入开展专题调查研究。调查研究是一种见诸实践的科学，调查研究的过程就是科学决策的过程。[13]高校各级领导班子要通过调查研究不断提高把握战略机遇、聚焦热点问题、创新办学路径、推动内涵发展的教育治理能力和科学决策水平。

3. 传统学习与新兴媒体相结合

高校学习型党组织的建设，应主动适应媒体格局新常态①，既通过灵活运用“三会一课”和主题报告会、干部读书会、专题学习会、理论研讨会与专家论坛、学习沙龙及茶话会等形式开展学习活动，又充分运用 QQ、微博、微信、微视频、慕课(MOOC)等新兴媒体资源拓展学习渠道，推动现场学习向网络学习和仿真学习转变、实时课堂向云端智慧课堂转变，变被动式定点学习为主动式移动学习、文本化个体学习为数字化协同学习，使传统的维持型学习转变为与时俱进的创新型学习，在媒体融合中积极改善学习的心智模式。

(四)改进评价方式，增强学习成效

过程性评价与结果性评价相结合。评价既要关注学习过程，又要注重学习结果，这是确保学习评价效度与信度的关键。高校学习型党组织的建设，应通过过程评价，以学习主体自评为主导，注重学习主动与互动，突出学习的人本价值，激发学习内在动力，使学习成为党员干部和党组织存在与发展的常态；通过结果性评价，以基于自查的学校评价为主导，注重学习效果与成果，突出学习的社会价值，使学习成为解决高等教育改革发展重点、难点、焦点问题的强大杠杆。

1. 形成性评价与发展性评价相结合

评价既要关注学习主体认知能力构建和情感及行为能力发展，强调基于需求的价值构建即评价的动力价值，又要关注学习主体的价值追求与组织核心价值的实现，强调基于发展的价值构建即评价的导向价值。形成性评价与发展性评价相结合，既要把学习内生动力的生成、思想境界的提升、发展共识与建设合力的形成，与办学理念的廓清、思路的谋划、内涵发展及特色发展的实现作为指

① 闵大洪. 中国媒体格局新常态[EB/OL]. (2014-09-15)[2015-04-26]. http://mdh.blogchina.com/2250195.html.

标，综合评价学习的成果和成效，使学习成为高等教育办学理念创新和发展路径创新的孵化器。

2. 量化评价与质化评价相结合

评价是量化与质化的统一，量化评价强调评价的管理价值，旨在推动学习的过程；质化评价强调评价的教育价值，追求内在学习功能的实现。量化评价以学习过程和结果量化自查为主，以知识考试和方案设计为辅。质化评价通过设计思想政治理论素养、分析和解决问题能力、领导和决策水平、办学理念与路径创新等质化指标实现。前者按分数分级，后者依质量分等，二者实现转化并与干部履职、考核、选拔、晋升相挂钩，使学习成为党员干部成长和事业发展的推进器。

(五)建立运作系统，形成长效机制

1. 建立完善的运作系统

习近平同志指出："建立健全符合实际、行之有效的学习制度，对于促进党员、干部学习科学化、规范化、制度化，推动学习型党组织、学习型政党建设具有根本性的重要意义。"[10]高校学习型党组织的建设，要以"系统治理"的思维建立校领导联系和参加学习的制度，针对不同学习定位和需求，通过专题辅导、总结点评等方式提升学习针对性和战略性；同时，实行学习定期督促检查、通报整改制度和学习成果奖励与运用推广制度，以"依法治理"的思维管学习、促学习，形成学校党委统一领导、各级党组织积极参与的工作机制。高校各级党组织要具体落实"学理论、议大事、转观念、谋思路、建班子、促发展"的学习要求和党政一把手责任制，建立党政负责人联络党支部制度、牵头开展调查研究制度、学习预报制度与考勤档案制度，形成一级带一级、层层抓落实的良性运作机制，使学习具体落实在行动上。

2. 形成健全的长效机制

学习运作系统建立后还要从操作层面制订科学的标准体系和执行架构。标准体系包括内容标准、方法标准和效能标准，内容标准包括学习态度、掌握知识程度、解决实际问题的能力和改造主客观世界的情况，方法标准包括个人述学、民主评学、组织考学，效能标准包括学习目标的针对性、学习结果与干部任用的相关性和学习成果的实用性及推广性。执行架构包括学校党委的顶层设计、组织宣传部门的过程推进和各级党组织的具体落实，顶层设计要做好理论

学习的目标定位、思想指导和方向引导，过程推进要做好路径设计、制度建设和组织推动，具体落实要做好组织开展、效果评估和成果运用与推广。唯有完善的运作系统和科学的标准体系与执行架构耦合生成健全的长效机制，才能不断提升高校学习型党组织的创造力、凝聚力和战斗力，为服务和引领经济社会发展新常态提供强有力的智力支持和思想保障。

参考文献

[1] 中共中央.关于推进学习型党组织建设的意见[J].党建，2010(3)：34-38.

[2] 中共中央，国务院.国家中长期教育改革和发展规划纲要(2010—2020年)[N].中国教育报，2010-07-30(1).

[3] 中共中央.关于全面深化改革若干重大问题的决定[N].人民日报，2013-11-16(1).

[4] 马克思，恩格斯.马克思恩格斯全集：第40卷[M].北京：人民出版社，1982.

[5] 习近平.习近平谈治国理政[M].北京：外文出版社，2014.

[6] 杜玉波.把握新常态下的高教发展[N].光明日报，2015-03-02(2).

[7] 习近平.在北京大学师生座谈会上的讲话[N].人民日报，2014-05-05(2).

[8] 朱晓阳.高校学习型党组织建设存在的问题及其解决思路[J].人民论坛，2012(11)：32-33.

[9] 中共中央文史研究室.十六大以来重要文献选编：下[M].北京：中央文史出版社，2008.

[10] 习近平.关于建设马克思主义学习型政党的几点学习体会和认识[N].学习时报，2009-11-17(1).

[11] 波得·圣吉.第五项修炼[M].郭进隆，译.上海：上海三联出版社，1998.

[12] 刘云山.以高度政治自觉推进学习型党组织建设，不断提升党员干部理论水平和实践能力[N].人民日报，2010-03-02(5).

[13] 习近平.之江新语[M].杭州：浙江人民出版社，2007.

学生事务管理篇

论辅导员在打造高校优良学风中的几个着力点

姜　兵

（浙江工商大学　旅游与城乡规划学院　浙江杭州　310018）

摘　要：学风是高校的灵魂，也是高校思想政治教育工作的永恒主题。优良学风是提升人才培养质量的根本保证。高校辅导员必须深刻认识培育优良学风的重要意义，清醒认识学风建设的突出问题，找准着力点，打造优良学风，助推青年学生成长成才。

关键词：辅导员　高校优良学风　着力点

“学风”，最早源于《礼记·中庸》，即“广泛地加以学习，详细地加以求教，谨慎地加以思考，踏实地加以实践”。在教育部颁布的《普通高校本科教学工作随机性水平评价方案》的评估指标体系中，学风被作为重要的一级指标，包含3个二级指标：教师风范、学习风气、学术文化氛围，其中学习风气为重要指标。学风有广义和狭义之分：从广义上讲，学风包括学习风气、治学风气和学术风气；从狭义上讲，学风特指学生的学习风气。

本文所讲学风则是狭义的学风，也就是我们一般意义上讲以学生为主体的学风，即学生在长期的学习过程中形成的一种相对稳定的学习风气与学习氛围，是学生总体学习质量和学习面貌的主要标志，是全体学生群体心理和行为在治学上的综合表现；它的直观反映是学生对知识、能力的渴求和在学习中是否勤奋刻苦、学习纪律是否严明等，是学生在对待学习这个问题上的思想态度和行为表现。

一、打造高校优良学风的重要意义

学风是影响高校人才培养质量的关键因素，也是新时期高校加强和改进大学生思想政治教育的关键因素。它是无形的，但又是可以感受得到的；它是没有重量的，但力量又是无穷的。它一旦形成，通过潜移默化的熏陶感染，有利于学生养成良好的学习习惯和形成完善的知识结构，并有利于提升学生的思想水平和道德品质，进而对学生成长成才产生深远的影响。

高校能否打造优良学风，关系到我国高等教育的发展质量，关系到对德智体美全面发展的社会主义事业建设者和接班人的培养。高校立身之本在于立德树人，只有培养出一流人才的高校，才能够成为世界一流大学。因此，高校必须牢牢抓住全面提高人才培养能力这个核心点。事实证明，学风优良的高校培养出来的学生整体素质也较高。在一定意义上，学风是高校能否培养适合时代需要、德才兼备、全面发展的人才的试金石。当前，提高人才培养质量是我国高等教育的核心，培育高校优良学风是其重要方面和应有之义。

二、当前高校学风建设的突出问题

当前，高校学风状况总体良好，积极进取、努力成才是学风的主流。但通过调查研究和师生座谈，"拼过了高考，却死在了大学"的现象仍不同程度地存在，一些不容忽视、亟待解决的突出问题仍需要正视。

1. 理想追求缺失，学习动力不足

有的学生未能正确认识时代责任和历史使命，缺乏成才志向，学习动机出现偏差，存在"混日子"的心理，把上大学作为拿文凭、找工作的一个途径，认为只要考试及格，不影响毕业，成绩好坏无所谓，随大流，得过且过，不思进取。

2. 学习态度松懈、学习纪律涣散

有的学生已丧失在高中阶段的那种充满期待又斗志昂扬的精神状态，缺乏刻苦精神，存在畏难情绪，浅尝辄止；课堂上玩手机、发短信、听音乐、打瞌睡；迟到、早退、旷课现象时有发生；平时不抓紧，考前"抱佛脚"；个别学生在网络世界迷失了自己，致使学业荒废；个别同学诚信缺失，存在论文抄袭和考试作弊等违纪行为。

3. 专业思想淡薄，学习目的模糊

有的学生填报高考志愿时仅考虑容易录取和好找工作，对专业缺乏了解。进校后，对专业不感兴趣甚至厌学逃学；有的学生看不清未来社会发展和职业发展的趋势，对在大学"学什么，怎么学"比较迷茫；受不良社会风气及少数高年级学生消极情绪的影响，片面认为学习用处不大，而把主要精力投入各种实践活动中。

4. 学习认识落伍，学习方法落伍

有的学生没有完成从高中生向大学生的角色转换，尚未适应大学阶段的生活，如自律意识不强、习惯于被动应付；习惯于死记硬背，探寻新知意识弱；重书本重考试，拓展知识面不足；创新创业的意识需提升等。

三、辅导员在打造高校优良学风中的着力点

高校学风建设是一项系统工程，需要方方面面的共同努力。但作为大学生的人生导师和健康成长的知心朋友的辅导员要勇于担当，找准着力点，在打造优良学风中贡献力量。

1. 以理想信念教育强化内在动力

“功崇惟志，业广惟勤”。理想指引人生方向，信念决定事业成败。没有理想信念，就会导致精神上“缺钙”。高尚的理想和远大的目标是端正学风的根本保证。优良学风能帮助学生端正学习动机，增强学习意识，激发学生学习的积极性、自觉性、主动性，解决“为什么学”的问题。辅导员要高度重视对学生的理想信念教育，通过形势报告会、主题班会、典型案例分析会、座谈讨论会、个别交流和社会实践等形式，教育和引导学生正确认识世界和中国发展大势，从我们党探索中国特色社会主义历史发展和伟大实践中，认识和把握人类社会发展的历史必然性，认识和把握中国特色社会主义的历史必然性，不断树立为共产主义远大理想和中国特色社会主义共同理想而奋斗的信念和信心；要教育和引导学生正确认识时代责任和历史使命，用中国梦激扬青春梦，为学生点亮理想的灯、照亮前行的路，激励学生自觉把对个人的理想追求融入国家和民族的事业中，勇做走在时代前列的奋进者、开拓者。

2. 以职业生涯规划教育引领专业成才

专业定向是大学学习的重要特点。辅导员要帮助学生了解所学专业的学习内容、学习方法及毕业后能干什么，引导学生关注所在行业的发展趋势，激发学生对专业的学习兴趣，进而解决“学什么”的问题。当前，高校都重视学生职业生涯规划教育及就业指导，而承担该课程的教师多由辅导员兼任。因此，辅导员要明确将学生培养成厚基础、宽口径、强能力、高素质高级专业人才的人才培养目标。在陪伴学生成长的过程中，充分利用自己的角色、工作经验等优势对学生开展职业生涯规划指导，如通过组织学生与专家学者、业届精英、学长学姐交流活动和实习实践等活动，让学生了解所学专业的课程设置、专业特点和就业前景等内容。要教育和引导学生全面客观地进行自我评估和看待外部世

界、结合自身实际确定短期和长期目标、制订行动计划和内容、选择需要采取的方式和途径等来做好自身职业生涯发展规划和大学四年的发展规划。要教育和引导学生把远大抱负与脚踏实地结合起来，从点滴做起，从阶段性奋斗目标做起，让勤奋学习成为青春飞扬的动力，让增长本领成为青春搏击的能量。

3. 以班集体建设为平台打造优良学风

集体主义是社会主义的核心价值理念之一。当前，班集体是学生在校期间团队组织的基本形式打造，辅导员要以班集体建设为抓手打造优良学风是切实可行的。首先，要培养学生的集体主义意识。凝聚力源于学生们的归属感和荣誉感，也是评判先进班集体的主要标志。要关爱学生，让他们真切地体会到班级是温暖的并视班级为大家庭，激发他们的主人翁意识，感觉为集体贡献力量是义不容辞的责任。其次，要打造战斗力强的学生干部队伍。俗话说，火车跑得快，全靠车头带。要认真选拔、教育、培养和管理学生干部，提升学生干部的服务意识、服务能力，从而打造班级坚强的领导核心。再次，要强优势，补短板，指导学生组建学习小组和帮扶小组，引导学生互帮互助，合作学习，培养互助、合作和团队精神。最后，要建立健全班级考核评价制度。结合自己所在学院学生、专业实际，制订相应的引领班级学风建设的相关规章制度，例如将出勤率、文明寝室、四级通过率、创新创业、学科竞赛、就业率、考研率、违纪处分等作为学风建设的指标，打造求真务实的学风，引导和激励学生积极上进。

4. 以校园文化活动为载体营造学风氛围

学风建设是校园文化建设的重要组成部分。要更加注重以文化人，以文育人，开展形式多样、健康向上、格调高雅的校园文化活动和社会实践活动。战国时期的思想家荀子用“蓬生麻中，不扶而直；白沙在涅，与之俱黑”来说明环境的巨大作用。校园文化建设要关注学风建设，引导校园文化活动为学风建设服务。辅导员是高校学生会、共青团和各种学生社团的指导老师，是很多校园文化活动的组织策划者。要结合所在学院学生专业特点，有计划、有针对性地组织开展校园文化活动，引领学风建设，如以讲座报告为载体，邀请专家学者和业界精英向学生分享他们学习、工作和生活的感悟及体会，引导学生成长成才。要以学科竞赛活动为载体，培养和提高学生的专业技能。要以文艺体育活动为载体，陶冶学生情操，增进身心健康。要以创新创业为载体，培养学生的创新精神和创业能力。要以新媒体新技术为载体，推动思想政治工作的传统优势与信

息技术的高度融合，增强时代感和吸引力，用先进思想文化占领网络阵地。要以学生社区、寝室为载体，深化公寓文化和文明寝室建设，如在社区设立辅导员名师工作室进行资源优化和空间布局，增设师生交流场所，开展“书香寝室”“文明寝室”评比等活动，强化学生社区和寝室的生活德育功能。要以社会实践活动为载体，加强学生对国情、社情、民情的认识，在这个过程中受教育、长才干、做贡献。

5. 以学生党建为抓手促优良学风

加强高校党的基层组织建设是打造优良学风的组织保障。打造优良学风要充分发挥学生党支部的战斗堡垒作用和学生党员的先锋模范作用。通常，辅导员肩负指导所带年级、专业和班级学生党建工作的职责或直接担任学生党支部书记。要加强对入党积极分子、发展对象的教育培养工作，坚持标准、保证质量，严把发展入口关，引导学生严格要求自己，真正做到品学兼优。要加强对预备党员、党员的教育和管理，勉励他们践行社会主义核心价值观，做“勤学、修德、明辨、笃实”的表率。要按照守信念、重品行、有本领、敢担当、讲奉献的要求，选优配强。要定期开展评选和表彰优秀学生党员的工作，通过选、树先进典型，用身边人、身边事教育和影响其他学生，促优良学风形成。要建立健全学生党员帮扶制度、志愿服务日制度、联系寝室制度、身份明示制度，成立学生党员服务队，开展“承诺践诺”活动，激励学生党员贯彻好党的群众路线，积极为学生服务，切实发挥党员模范带头作用。要开展学习型、服务型、创新型学生党支部创建工作，发挥其在组织带动、工作带动、队伍带动、榜样带动等方面的优势。

6. 畅通“三种渠道”，保障优良学风

高校学风建设的主体是正处于花样年华的大学生，他们朝气蓬勃、活力四射、乐观积极。同时我们也要清醒地认识到学生中不良情绪的反应，正如习近平总书记所说：“面对世界的深刻复杂变化，面对信息时代各种思潮的相互激荡，面对纷繁多变、鱼龙混杂、泥沙俱下的社会现象，面对学业、情感、职业选择等多方面的考虑，一时有些疑惑、彷徨、失落，是正常的人生经历。”[①]当前，辅导员通常都是按照 1∶200 配备，工作多，任务重。如何让辅导员第一时间掌握学生情况，及时做好学生问题困惑的帮助、教育、引导和心理疏导工作，增强他们

① 注：习近平于 2014 年 5 月 4 日在北京大学师生座谈会上的讲话。

明辨是非、决断选择的能力，对于保证学风建设的顺利进行非常重要。为此，要畅通三种渠道：一要畅通与学生的联系。辅导员要在人格上尊重学生，感情上关心学生，把解决思想问题与解决实际问题结合起来，真正赢得学生的理解和信任。要教育学生改正那种向老师反映问题就是打“小报告”的错误认识，更要用实际行动让学生认识到辅导员的所作所为都是为他们着想，也的的确确能够帮助他们。同时，辅导员也要虚心接受学生的意见和建议，改进和完善工作。二要畅通与老师的联系。大学阶段，学生通常会接触到两种类型的老师：第一种是本学院老师，如班主任、专业导师等，第二种是本学院外的老师，一般都是上公共必修课或专业选修课的老师。他们在与同学们的接触中，对学生的表现尤其是课堂表现是有印象的。辅导员要主动把自己的联系方式告知老师（尤其是本学院外的老师），要经常向老师了解所带班级的学风状况和一些同学的表现情况。三要畅通与学生家长的联系。学生入学前，辅导员可依据新生名册，向新生家长编辑、发送短信（内容含学校、学院人才培养理念、培养方式和自己的学生工作体会等），并提醒家长保存自己的手机号码；学生入学时，向送孩子报到的家长发放名片，并利用新生家长会与家长沟通；学生入学后，适时向每一位新生家长通报孩子的在校情况。对于一些需要关注的特殊学生，如经济困难、学习困难和心理困难学生，更要经常联系学生家长进行沟通，共同商议对策。

打造优良学风是高校思想政治教育的永恒主题。辅导员作为大学生的人生导师和健康成长的知心朋友，要围绕学生、关照学生、服务学生，要勇于担当，要深入研究学风建设的内在规律，要发扬传统、改革创新，打造优良学风，助推青年学生成长成才。

参考文献

[1] 习近平. 在全国高校思想政治工作会议上强调：把思想政治工作贯穿教育教学全过程　开创我国高等教育事业发展新局面[N]. 2016-12-09.

[2] 董奇. 一流大学须有一流学风[N]. 光明日报，2014-01-01(05).

[3] 谭琦. “五项指标”考量高校学风建设[N]. 中国青年报，2015-04-07(07).

[4] 徐晓宁. 论辅导员在学风建设中的主导作用[J]. 学校党建与思想教育，2012(4)：74-75.

[5] 杨涛. 加强高校学生学风建设的实现路径[J]. 中国高等教育,2015(Z1):65-67.

[6] 吕峰. 辅导员在高校学风建设中作用发挥的思考[J]. 社科纵横,2011(12):165-166.

[7] 何创雄. 论高校辅导员加强学风建设的着力点[J]. 学校党建与思想教育,2011(9):71-72.

[8] 黄旭. 高校党建促进学风建设的现实思考及对策[J]. 重庆理工大学学报(社会科学版),2012(8):65-67.

基于"大商科"特色的创新人才培养模式探讨

吴少波

（浙江工商大学　财会学院　浙江杭州　310018）

摘　要:"大商科"的人才培养模式是我校结合办学历史和特色凝练的人才培养理念，对于促进学生"专业成才，精神成人"具有重要意义。在我国经济发展转型升级的背景下，基于"大商科"特色的人才培养机制必然要对创新型人才提出更高要求。本文根据人才培养规律和我校实际，提出了从构建以学科交叉融合为特色的教学模式，提升"大商科"人才的人文艺术修养，优化以创新为内容的学生评价机制三个方面提高学生的创新能力，论述了"大商科"特色创新人才培养模式的必要性和可行性。

关键词:创新人才　学科交叉　人文艺术素养　评价机制

自2011年浙江工商大学首次提出"大商科"理念以来，不断深入实践，对"大商科"的办学理念进行系统研究，将其概括为一种以开放的思维、国际化的视野，以社会营利组织的商务活动为主要研究对象，并基于商务活动的广泛社会联系、深刻社会影响与辐射作用，在商科与文、法、理、工等相关学科彼此互动交融中，以"重点明确、辐射广泛、注重协同与联动"为主要存在特点和发展愿景的现代学科发展与办学理念。简言之，"大商科"需要围绕现实世界中商务活动的所有直接和间接的需要，全校倾其所能地为其培养人才、发展知识、提供服务、传承文化。从人才培养的角度，体现为"工商融和、以文化人"，即将商科教育、人文教育与理工教育的相关要素相互渗透，培养具有"专业的人、文化的人、世界的人"特质的"大商科"人才，促进学生"专业成才、精神成人"。

随着我国经济发展的转型升级，信息技术和互联网经济的迅猛发展，创新型、颠覆性商业模式的不断涌现，社会经济组织架构的快速变革，我校基于"大商科"的特色人才培养机制必然要对创新型人才培养提出更高的要求。在当前的大变局面前，如何改革人才培养模式，适应社会对商科创新型人才的需求，是值得探讨和分析的问题。结合这次北京学习的体会，我认为可以基于“大商科”的特色，从人才培养的角度分三个方面提高学生的创新能力。

一、构建以学科交叉融合为特色的教学模式

当今世界，学科前沿的重大突破和重大创新成果，大多是多学科交叉、融合和汇聚的结果。高校作为知识创新的重要阵地，多学科交叉融合是其新兴学科的增长点、优势学科群的发展点、重大创新的突破点。我校提出的“大商科”的外延也体现在各学科的交叉融合、协同发展上。管理学和经济学是“大商科”的核心学科，工学、文学、法学、理学则是“大商科”的重要支撑性学科；历史学、哲学、艺术学等则是支撑“大商科”发展的素养型学科。这一办学理念，在某种程度上契合了多学科交叉融合的发展潮流。[1]

我校提出“大商科”人才培养模式的核心理念是大课程授受和全方位育人，实施策略是经管为主、工商融合、多科交叉、协调发展，具体措施是探索并建构基于“一体多元”课堂协同的人才培养模式改革与实践。[2]在这一人才培养模式下，可以从以下两方面做进一步探索。

1. 组建以复合型人才培养为目标的学科交叉融合班级

我校在辅修、双专业、通识教育及章乃器学院的创业班级等方面采取的举措，对于培养复合型人才具有积极的意义，学校还可以根据教育资源、教育需要、人才培养及市场的需求，在充分论证的基础上，开设学科交叉融合班级，培养符合经济转型的各种类型的复合型人才。例如，统计专业和计算机专业的交叉融合对于培养大数据时代的专业人才具有重要意义，会计专业和法律专业的结合可以培养在司法领域急需的司法会计人才。我校现有的基于“大商科”的学科布局可以说完全具备了培养在商科领域复合型人才的基础，在管理制度、教学资源上寻求突破，通过开设跨学科的交叉融合班级是一种有益的尝试。创新思维来源于学科交叉的碰撞激发，开阔的学术视野是创新性思维品质形成的基础，学科交叉由于融合了不同学科的内容、思路和方法，突破了单一的思维模式框架，可以突破本学科领域固有思维模式的框架，从而催生出具有新思想的思维活动。

2. 建立问题导向的研究团队，由跨学科、多领域导师共同组成导师团队，选拔优秀学生参与解决实际问题，对于培养学生创新创业意识具有一定的意义

高校科研工作需要合理把握以学科为导向的现状与以问题为导向的社会

诉求的辩证关系，在当前我国经济结构转型的关键时期，我校可以积极发挥“大商科”学科优势，聚焦社会问题，构建以解决经济管理问题为导向的研究团队，有利于打破学科和学院管理的界限，培养学生的实践创新思维。学校可以在制度、组织及资源配置方面对项目化的团队给予支持，鼓励各学院间的跨学科研究。参与项目研究的学生从全校各学院选拔，可以实行小班化教学和导师制，鼓励学生在自己感兴趣的领域积极参与探索和实践。

二、提升“大商科”人才的人文艺术素养

随着我国产业结构的升级、消费水平的提高、商业活动和文化艺术的紧密结合，“大商科”人才也急需进一步提升美学素养，在商业竞争中激发创新思维，提升产品品质，拓展商业活动文化内涵，适应新时代的消费需求。我校在通识教育、博雅教育及校园文化活动方面已经取得一定的成效，如何在此基础上凝聚起全校共识，把普遍提高“大商科”人才的人文艺术素养作为一项重要工作，迫切需要提高全校师生对商科人才美学素养重要性的主观认识。

1. 我国产业结构的转型升级必然需要商科人才具备一定的人文艺术修养

2014 年 5 月习近平主席首次提出中国经济新常态：其一，经济增长速度由高速增长转变为中高速增长，这是经济新常态最表面的特征。其二，经济结构的优化升级。主要表现为产业结构从中低端水平向中高端水平的升级，体现的是经济新常态最重要的发展方向。其三，经济发展动力将从投资驱动及要素驱动让位于创新驱动。在全球价值链分工视角下的我国的制造业必然从低端环节向服务与管理密集型的高端环节升级、从劳动密集型低附加值环节向资本与技术密集型价值链前端的高附加值环节升级。而作为商品的工业品，只有进一步提升产品品质，才能适应这一向中高端转型升级的趋势。商科人才作为经营管理者，不仅可以从科技角度提高产品性能和功能，也可以从产品的艺术设计、文化内涵角度提高消费者的认可度。知名的发明家企业家乔布斯在其生前设计苹果产品品牌时就传达出其产品的设计遵循科技与艺术完美结合的理念，苹果品牌也因此获得了巨大的成功。产业升级换代必然也带来管理模式的变革，这也需要管理者具备一定的人文素养，摆脱机械化、模式化的管理，思考和探索企业、员工、经营者、消费者各利益相关者的价值关系，最大限度实现人的价值。在转型升级的背景下，企业的管理者需要具备一定的人文艺术素养。

2. 消费水平的提高也促使产品提供者以融入艺术、人文价值满足消费者需求

随着我国经济水平的快速发展，人均可支配收入的不断增长，中产阶级的大量形成，消费者的消费水平也在不断提高。消费者对产品的功能性要求不断降低，已不再满足于单纯的物质需求，对产品、服务的品质要求在不断提高。具体体现在三个方面：一是多元化消费的形成，从强调产品价格和功能向强调品质和体验转变，年轻用户较为追求个性化、娱乐化的消费，这种消费模式的转变迫切需要经营管理者转变观念，不再仅仅从产品的功能性角度设计产品，而是要以艺术品的角度制作产品，赋予产品更多的艺术、文化内涵，满足多层次、个性化的需求。二是从物质消费向精神消费转变，这主要体现在改善性消费需求上。消费者更加注重附加与产品和服务之上文化价值和消费体验，这就必然需要挖掘产品的内涵，提高消费场景的文化品位。三是消费向关系时代逐步转变，消费者更注重用户体验，甚至情感交流，商品之外，消费者成了核心。特别是互联网经济时代，消费者的体验传播成了商家口碑的重要途径，经营管理者需要具备一定的人文素养才能和消费者架构起良性的互动关系，从而以社交带动的方式促进产品销售。

3. 商业活动不断和文化艺术融合

随着我国商业发展模式的变革，特别是电子商务的快速发展，以及消费水平的升级，单纯依托于传统营销管理模式很难使消费者的需求得以满足。作为经营管理者首先必须注重营造人文的氛围，可将受众置于文化底蕴较为浓郁的环境中，使商业活动的开展与受众产生一定的情感共鸣；其次，商业性的传播推广不仅是经济商业的范畴，也伴随着生活态度和价值观念等文化理念的转变，在这种出现同质化现象的商业环境中，只有将商业与文化结合起来，增加商业活动人文精神的宣传推广，才能达到弱化商业环境中功利气息的目的；最后，通过商业活动中的人文建设，企业获得的并非是单纯的经济效益，还有在企业文化和品牌上软实力的积累。

三、优化以创新能力为内容的学生评价机制

我国普通高校的大学生，由于长期受应试教育的影响，与其他一些教育发达国家的学生相比，其应试能力具有很大的优势；但在创新精神与创新能力等方面却明显不足。如何激发学生的创新意识，提高创新能力，需要扭转在应试教育体制下的评价机制，建立更加全面、合理的多元化评价制度。

1. 从评优制度的设计更加注重学生创新精神、实践能力的考察

2012 年，我校重新修订了《浙江工商大学学生素质评价办法》，改变了传统的德、智、体“三育”评价制度，将综合能力项单独记项考核评价，从研究创新、专业技能、干部考核、社会实践及文体比赛四个维度考察学生的综合能力，并在评奖评优中明确规定了综合能力居于前 30％的才能申请奖学金。这一评价机制改变了原来只要专业成绩优秀就能够获得奖学金的状况，对于引导学生积极参加研究创新，参与社会实践具有积极的意义。但是同时我们也要看到，这一评价机制的很多内容是在原有各项评价内容的基础上的优化，把各项的附加分列入综合能力项来计分。如何更加科学、合理地设置评价指标，提高我校学生的综合能力，仍有待研究和实证分析。从客观效果看，把担任课堂教学的教师纳入学生综合素质指标考核的评价主体，通过他们在教学过程中的观察对学生做出一定的量化评价，可以促进评价体系更加合理，也可以激发学生在教学互动中的积极性，而不再局限于考试成绩。

2. 建立专门的学生素质技能评价机构，引导学生主动提升自己的综合素质能力

青年大学生正处于最有活力和学习能力最强的阶段，我校学生除了专业学习之外，也积极投入创新创业，参与社会实践，提高自己的综合竞争实力，为走入社会做好准备。但是从多年的学生工作角度考察，真正能够了解自己，科学合理地规划大学职业生涯规划，有针对性地提高自己各方面素质的学生比例是非常低的，这就需要学校从内部机制上帮助学生解决这个问题。首先，学校应该充分利用学科优势和资源，帮助学生建立科学的自我评价测评机制。心理素质测评、职业能力评价是两个重要的基础，而目前我校的心理素质测评的目的主要是发现心理异常学生，职业能力评价也只是在个别学院展开。学校可以挖掘资源，建立起一个开放、可操作性强的心理、职业素质评价机构和平台，引导学生主动参与，通过科学的测评真正了解自己，为大学期间职业规划设定正确的目标。同时，也可以通过评价机制更好地扬长避短，更加主动地提高学生的创新实践能力。其次，建立各类素质技能的培训学习机构，对通过培训的学生予以技能认定。我校的团学机构、学生社团目前在其中发挥了重要作用，但是从学校的角度看缺少一个系统的协调机构。在学校现有资源允许的条件下，可以支持相关学科性学院建立团队能力、交流能力、思维能力等各个素质能力培训认定机构，可以充分挖掘个体潜能，从而为创新素质的提升打下更好的基础。

参考文献

[1] 申作青，李靖华，张绪忠. 财经类高校的“大商科”办学特色分析——以浙江工商大学为例[J]. 浙江工商大学学报，2015(11)：5-13.

[2] 陈寿灿. 浙商大“一体多元”大商科人才培养模式发微[EB/OL]. (2017-02-25). http://difang.gmw.cn/zj/2017-02/27/content_23831677.htm.

辅导员心理健康教育能力提升策略研究*

陈晓明

（浙江工商大学　统计与数学学院　浙江杭州　310018）

摘　要：辅导员是开展大学生思想政治教育的骨干力量，因此辅导员心理健康教育能力的提升具有十分重要的现实意义。辅导员心理健康教育能力的提升，可以从学校加强培训、个人注重学习及积极参加心理健康教育实践等三个方面入手。

关键词：辅导员　心理健康教育能力　提升策略

教育部《普通高校辅导员队伍建设规定》中明确指出，辅导员是开展大学生思想政治教育的骨干力量，是高校学生日常思想政治教育和管理工作的组织者、实施者、指导者。辅导员应当努力成为学生成长成才的人生导师和健康生活的知心朋友。辅导员负有协助学校心理健康教育机构开展心理健康教育活动，对学生心理问题进行初步排查和疏导，组织开展心理健康知识普及宣传活动，培育学生理性平和、乐观向上的健康心态的重要责任。辅导员自身心理健康教育能力的高低决定了开展学生心理健康教育与咨询工作的质量，决定着高校的安全稳定工作能否最终落实，影响着立德树人根本目标的实现。因此，提升辅导员的心理健康教育能力具有十分重要的现实意义。

一、心理健康教育能力的组成

从大学生心理健康教育的工作实际出发，辅导员心理健康教育能力可以初步分为以下几个方面：

（一）了解学生心理特征的能力

大学生刚从青春期中走出来，还带有鲜明的青春期后期的心理特点。在校期间，从刚入学到即将毕业，每个阶段都有一些不同的心理状态和心理特点。

---

* 项目来源：本文系2015年浙江工商大学高等教育研究项目“高校教师压力与心理健康的关系：应对方式的中介和调节作用”（项目编号：Xgy15028）、2017年浙江工商大学科研项目“父母教养方式与大学生可就业能力的关系：职业探索的中介作用”（项目编号：XJ16-11）的阶段性成果。

辅导员需要观察和把握不同阶段不同学生的心理特点，有针对性地实施心理健康教育。

（二）进行初步心理会谈的能力

谈心谈话是辅导员的基本技能之一，在与有心理问题的学生的谈话过程中，应该能有意识地展开心理会谈。了解学生以前的经历、现在的心理状态和心理困惑，通过谈话判断学生心理问题的类型和严重程度，再采取相应的解决方式。

（三）识别学生心理问题的能力

大学生心理问题的出现较为普遍，一般不会引发严重的后果。但是心理危机和精神问题容易引发自伤、伤人甚至自杀等严重安全稳定事故，需要密切关注。辅导员作为对学生管理的直接责任人，需要具有识别学生心理问题的能力，区分一般心理问题、心理危机和严重精神问题，判断自己能否处理，再采取相关处理方式。

（四）严重心理问题干预和处理的能力

当发现学生有严重心理问题时，第一时间进行正确合理的干预和处理显得尤为关键。辅导员在实施心理健康教育的过程中，应该注意和掌握对严重心理问题的干预和处理的基本流程，一旦发生紧急情况，能够将后果和影响范围降至最小。

二、辅导员心理健康教育能力的提升策略

（一）加强对辅导员心理健康知识的培训

每位新任辅导员都应该接受包括心理学知识在内的岗前培训，具备必要的心理健康知识，把握大学生的心理阶段特点，熟悉大学生容易出现的心理问题，树立正确的心理健康教育观念。

针对辅导员的工作实际，在普及培训的基础上还应该举办各类专题培训，进一步提升辅导员的心理健康理论基础和实务水平。比如“考前心理调适”“人际交往的艺术和技巧”“大学生恋爱心理”“心理问题的识别和应对”“团体心理辅导入门”等，这些专题培训使辅导员能够更加及时地发现学生的心理问题，初步了解对大学生特定心理问题的处理方式，掌握处理心理问题的基本技能。

心理学基础知识培训和专题培训基本能够满足辅导员的工作需要，但是对一部分有志于在心理健康教育方向进行专业发展的辅导员来说仍然不够。针对这一部分辅导员，可以鼓励他们进行系统的心理学知识学习，考取心理咨询师证书，参加专业心理咨询或团体心理辅导培训，掌握一项或几项心理咨询方法，成为团体心理辅导的能手，成为学院或者学校心理健康教育工作的重要力量。

对辅导员的心理健康知识培训，能够提升辅导员群体的心理健康教育水平和加深专业化发展程度，能够为学校心理健康教育培养出一批有知识、有能力、有兴趣的骨干力量。

(二)辅导员自身加强心理知识的学习

除了学校提供的各类基础或专题培训以外，辅导员心理健康教育能力的提升也需要自身加强学习，主要包括以下两个方面。

心理学基础知识的学习。学习心理学基础知识，能够为辅导员开展工作提供具体的支持和帮助，如学习“发展心理学”，了解大学生所处发展阶段及该阶段的基本心理特点；学习“教育心理学”，掌握常见的学习方式，帮助学生解决学习心理问题；学习“社会心理学”，熟悉人际互动的原则和技巧，指导学生解决人际交往问题；学习“人格心理学”，了解人格的构成和基本理论，解答学生的自我困惑，等等。学习心理学基础知识也能够使辅导员的自身素质更为全面，进一步促进辅导员的个人发展。

心理健康教育技能的学习。心理健康教育技能包括心理咨询技能、团体心理辅导技能等，它们都是日常开展心理健康教育工作的有效武器，如辅导员在大学生入学之初开展以班级凝聚力提升为主题的团体辅导活动，不仅可以让班级同学之间相互熟悉，还可以通过团体辅导的形式让辅导员更快地和学生建立起一种朋友之间的信任关系，为以后工作的顺利开展打下良好基础。

(三)辅导员积极参加心理健康教育实践

学习心理学基础知识和技能的同时，更重要的是能将其应用到心理健康教育的实践中去，如通过“大学生心理健康教育”课程的讲授，促进辅导员对心理学基础知识的进一步掌握；通过学生团体心理辅导活动的开展，促进辅导员心理辅导技巧和能力的进一步提升；通过对心理健康方面论文的撰写，梳理开展

心理教育健康工作的心得和体会等。心理健康知识的应用和实践是辅导员掌握心理健康知识和技能的目的，也是培养和锻炼辅导员心理健康教育能力的根本途径。

参考文献

[1] 普通高校辅导员队伍建设规定[R]. 中华人民共和国教育部令，第〔43〕号，2017.9.

[2] 罗品超. 试论提升高校辅导员的心理健康教育核心能力[J]. 学校党建与思想教育（上半月），2008(5)：54-55.

[3] 薛继红. 论高校辅导员心理健康教育能力发展路径[J]. 学校党建与思想教育（中旬版），2009(5).

毕业生首岗适应能力提升途径研究
——以英国高校为鉴

韩银华[1]　鲍　伟[2]

(浙江工商大学　1.金融学院　2.后勤服务中心　浙江杭州　310018)

摘　要:大学毕业生适应首个工作岗位的能力对毕业生心态的影响举足轻重,并且会影响到他们未来的职场发展。本文通过对比和分析中英高校的就业指导模式,试图提出改进方案,使我们的毕业生首岗适应能力得到明显提高,同时提升我校毕业生对母校的满意度。

关键词:首岗适应　提升途径　英国高校

一、引　言

根据浙江省评估院提供的《2015届毕业生职业发展状况及人才培养质量调查报告》可知,浙江省2015届受雇毕业生毕业一年内的离职率高达46.3%,其中我校离职率为33.94%。毕业生离职原因比较复杂,有因个人发展空间不够(32.28%)、薪资偏低(23.11%)而离职,也有因对企业管理制度和文化不适应(9.83%)、工作要求和压力太大(7.04%)而离职,另有一部分的离职原因为想改变职业或行业及其他(27.74%)。从本次调查来看,我校2015届毕业生的岗位适应度为64.81,低于全省平均水平(67.51)。该报告指出,我校在最初入职的半年内心理上能"完全适应"其工作的毕业生占12.88%,"适应"的占26.16%,这两项比例均低于全省和本科院校平均水平。在"您对当前的工作是否满意"的调查中,我校2015届毕业生的就业满意度为63.56,低于全省(67.13)和本科院校的平均水平(65.47)。

首岗适应程度反映了毕业生个人和工作岗位之间是否匹配的问题。而大学毕业生首岗适应情况不仅会影响毕业生对母校的满意度评分,还会影响他们的心态,进而影响他们的职场发展。如何破解此难题,提升我校毕业生的首岗适应能力,让他们在职业发展中获得更多的助力,同时提高毕业生对母校的满意度,是非常值得我们思考的问题。

"他山之石,可以攻玉"。为此,笔者通过查阅英国部分高校官网和相关文献资料,并对赴英留学生做个案调查,发现在政府支持以外,高校在理念创新、课程设置、人员配备、就业指导与服务等方面可以大有作为,为提升毕业生首岗适应能力主动求变。

二、英国部分高校的典型做法

英国高校在提升学生的首岗适应能力方面有许多值得我们关注和学习的做法。例如,英国大学的"三明治年"项目(也称三明治课程),该项目中的学生可以在大二或大三进行一年实地实习,从而获得第一手的工作经验。本文主要以英国大学中较有代表性的曼彻斯特大学(以下简称"曼大")、南安普顿索伦特大学、帝国理工学院(以下简称"帝国理工")为例。在英国,曼大的综合排名是第 8 位,而在就业市场的排名则要高得多,在英国专门研究大学毕业生就业市场的机构 High Flier Research 发布的最受顶级雇主青睐的大学排名中,曼大和帝国理工多年来稳居前列。[①] 笔者分析了它们在提升毕业生就业能力方面的做法,主要有以下几个特点。

(一)组织机构健全,从业人员专业性强

如曼大职业指导中心为大中心布局,从业人员数量多、质量高。职业指导中心下设许多部门,分工负责职业技能课程建设、就业信息搜集整理、就业招聘活动开展、学生职业指导与一对一咨询、毕业生跟踪调查等。部门分工明确,通力合作。全中心共有员工 50 多名,均受过专门训练,如负责职业指导与咨询工作的员工必须持有职业咨询师或心理学博士的相关证书,其中还有来自企业的长期从事人事工作的专家。南安普顿索伦特大学就业创业中心下设用人单位开发与维护小组、项目小组和学生参与小组等。长期稳定的工作队伍,专心致力于专项工作的推进和研究,对学生的职业指导必然更具针对性与有效性。

除此之外,导师制在英国高校得到了很好的贯彻。几乎所有的教师都担任导师,导师通常会对学生在校期间的学习、生活提供帮助和咨询,比如导师会撰写推荐信帮助学生获得实习、就业机会等,实际上形成了一种"全员育人"的浓厚氛围。

---

① 信息来自 High Fliers Resecnch 官网,http://www.highfliers.co.uk/。

(二)密切联系雇主,引进社会资源

在曼大,学校与工业界、商业界和公共部门保持着密切、有力的合作关系。一方面,取业指导中心经常性地通过电话沟通、寄信、实地走访等方式,让雇主了解学校取业指导中心的服务,并从中感受到关注与尊重;另一方面,学校与各方雇主也会互相提供协助,举办洽谈会、宣讲会等;除此之外,学校也会邀请雇主来校听课,听取雇主对学校人才培养方面给予的建议,再结合雇主方意见改进教学。在其合作名单中,不乏IBM、英特尔、普华永道等享有盛誉的国际企业。这些企业的雇主不仅为曼大学生提供了高质量的实习基地,曼大74%的本科课程都可安排学生到企业进行实习①,而且还提供了各种专业课程所需的商业项目[1]。在下半年的求职季节,每天都有雇主宣讲活动,他们向学生介绍他们的企业文化、工作内容,甚至如何准备求职材料、如何面试等;宣讲活动结束,雇主方还会请参会的毕业生用餐。合作的雇主单位非常重视挖掘合适的潜力人才,按照他们的观点,如果学生因为不会面试而未展示出自己的才能,将是雇主的极大损失。

(三)将创新创业融入专业课程

如南安普顿索伦特大学与行业协会和企业联系紧密,会邀请行业和企业的代表参与课程开发,共商专业培养方案。除了开设"创意创业""自由职业者"两个就业创业专门课程之外,学校还将就业技巧与技能、创业理念等融入专业课之中,要求教师不仅要教授本专业的内容,还要向学生表明本专业课程对就业的影响,以及对学生日后工作或进行研究的意义。[2]

(四)就业服务内容丰富,学生主动参与为主

以曼大商学院为例[3],学院为学生提供了多渠道的服务项目。一是提供一对一的建议和指导,内容包括职业生涯管理技能和访谈、面试技巧、技能及评估、反馈等。二是提供劳动力市场信息。职业指导中心通过网站和电子邮件,发布来自50多个国家的公司空缺岗位信息,平均每个月的数量超过500个。三是实现雇主与学生的互动。职业指导中心邀请雇主进行校园演讲,提供职场信息和访谈机会,每年受邀的雇主超过500人,参加学生众多。四是特色辅导项目。如"曼彻斯特黄金计划",为学生提供500个指导合作机会和100个孵化

① 信息来自The University of Manchester官网。

项目。五是社会媒体接触。通过博客、脸谱(Facebook)、推特(Twitter)、领英(Linked In)、微博等社会化媒体提供更多的网络和在线支持服务。

(五)既关注首次就业能力,又提供毕业后就业支持

对毕业生进行后续支持的目的,是进一步提高毕业生的首岗适应能力,提升学校的声誉,促进今后的学生就业、学校的筹款和发展等工作的顺利进行,最终协助学校实现其战略目标。虽然毕业离校,但毕业生仍然能够利用众多的学校资源,如免费终身"会员"服务、免费在线图书馆资源、在线职业生涯管理工具资源、同行业校友互助联盟等。毕业生可使用 MBSNetwork 在线的各种资源,内容非常丰富,包括全体校友、师生员工的通讯录,曼大在全球的各个项目的情况、校友新闻等;免费在线图书馆资源,毕业生可访问超过 3000 个商业和管理期刊的全文,协助校友的个人和职业发展研究;在线职业生涯管理工具资源包括在线职业测评工具、求职信和简历写作、猎头公司和行业报告等资源。帝国理工学院会在学生毕业后两年内通过电话等方式继续为学生提供服务,帮助校友解决工作中或者是后续教育中遇到的问题。

三、思考与启示

尽管我校在就业工作中已经逐渐摸索出一些行之有效的模式,但仍然存在诸多不足。如课程设置跟不上行业发展的速度、就业服务与指导人员结构不合理、学生就业面过于集中、校企合作的覆盖面远远不够等等。在用人单位分层招聘、对不同层次学校的毕业生区别对待的趋势愈演愈烈的今天,我们如再不深刻反思,主动出击,将会陷入学生、企业与学校"相看两厌"的糟糕局面。那么,我们从曼大等学校身上能吸取哪些经验?

(一)加强就业指导大中心的建设

各学院分头行动,企业资源难以共享;辅导员事务繁杂,难以在就业数据挖掘、企业联络等方面投入更多的精力;本科毕业生就业专业对口率普遍不高,但由于对别的行业不了解,难以交叉就业。如能学习曼大的就业指导机构的建设模式,集中一批受过系统训练的就业工作者,分工负责,加强协作,将会事半功倍。

(二)充分重视雇主需求,打造雇主服务品牌,吸引优秀雇主参与

与一些世界顶尖大学固执地坚持"知识本位"的态度相比,英国很多高校渗透着"社会本位"的思想,把社会的需求细化为雇主对首次就业的新员工的要

求，有效地提升了毕业生的首岗适应能力。相对而言，我校在与雇主的服务对接方面还做得不够。

(三)调整指导服务方式

就业服务是就业工作的重中之重。在理念上，弱化就业管理，强化就业服务；在内容上，由单纯面向就业延伸为指导学生进行职业规划，指导大学生认清职业发展方向，会让他们一生受益；在方式上，应该由无差别的指导服务向个性化的指导服务转型，对不同专业、不同个体的学生开展有针对性的就业指导服务，尽快真正实现一对一的个性化指导服务。同时，服务对象应延伸至离校毕业生，尽管后续支持需要消耗学校一定的人力、财力，但从长远来看，回报十分丰厚。做好“售后”服务，不仅对毕业生有所帮助，而且有利于学校了解校友意见，寻求、整合校友资源。如笔者所在学院通过“校友导航就业联谊会”“校友导师班”等形式，在为校友合作搭建平台的同时，组织校友与学生班级结对，对在校生做好职业生涯规划帮助极大。

(四)重视培养领导力与创新思维

毕业生在首岗适应的过程中出现的心理适应不良反应主要表现为竞争与创新意识不够，当今在学生中广为流行的“佛系”概念就是例证之一。曼大的领导力课程享有盛名，课程的演讲嘉宾包括著名的政治家、商界领袖、专家学者。他们为学生提供了多种环境下的领导力知识和理解方式，使学生首次就业的领域更为宽广，并能更快地适应在新团队中的岗位。“大众创业，万众创新”，是当前我国重要的发展战略。高校应该教会学生具有问题意识，并通过开设相应的课程、举办相应的工作坊和设立相应的实验基地，鼓励学生去创新，培养他们分析问题、解决问题的创新能力。

(五)就业评价由重数量向重质量转变

目前，对各高校的就业评价主要是以就业率作为终极指标的，重数量轻质量是直接后果。在就业数量相对稳定的情况下，亟须从“好就业”向“就好业”转变，数量要求应作为基础指标，质量指标应作为优秀指标。

参考文献

[1] 王振超. 面向国际“实战”育人——曼彻斯特大学[J]. 教育与职业，2014(10)：104-105.

[2] 英国高校服务就业创业的理念与实践[J]. 世界教育信息，2017(6)：41-44.

[3] 陈艳. 英国大学就业能力培养机制研究——以曼彻斯特大学商学院为例[C]. 教学管理与课程建设学术会议，2012.

暑期夏令营对山区留守儿童心理健康水平的影响研究
——基于 SCL-90 测量方法

刘媛媛

（浙江工商大学　食品与生物工程学院　浙江杭州　310018）

摘　要：随着中国经济的发展和城市化进程的加快，大量农村和山区劳动力向经济发达城市流动，但绝大多数的农民工没有能力将孩子带到城市一起生活，从而衍生出“留守儿童”这一特殊群体。[1]大多数的留守儿童在躯体化、强迫、人际关系敏感、抑郁、焦虑、敌对和偏执等因子上存在着明显问题。笔者通过问卷调查和个案访谈的形式，随机抽取 32 名衢州某山区留守儿童进行 SCL-90 量表测验和追踪调查，对 32 名同学在暑期夏令营前后的心理健康水平进行对比后发现：绝大多数同学在经过夏令营活动之后，在阳性项目数和总得分上明显降低，表明暑期夏令营活动有利于改善留守儿童的心理，提升心理健康水平。通过追踪访谈调查，32 名同学也普遍反映暑期夏令营活动对自我的成长有较好的帮助。

关键词：山区留守儿童　心理健康水平　暑期夏令营　SCL-90

一、引　言

山区留守儿童是指因父母一方或双方长期在外工作而被迫由父母单方或祖父母、其他亲戚及他人来抚养、教育和管理的未成年人。[2]由于山区经济条件落后，当地居民为了改善家庭经济条件而选择外出寻求发展，却由于各种条件限制，无法将自己的孩子一同带往城市。父母长期外出发展造成父母一方或双方家庭角色的缺失，带来了一系列不利于山区留守儿童心理健康发展的家庭环境的变化。目前，山区留守儿童的心理和行为问题得到各界的广泛关注，王良锋等对小学 3—6 年级留守儿童的孤独感进行调查后发现，有孤独感的留守儿童占 17.6％。[3]于鸿雁、高亚兵对留守儿童的人格类型和心理健康水平进行研究后发现，留守儿童在躯体化、强迫、人际关系敏感、抑郁、焦虑、敌对和偏执等

因子上存在着明显问题。[4－5]

本文着力于在暑期开展夏令营支教活动中研究山区留守儿童的心理和行为问题之外，同时深入挖掘他们的认知、人际关系和自我成长等内容，并开展相应的心理健康教育和团辅活动，从而提高他们的心理健康水平。

二、研究对象和方法

本研究团队成员在暑期前往衢州市某山区希望小学开展夏令营支教活动时，除开设常规的文化、艺术和体育课程外，还额外增设了主观认知教育、幸福心理学、团体辅导、人际关系改善等心理学相关课程。

本研究以该希望小学的 3—6 年级学生为例，通过问卷调查和个案访谈的形式，随机抽取了 32 名学生进行 SCL-90 量表测验和追踪调查。通过在暑期夏令营开展之前和结束时，分别向这 32 名儿童进行前期和后期共两次的 SCL-90 量表测评，对比前后数据结果来分析暑期夏令营对山区留守儿童心理健康水平的提升效果，并根据学生访谈和追踪调查来验证前后两次 SCL-90 量表测评对比结果的准确性。

SCL-90 量表包括 90 个条目，每一条目的评分为 1—5 分，分别代表无、很轻、中度、严重、极重 5 种心理健康水平。本文使用 EXCEL 和 SPSS19.0 工具对所得到的前后两次测评数据进行处理分析，得到山区留守儿童的心理健康水平及其变化情况。

三、测评结果分析

(一)山区留守儿童在参加夏令营前的心理健康水平

在暑期夏令营开始之前，我们在 3—6 年级的留守儿童中随机选取了 32 名学生，并指导他们填写 SCL-90 量表进行心理健康水平的评估，其结果如表 1 所示。

表 1　32 名学生的前期测评结果

因素	阴性项目数	阴性项目分	阳性项目数	阳性项目分	阳性均分	总分	总分均分
个案 01	54	54	36	80	2.22	134	1.49
个案 02	84	84	6	17	2.83	101	1.12

续 表

因素	阴性项目数	阴性项目分	阳性项目数	阳性项目分	阳性均分	总分	总分均分
个案 03	31	31	59*	136	2.31	167*	1.86*
个案 04	87	87	3	6	2.00	93	1.03
个案 05	42	42	48*	147	3.06	189*	2.10**
个案 06	72	72	18	55	3.06	127	1.41
个案 07	48	48	42	114	2.71	162*	1.80*
个案 08	68	68	22	44	2.00	112	1.24
个案 09	35	35	55*	124	2.25	159	1.77*
个案 10	73	73	17	71	4.18	144	1.60*
个案 11	46	46	44*	109	2.48	155	1.72*
个案 12	69	69	21	45	2.14	114	1.27
个案 13	40	40	50*	132	2.64	172*	1.91*
个案 14	29	29	61*	167	2.74	196*	2.18**
个案 15	41	41	49*	100	2.04	141	1.57*
个案 16	71	71	19	52	2.74	123	1.37
个案 17	69	69	21	44	2.10	113	1.26
个案 18	64	64	26	54	2.08	118	1.31
个案 19	39	39	51*	152	2.98	191*	2.12**
个案 20	48	48	42	101	2.40	149	1.66*
个案 21	50	50	40	103	2.58	153	1.70*
个案 22	69	69	21	58	2.76	127	1.41
个案 23	66	66	24	61	2.54	127	1.41
个案 24	45	45	45*	139	3.09	184*	2.04**
个案 25	40	40	50*	116	2.32	156	1.73*
个案 26	40	40	50*	117	2.34	157	1.74*
个案 27	48	48	42	99	2.36	147	1.63*
个案 28	63	63	27	54	2.00	117	1.30
个案 29	48	48	42	85	2.02	133	1.48
个案 30	32	32	58*	137	2.36	169*	1.88*
个案 31	48	48	42	99	2.36	147	1.63*

续 表

因素	阴性项目数	阴性项目分	阳性项目数	阳性项目分	阳性均分	总分	总分均分
个案 32	44	44	46*	117	2.54	161*	1.79*
平均值	53.22	53.22	36.78	91.72	2.51	144.94	1.61

注：* 代表有轻微心理问题，** 代表有中度心理问题。

根据 SCL-90 量表的阳性项目数≥43 项或总分≥160 分的筛选标准，发现共有 13 名学生的阳性项目数≥43 项，有 9 位学生的总分≥160 分，其中有 8 名学生同时符合这两条筛选标准。

对 32 名学生的测评结果进行横向比较后发现，阳性项目数平均为 36.78 项，总分平均值为 144.94 分，已经比较接近筛选标准。在总分均分方面，共有 19 名学生超过 1.5，其中有 4 名学生已经超过 2.0，这表明山区留守儿童普遍存在着一定的心理问题，甚至个别留守儿童已经存在较为严重的心理和行为问题。

(二)山区留守儿童在参加夏令营后期的心理健康水平

在经过半个月的主观认知教育、幸福心理学分享、团体辅导、人际关系改善指导后，再对上述 32 名学生进行 SCL-90 量表测验，其结果如表 2 所示。

表 2　32 名学生的后期测评结果

因素	阴性项目数	阴性项目分	阳性项目数	阳性项目分	阳性均分	总分	总分均分
个案 01	63	63	27	55	2.04	118	1.31
个案 02	83	83	7	21	3.00	104	1.16
个案 03	59	59	31	70	2.26	129	1.43
个案 04	86	86	4	9	2.25	95	1.06
个案 05	48	48	42	99	2.36	147	1.63*
个案 06	74	74	16	39	2.44	113	1.26
个案 07	46	46	44*	109	2.48	155	1.72*
个案 08	84	84	6	12	2.00	96	1.07
个案 09	64	64	26	55	2.12	119	1.32
个案 10	82	82	8	37	4.63	119	1.32
个案 11	66	66	24	72	3.00	138	1.53*
个案 12	72	72	18	42	2.33	114	1.27

续 表

因素	阴性项目数	阴性项目分	阳性项目数	阳性项目分	阳性均分	总分	总分均分
个案 13	43	43	47*	109	2.32	152	1.69*
个案 14	29	29	61*	152	2.49	181*	2.01**
个案 15	44	44	46*	93	2.02	137	1.52*
个案 16	72	72	18	39	2.17	111	1.23
个案 17	79	79	11	22	2.00	101	1.12
个案 18	55	55	35	91	2.60	146	1.62
个案 19	36	36	54*	135	2.50	171*	1.90*
个案 20	69	69	21	45	2.14	114	1.27
个案 21	50	50	40	128	3.20	178*	1.98*
个案 22	49	49	41	91	2.22	140	1.56
个案 23	50	50	40	102	2.55	152	1.69
个案 24	44	44	46*	151	3.28	195*	2.17**
个案 25	46	46	44*	106	2.41	152	1.69*
个案 26	51	51	39	90	2.31	141	1.57*
个案 27	76	76	14	32	2.29	108	1.20
个案 28	66	66	24	45	1.88	111	1.23
个案 29	80	80	10	20	2.00	100	1.11
个案 30	47	47	43*	112	2.60	159	1.77*
个案 31	56	56	34	95	2.79	151	1.68*
个案 32	45	45	45*	107	2.38	152	1.69*
平均值	59.81	59.81	30.19	74.53	2.47	134.34	1.49

注：* 代表有轻微心理问题，** 代表有中度心理问题。

调查结果显示，32 名学生中有 9 名学生的阳性项目数≥43 项，其平均项目数为 30.19 项；有 4 名学生总分≥160 分，其平均值为 134.34 分；其中，只有 3 名学生同时符合这两条筛选标准。在总分均分方面，共有 14 名学生超过 1.5，其中只有 2 名学生超过 2.0；32 名学生的总体均分也只有 1.49，低于筛选标准 1.5。这表明，32 名学生中的绝大多数，在暑期夏令营的后期，心理和行为问题处于正常的健康标准水平。

（三）山区留守儿童在夏令营前后的心理健康水平对比结果

对32名学生在暑期夏令营活动前后的SCL-90测评结果进行对比，结果如表3所示。

表3 32名学生SCL-90前后测评结果对比

因素	阴性项目数	阴性项目分	阳性项目数	阳性项目分	阳性均分	总分	总分均分
个案01	9	9	−9	−25	−0.19	−16	−0.18
个案02	−1	−1	1	4	0.17	3	0.03
个案03	28	28	−28	−66	−0.05	−38	−0.42
个案04	−1	−1	1	3	0.25	2	0.02
个案05	6	6	−6	−48	−0.71	−42	−0.47
个案06	2	2	−2	−16	−0.62	−14	−0.16
个案07	−2	−2	2	−5	−0.24	−7	−0.08
个案08	16	16	−16	−32	0.00	−16	−0.18
个案09	29	29	−29	−69	−0.14	−40	−0.44
个案10	9	9	−9	−34	0.45	−25	−0.28
个案11	20	20	−20	−37	0.52	−17	−0.19
个案12	3	3	−3	−3	0.19	0	0.00
个案13	3	3	−3	−23	−0.32	−20	−0.22
个案14	0	0	0	−15	−0.25	−15	−0.17
个案15	3	3	−3	−7	−0.02	−4	−0.04
个案16	1	1	−1	−13	−0.57	−12	−0.13
个案17	10	10	−10	−22	−0.10	−12	−0.13
个案18	−9	−9	9	37	0.52	28	0.31
个案19	−3	−3	3	−17	−0.48	−20	−0.22
个案20	21	21	−21	−56	−0.26	−35	−0.39
个案21	0	0	0	25	0.63	25	0.28
个案22	−20	−20	20	33	−0.54	13	0.14
个案23	−16	−16	16	41	0.01	25	0.28
个案24	−1	−1	1	12	0.19	11	0.12
个案25	6	6	−6	−10	0.09	−4	−0.04
个案26	11	11	−11	−27	−0.03	−16	−0.18

续 表

因素	阴性项目数	阴性项目分	阳性项目数	阳性项目分	阳性均分	总分	总分均分
个案 27	28	28	−28	−67	−0.07	−39	−0.43
个案 28	3	3	−3	−9	−0.13	−6	−0.07
个案 29	32	32	−32	−65	−0.02	−33	−0.37
个案 30	15	15	−15	−25	0.24	−10	−0.11
个案 31	8	8	−8	−4	0.44	4	0.04
个案 32	1	1	−1	−10	−0.17	−9	−0.10
平均值	6.59	6.59	−6.59	−17.19	−0.04	−10.59	−0.12

注：负号代表后期测评得分低于前期测评得分。

从表 3 中可以发现，在阳性项目数和总分上，各有 24 名学生的对比结果显示为负，这表明大多数的山区留守儿童在经过暑期夏令营活动后，使原有的阳性项目数和总分都有一定程度的降低，提高了心理健康水平。

具体而言，32 名学生的平均阳性项目数从前期的 36.78 项降低为 30.19 项（平均减少了 6.59 项），平均总分从前期的 144.94 分降低为 134.34 分（平均减少了 10.59 分），同时符合阳性项目数和总分筛选标准的人数从前期的 8 人降低为 3 人（减少了 5 人），平均总分均分从前期的 1.61 分降低为 1.49 分（平均减少了 0.12 分），而总分均分超过 2.0 的人数从前期的 4 人降低为 2 人（减少了 2 人）。这些都证明了暑期夏令营活动能够较大程度地改善山区留守儿童的心理和行为状态，可以有效地提高他们的心理健康水平。

另外，根据对这 32 名学生的追踪调查，即对他们进行详细访谈，了解到大部分学生认为暑期夏令营活动对他们非常有意义，不仅可以学习到更加丰富的文化知识，还可以有机会改变自我认识，塑造良好品格，改善人际关系，加强团队合作，对自我成长有较好的提升作用，从而也验证了暑期夏令营活动的开展有利于提升山区留守儿童的心理健康水平的结论。

四、结论与展望

随着中国经济的发展和城市化进程的加快，大量农村和山区劳动力向经济发达城市流动，其中绝大多数的农民工没有能力将孩子带到城市，从而产生了“留守儿童”这一特殊群体，进而引起了山区留守儿童的心理和行为问题，并引发了各界致力于山区留守儿童心理和行为问题的研究及对其改善措施的探讨。

本文结合 SCL-90 测评量表和访谈、跟踪，对 32 名山区留守儿童的心理健康问题进行前后对比研究，发现山区留守儿童普遍存在着一定的心理和行为问题，个别学生心理问题比较突出。通过暑期夏令营所开展的主观认知教育、幸福心理学分享、团体辅导、人际关系改善指导等活动，能比较有效地改变他们的认知和人际关系，提高他们的团队合作能力，增强他们的心理健康水平。

要想切实有效地提升山区留守儿童的心理健康水平，首先要有家长的关心和陪伴，降低山区留守儿童的孤独感，这是最为有效的措施。在既定现象情境下，学校的良好教育和及时干预也将会有利于降低山区留守儿童心理和行为问题产生的可能性，例如开展感恩教育、亲情教育、幸福体验、团体辅导、团队协作、错误行为干预等活动，都可以比较有效地提升心理健康水平。当然，当代大学生所开展的系统性暑期支教、夏令营活动、心理结对帮扶等，也能将当代大学生奋发向上的情绪和积极乐观的态度传递给山区留守儿童，在一定程度上帮助他们提升心理健康水平。

参考文献

[1] 王锋生，孙业桓，钮娟娟，等. 我国农村留守儿童 SCL-90 测试结果的 Meta 分析[J]. 卫生研究，2010，39(2)：224-227.

[2] 赵苗苗，李慧，李军，等. 服务外出务工对农村留守儿童心理健康的影响研究[J]. 中国卫生事业管理，2012(1)：60-63.

[3] 王良锋，张顺，孙业桓，等. 农村留守儿童孤独感现状研究[J]. 中国行为医学科学，2006，15(7)：639-640.

[4] 于鸿雁. 留守儿童人格类型与心理健康水平[J]. 安庆师范学院学报(社会科学版)，2009，28(3)：64-66.

[5] 高亚兵. 农村留守儿童心理健康状况及人格发展特征[J]. 中国公共卫生，2008，24(8)：917-919.

基于产学研政协同的食品科学与工程研究生培养模式研究*

——以浙江工商大学食品科学与工程研究生培养实践为例

王天舒　朱　炫　田师一　陈　杰　陈跃文　韩剑众

（浙江工商大学　食品与生物工程学院　浙江杭州　310018）

摘　要：基于产学研政协同的研究生培养模式是近年来兴起的针对以产业和政策问题为出发点的研究生培养体系，其能够为培养食品科学与工程研究生提供更具有实践性和综合性的环境，但在构建协同培养平台、运行协同培养机制、完善协同培养路径、管控培养质量等方面尚需完善。本文以浙江工商大学食品与生物工程学院（以下简称"浙商大食品学院"）的研究生协同培养模式为例进行分析，以期对基于产学研政协同模式的研究生培养有一定的借鉴作用。

关键词：产学研政　食品科学与工程　研究生培养模式

一、引　言

食品科学与工程是一门工科专业，属于工程教育范畴，肩负着为食品企业培养食品工程师的重任，是我国"卓越工程师教育培养计划"的专业之一。作为一个交叉度十分高的应用学科，食品科学与工程专业的研究生教育不仅应培养学生具备科学素养、工程知识和管理能力，还需让学生掌握政治、金融和经济等相关专业的基础知识。虽然目前以完成横向课题为目标的"产学研工程硕士培养模式"满足了企业发展的部分需求，但学校仍将学术论文作为检验学生研究成果的唯一标准，没有形成"创新能力＋产业特色问题"的培养模式，无法满足国家食品战略的发展需求。

有鉴于此，浙商大食品学院积极探索产学研政协同的研究生培养模式与培

* 项目来源：本文是浙江工商大学校级高教研究项目委托课题"基于产学研政协同的食品科学与工程研究生培养模式与机制研究"、浙江工商大学高等教育研究课题"基于大商科背景下现代卓越食品工程师培养模式的研究与实践（项目编号：Xgy17045）、省级平台自主设立校级教学项目"基于食品工程原理的工艺学实验教学模式改革"（项目编号：1110XJ2914098-004）的阶段性成果。

养机制，贯彻“从产业问题出发，在科研工作中找寻解决方法”的培养思路，依托现代食品安全与营养协同创新中心，通过企业、学校、研究院、政府四方单位互聘导师及毕业论文双导师制等机制实现教育资源的互补与共享，探索出“模仿、吸收、消化、创新”四步走的教育路径，对培养复合型食品工程人才具有积极的借鉴意义。

二、产学研政协同培养模式的构建

产学研政协同即产学研政一体化，是指将生产企业、科研机构、高等院校及政府结合成一个整体，集科学研究与科技开发、人才培养、技术推广及开发应用、生产与销售为一体，充分发挥各方的优势，推动“研发与生产、科技与经济、科技进步与社会发展”相结合的统一的协同合作、制度变革与创新实践进程。在构建产学研政协同模式的过程中，搭建高校、政府、企业、科研单位等多方互动共享的平台是关键。

在构建协同培养平台时，培养单位自身要具备较好的科研资源和社会资源。以浙商大食品学院为例，其食品科学与工程学科获批为浙江省重中之重一级学科，拥有多个省级重点实验室和省级重点创新团队，与中国科学院上海生命科学研究院、美国 MONELL 化学感官中心等建立了多个中外联合研究中心，并与浙江省食品质量监督检验站等多个政府部门签订合作协议，同时也是浙江省食品学会的挂靠单位。2015 年，现代食品安全与营养协同创新中心（以下简称“协同中心”）（图 1）由浙江工商大学牵头成立，并被认定为第三批浙江省“2011 协同创新中心”，由此开启了浙江工商大学对食品科学与工程研究生进行产学研政协同培养的探索之路。

在构建协同培养平台的过程中，要先对各方协同单位进行清晰定位，进而科学设置各协同单位的主要职能。在这一方面，浙商大食品学院以协同中心为基点，凝聚社会力量，依托高校平台，在企业进行教学实践，同时联系国家食品药品监督管理总局和市场监督管理局，面向技术问题和产业政策设置研究培养方案，逐步建立了由高校学习基地和企业实践基地共同组成的复合型工科类研究生联合培养基地，形成了以创新中心为载体的协同育人框架，培养模式如图 2 所示。在这一框架中，研究生可将政府、企业作为实践基地，以解决产业发展的政策问题和科学难题为目标制订研究计划，设计毕业论文；科研单位和高校

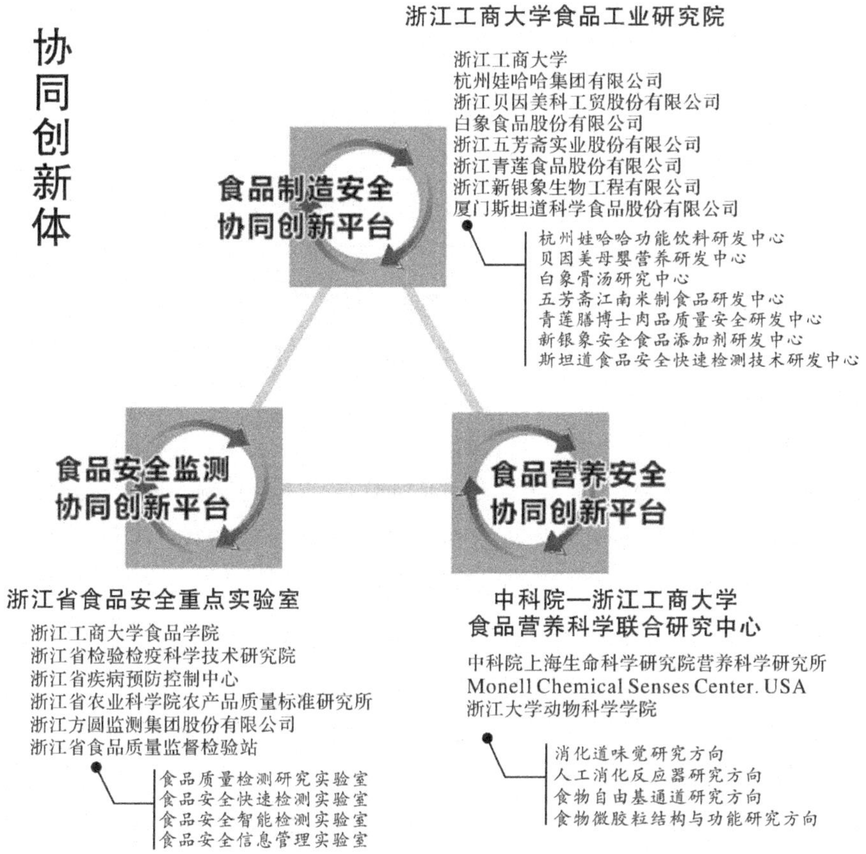

协同创新体

浙江工商大学食品工业研究院

浙江工商大学
杭州娃哈哈集团有限公司
浙江贝因美科工贸股份有限公司
白象食品股份有限公司
浙江五芳斋实业股份有限公司
浙江青莲食品股份有限公司
浙江新银象生物工程有限公司
厦门斯坦道科学食品股份有限公司

食品制造安全
协同创新平台

杭州娃哈哈功能饮料研发中心
贝因美母婴营养研发中心
白象骨汤研究中心
五芳斋江南米制食品研发中心
青莲膳博士肉品质量安全研发中心
新银象安全食品添加剂研发中心
斯坦道食品安全快速检测技术研发中心

食品安全监测
协同创新平台

食品营养安全
协同创新平台

浙江省食品安全重点实验室

浙江工商大学食品学院
浙江省检验检疫科学技术研究院
浙江省疾病预防控制中心
浙江省农业科学院农产品质量标准研究所
浙江方圆监测集团股份有限公司
浙江省食品质量监督检验站

食品质量检测研究实验室
食品安全快速检测实验室
食品安全智能检测实验室
食品安全信息管理实验室

中科院—浙江工商大学
食品营养科学联合研究中心

中科院上海生命科学研究院营养科学研究所
Monell Chemical Senses Center. USA
浙江大学动物科学学院

消化道味觉研究方向
人工消化反应器研究方向
食物自由基通道研究方向
食物微胶粒结构与功能研究方向

图1　创新中心结构示意图

则作为研究生的学习基地，以提供优良的实验环境和学术资源为手段具体培养研究生的创新能力和对知识的应用能力。

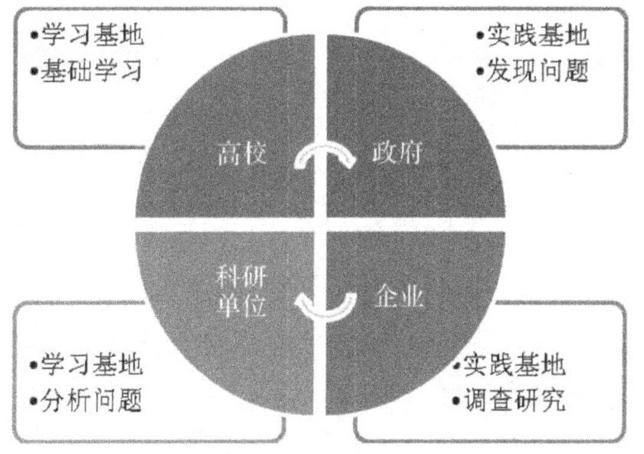

图2　产学研政协同的食品科学与工程研究生培养模式示意图

三、产学研政协同培养模式的实践

研究生教育的本质是研究性，它不是单纯地学习理论知识，而应是学习在实践中创造性地运用知识，有所发明，有所创造。尤其对于具有较强应用性的食品科学与工程学科而言，培养研究生的实践能力和创新能力十分重要。产学研政协同的培养模式能够为学生提供充分的实践资源，但同时也会存在企业导师作用不明显、研究问题不深入、培养质量难管控等问题。为避免出现此类问题，浙商大食品学院在实践中进行了机制创新、路径探索、质量管控，收到了良好的效果，值得借鉴。

（一）产学研政协同培养机制的创新

以协同中心为培养基地，浙商大食品学院在培养食品科学与工程研究生的过程中采用双导师制、弹性学制、国内外联合培养等多种创新机制，聘用高级工程师担任研究生的实务导师，与高校教授共同指导学生开发科研成果，使知识的讲解和应用紧密结合。同时，要求研究生的论文选题和研究计划直接与企业研发课题挂钩，必须具有应用价值和产业化开发前景。

为强化企业导师作用，协同中心按照研究问题的来源总体上将研究生进行分类培养，分为来自基础科学的科学问题类、来自产业基础问题的科学基础问题类、来自产业的工程问题类和来自产业的政策问题类。通过以上问题来源，各协同单位成立课题组，每个课题组针对不同的工程问题开展研究，在实验体系等方面进行完善，同时增加项目分析和专利知识等辅助课程，以提高解决问题的综合性和全面性。

（二）产学研政协同培养路径的探索

食品科学与工程专业是一个实践性很强的应用型专业，单纯的理论学习和实验室研究并不能提高学生的科研能力，必须要有大量的实践环节加以辅助。为加深对产业问题的研究，浙商大食品学院利用产学研政协同培养模式的资源优势，按照产业问题的研究路径探索出模仿、吸收、消化、创新“四步走”的培养路径：一般产业问题的研究主要分为背景调查、提出问题、分析问题和解决问题四个阶段。按照这一思路，浙商大食品学院要求食品科学与工程研究生在第一学期参与企业、政府和其他研究机构的调查分析活动；第二学期以问题为导向，通过选修的形式自由选择组合课程；第三和第四学期以双导师形式进行研究分析；第五学期将研究成果转化回归企业或者政府，实现对结果的再考察和评估。具体每一个阶段的培养方法如下。

1. 调查实践阶段

利用网络、现场调查和专家导视讨论等调查方法，提高研究生对科技在生产中的重要性的认识，并获得针对发现问题和提出问题的感性认识。

2. 发现、提出问题阶段

在学校导师和实务导师的指导下，研究生通过查阅文献、讨论，将生产中的技术问题提炼为科学研究的问题，并进一步作为研究课题。同时，为增强研究生的学习主动性，将课程分为公共基础课程和专业课程，且增强学生的主动性专业课程的选定完全根据课题研究的需要而定。

3. 分析问题阶段

在以上几个阶段的基础上，协同中心通过设置奖励等方式激发研究生的创造性和主动性，为获得高水平的科研成果提供物质保障。

4. 解决问题阶段

要求研究生科学地总结自己的研究成果，通过发表论文或者专利书写等方式，提出解决产业问题的综合解决方案。

在以上四个阶段中，“分析问题阶段”和“解决问题阶段”是最为关键的阶段，前两个阶段皆是实现最后两个阶段的基础。

笔者用图 3 所示的流程图形象地展示这个环节。

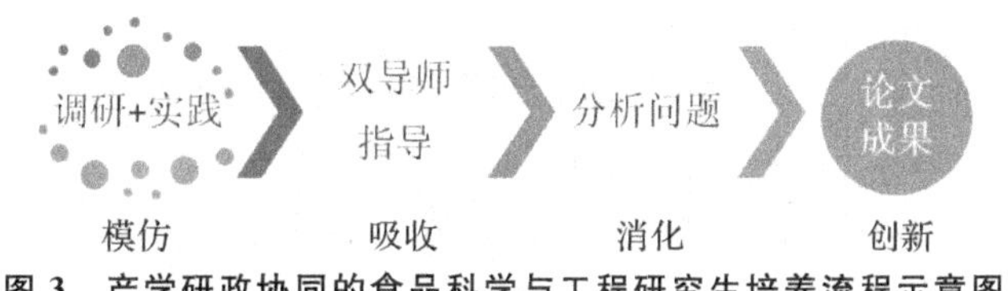

图 3 产学研政协同的食品科学与工程研究生培养流程示意图

（三）产学研政协同培养质量的管控

产学研政协同的研究生培养模式的最大特点在于能够更直接地将知识、技术转化为生产力，其研究成果具有多样性，但也因此很难对培养质量进行有效的评估和有力的管控。针对这一问题，浙商大食品学院将技术转化的运行与培养质量的管控联系在一起，建立了多方培养、齐抓共管的质量管理体系。

一方面，协同中心建立了技术转化流程和导师管理机制，理顺了产学研政各方单位的权责利关系，制订了任务分担和利益分享规章。同时，抽调了各方单位的骨干组成导师督察小组，主要承担导师聘任、开题审查、成果论证等工作，对优秀的导师及课题组进行奖励，对表现不佳的导师酌情撤换。

另一方面，协同中心实行“严进严出”的原则，对学生的研究内容每学年进行产学研政四方联合评估，并制订了对研究生培养成果的分类考核体系：对以科学问题类为导向培养的研究生，主要对其课程学习、学术活动参与度、论文的系统性和专业性等进行考评；对以工程问题类为导向培养的研究生，主要考查其对于产业问题的解决能力，重点关注其对专利的研发；对以政策问题类为导向培养的研究生，重点考查其对于国家政策与产业关系的理解能力和阐述能力；等等。对于考评优秀的研究生，协同中心设立了创新奖学金、研究生科研成果突出奖等，用于激励研究生的创新意识和科研能力。

四、结　语

本文以浙商大食品学院的研究生协同培养模式为例进行了分析，以期对基于产学研政协同模式的研究生培养有一定的借鉴作用，从而为国家培养出食品安全方面更优秀的人才。

参考文献

[1] 屠康，马龙. 美国和德国食品科学与工程高等工程教育的特色及启示[J]. 中国农业教育，2013(3)：49-52，65.

[2] 周启海，郑树明，李燕. 对加强产学研政联盟提高科技创新能力问题的几点建议[J]. 学理论，2010(23)：249-250.

[3] 陈吉忠，王益，张俊，等. 食品科学与工程学科研究生教育创新人才培养之探索[J]. 华中农业大学学报(社会科学版)，2004(4)：100-102.

[4] 范三红，张锦华，李晨. 食品科学与工程专业研究生教育教学体系改革与创新探索[J]. 教育教学论坛，2017(11)：230-231.

基于研究生自我管理教育的综合测评体系构建
——以浙江工商大学食品与生物工程学院为例

陈晓艺　廖　文

（浙江工商大学　食品与生物工程学院　浙江杭州　310018）

摘　要：当今社会越来越需要能将理论与实践紧密结合的复合型人才，而自我管理能力在现代社会竞争中也越来越能反映一个人才的水平。因此，促进研究生自我管理能力的提升是高校紧迫而又重要的任务。根据2013年财政部、教育部和2014年浙江省财政厅、教育厅印发的相关文件，各高校要构建起与研究生学业奖学金配套的综合测评体系，依托综合测评体系这个抓手，创新研究生自我管理教育模式，这些有利于构建和谐的研究生成长成才的环境，促进研究生培养水平和培养质量的提升。

关键词：自我管理教育　综合测评　模块　体系

一、研究生自我管理教育的紧迫性与必要性

自我管理能力是指按照一定的目标，依靠主观能动性，有意识、有目的地对自己的思想、行为进行转化或控制的能力。[1]随着整个社会大环境的变化和我国高等教育事业的快速发展，研究生数量与日俱增，研究生就业难、就业差的问题随之出现。社会对于毕业研究生的素质能力要求越来越高，自我管理能力在现代社会竞争中也越来越能反映一个人才的水平。一系列新特点、新问题的出现，要求高校不断提升管理、服务水平。在研究生教育阶段，高校势必要进行全方位调整以适应新情况，而这其中针对研究生的自我管理教育不可忽视。

（一）高等教育环境不断发展决定了研究生自我管理教育开展的紧迫性

党的十九大报告指出，经过长期努力，中国特色社会主义进入了新时代，这是我国发展新的历史方位。纵观研究生教育发展历程，改革开放至今，我国的研究生招生规模不断扩大，日益呈现出培养模式多样化等特点。与此同时，研究生管理也面临着诸多挑战，新时期高校在校生既是教育管理的对象，又是教育管理的主体。《普通高校学生管理规定》（教育部41号令）在2016年12月修

订通过，其中第一章第五条新增内容包括鼓励和支持学生实行自我管理、自我服务、自我教育、自我监督。第二章第六条第五点提出，在校内组织、参加学生团体，以适当方式参与学校管理。[2]这些规定可以理解为对学生在校期间自我管理和教育的引导，学生不仅仅是被管理、被服务，同时更要主动参与到高校对学生的管理、教育、服务及监督过程中。

（二）开展研究生自我管理教育是培养高等人才的需求

高校永恒的主题是教育，根本任务是人才培养，中国大学承担着四项职责，分别是人才培养、科学研究、社会服务和文化传承创新。[3]当今社会竞争日益激烈，社会越来越需要能将理论与实践紧密结合的复合型人才，自我管理能力越来越能反映一个人才的水平。这要求学生不仅要关注科研学习，还要提高自我管理能力，提升综合素质。因此，开展研究生自我管理教育是培养高等人才的需求，促进研究生自我管理能力的提升是高校紧迫而又重要的任务。

（三）开展自我管理教育是增强研究生独立自主能力的内在要求

本科毕业后直接读研的研究生，并没有真正接触过社会，依然是在父母、老师的庇佑和保护下成长，对父母、老师的依赖性较强，独立自主能力不够强。不少同学在读研期间也会迷茫空虚，对于学习、生活无计划无安排，遇到挫折时心理承受能力差。开展研究生自我管理教育是增强研究生主动性、独立性的内在要求；通过自我管理教育，可以提高研究生的综合素质，培养他们的应变能力、合作精神，督促他们更好地把握自己的生活，以及在未来更加快速地融入发展的社会中。

二、依托综合测评体系开展研究生自我管理教育的可行性

2013年财政部、教育部印发《研究生学业奖学金管理暂行办法》（财教〔2013〕219号），2014年浙江省财政厅、教育厅印发《关于做好研究生奖助工作的通知》（浙财教〔2014〕3号），根据以上文件精神，结合实际，浙江工商大学印发了《研究生学业奖学金管理暂行办法的通知》（浙商大研〔2014〕236号）。

研究生综合测评是以考核与评价研究生综合素质为目标，对研究生在德育、智育、个性发展、创新素质等方面进行综合评价。研究生综合测评体系是与学业奖学金相对应的综合评价体系，综合测评结果直接与学业奖学金等级评定挂钩。综合测评体系的建立是落实学业奖学金管理办法，进一步深化研究生教育改革、提高研究生培养质量的必然要求。

(一)浙江工商大学研究生综合测评体系内容

浙江工商大学研究生综合测评体系包含德育、智育、素质拓展和创新四个模块。德育模块考察研究生在践行社会主义核心价值观方面的情况,智育模块考察研究生在测评学年内所修课程的学习情况,素质拓展模块考察研究生在个性化发展方面的情况,创新模块考察研究生在学术研究和创新实践方面取得的成果。

综合测评具体针对上一年度同学们的综合表现展开评比,每年测评一次,评出一、二、三等奖,获奖等级直接与学业奖学金挂钩。以浙江工商大学食品与生物工程学院为例,硕士研究生综合测评分为三个档次:一档对应学业奖学金一等奖,奖金 12 000 元;二档对应学业奖学金二等奖,奖金 10 000 元;三档对应学业奖学金三等奖,奖金 8000 元。

(二)综合测评对研究生有引导激励作用

综合测评对研究生有引导激励作用,主要体现在两个方面:奖学金覆盖面广、奖学金额度可观。

研究生在校两年半时间内可以参评的奖学金种类不多,以浙江工商大学为例,主要包括国家奖学金、学业奖学金、贝因美奖学金、金家麟奖学金、汪贤进奖学金和纪中奖学金等。在这其中只有学业奖学金是在校期间每个学生都可以申请的,其他的奖学金则是优中选优,需要在符合条件的情况下,经过学院、学校层层选拔才能获得。以 2015 年度纪中奖学金为例,食品与生物工程学院有 1 位硕士研究生获奖;2016 年金家麟奖学金,食品与生物工程学院有 2 位硕士研究生获奖。上述奖的获奖比例均达不到 1%,获奖难度可见一斑。而根据近三年的学业奖学金获奖结果统计,浙江工商大学食品与生物工程学院研究生学业奖学金覆盖率达到 100%。所以,除了少部分特别优秀的学生会关注和申请其他奖学金以外,绝大部分同学都会不约而同地更加关注获奖面广的学业奖学金。

奖学金额度方面,以浙江工商大学食品与生物工程学院为例,目前政策是硕士研究生每年收取 8000 元学费,而学业奖学金最低额度也是 8000 元,完全可以实现学费全额覆盖。另外,获得一等学业奖学金即相当于额外获得 4000 元奖励,获得二等学业奖学金即相当于额外获得 2000 元奖励,这对于在校学生来说无疑是一笔可观的奖励。

大多数研究生都或多或少有经济独立的想法,对于覆盖面广、有较大希望争取且额度较大的物质奖励自然非常关注。因此，综合测评对于在校研究生的激励作用显而易见。

(三)综合测评体系为提升研究生自我管理能力提供了制度平台

在高校研究生自我管理教育的过程中，健全合理的规章制度发挥着巨大的作用与影响。因此，针对研究生自我管理教育的发展，高校也应该加强相应制度建设工作，从而通过发挥制度的作用来激励、约束学生，达到教育效果，提高研究生的自我管理能力。

综合测评体系涉及德育、智育、素质拓展、创新等模块。利用这些模块，依托综合测评体系这个制度平台的同时，还可以进一步构建道德教育、宿舍管理、文体活动、研究生会等各方面的制度，从而在加强对研究生的日常规范和管理的同时，提升研究生的自我管理能力，促进学生自我管理、自我教育和自我成长。

三、基于研究生自我管理教育的综合测评体系的实践

(一)以德育模块为导向，加强自我思想管理

德育模块主要考察研究生在践行社会主义核心价值观方面的情况，由评议成绩和记实考核两部分组成。评议内容包括政治素养、法制观念、诚实守信和团队协作，评议成绩是由研究生本人导师、研究生代表、辅导员三方打分获得。记实考核包括两方面：一方面是针对研究生参与社会公益活动、志愿服务活动和其他有突出表现的事迹进行记录和评价；另一方面是针对违反法律、法规和学校规则等行为的记录。

通过评议成绩和记实考核两项指标，学院按照研究生培养要求，有目的、有计划、有针对性地对研究生施加思想、政治和道德等方面的影响，将德育融入具体的社会服务中，在实际的服务工作中提升研究生的自我思想管理，培养研究生的社会责任感。同时，通过研究生自身积极的认识、体验与践行，使其逐渐形成研究生所需要的品德，促进研究生自我思考，进而提升自我思想管理能力。

(二)以智育模块、创新模块为杠杆，促进自我成绩管理

智育模块主要考察研究生在测评学年内所修课程的学习情况，测评年度内所有成绩的加权平均分即是智育模块得分。创新模块主要考察研究生在学术研究和创新实践方面取得的成果。

通过智育模块、创新模块这两根杠杆，一方面，研究生更加重视课程成绩，到课率明显提高，积极参加课堂学习，课堂上主动与授课老师互动，认真准备课程期末考试；另一方面，研究生积极投身于科学研究中，进入实验室做实验，热忱于参与导师的科研项目，发表高水平论文，申请专利，主动参加学校的研究生科研项目及各类学科类竞赛。课堂上，让研究生回归学生本职，改善了学风，提高了研究生的各门课程成绩；课堂外，加强了导师与研究生的交流合作，促进了研究生科学研究水平的提升。

(三)以素质拓展模块为依托，提升自我综合素质管理

素质拓展模块重在考察研究生在个性化发展方面的情况，主要包括学生组织任职情况，参加创业实践活动、文体活动、境外学习交流活动及校内外挂职等方面的情况。

当下，随着高等教育的改革和发展，大学生群体规模不断壮大，青年学生成长成才的渴望进一步增强。在这种形势下，全国高校的各类科技、文艺、体育等活动百花齐放，学生社团得到快速发展，呈现出积极、健康的态势。同时，专为研究生筹备开展的活动也日渐丰富。研究生不仅仅局限于在课堂上、在实验室里学习和研究，也要积极投身各类校级、院级学生组织，参与文体活动、非学术类比赛、国际交流活动等。以浙江工商大学食品与生物工程学院为例，理工科的学生相比较文科的学生来说，性格更加内敛，不大善于交际。依托素质拓展模块，学院鼓励研究生进行多方面发展，走进第二课堂，自己组织、参与学校各类活动，在此过程中培养与人相处、与人合作的能力。这对于提升研究生自我综合素质管理水平、引导学生适应社会、促进学生成才就业，具有重要意义。

(四)以学院特色为导向，引导研究生的自我管理

不同学院要依据本学院实际特点，结合研究生培养目标，因地制宜地细化综合测评体系，使其更适合本学院研究生的培养和发展。以食品与生物工程学院为例，学院为了使测评体系更加科学化，同时也为了鼓励研究生加强科学研究，在学校综合测评体系框架的基础上进一步将学业奖学金分为综合型学业奖学金和创新型学业奖学金。

综合型学业奖学金主要用于奖励在德育、智育、素质拓展方面表现突出的学生。创新型学业奖学金主要用于奖励在科研、科技竞赛、创新创业等方面表现突出的学生。参评学生可根据评奖年度内本人的实际情况在两种奖学金类

型中选择一种参评，学院奖学金评审小组根据申报人数按比例进行评奖。在评审方面，针对申请创新型学业奖学金的学生，由学院奖学金评审小组根据他们在创新模块的总分排名评定奖学金等级；针对申请综合型学生奖学金的学生，由学院奖学金评审小组根据他们在德育、智育、素质拓展三个模块的总分排名评定奖学金等级。

这样一来，就把选择权交到研究生手上，需要他们对自己的实力水平有清晰的认知，同时还要对同一届的其他研究生有所了解，提前给自己定位，在综合权衡之下选择申报综合型学业奖学金或创新型学业奖学金，并朝着这个目标努力。在这一过程中，研究生培养了自我选择、自我规划和自我管理能力。

四、关于完善研究生综合测评体系的思考

英国思想大师怀特海在《教育目的》一书中写道："发展的本能来自内部，发现是由我们自己做出的，纪律是自我约束，成果是来自我们自己的首创精神。"[4]依托综合测评系统深入研究生自我管理教育，从根本上说，是在做人的工作，激励他们自觉成为德才兼备全面发展的人才。

与本科生素质测评体系相比较，研究生综合测评体系建立时间较短。以浙江工商大学为例，从 2015 年开展研究生综合测评至今，只经历了三年时间，各项指标和权重有必要进一步科学化，具体内容还要综合学院、学生、导师、管理人员等的意见和建议不断改进完善，从而让综合测评更好地为研究生的培养服务，使综合测评系统更好地为促进研究生各项自我管理水平的提升而服务。

参考文献

[1] 用新思想锤炼合格党员[DB/OL]. (2017-11-28). http://sky.cssn.cn/dzyx/dzyx_gwpxjg/201711/t20171128_3756954.shtml.

[2] 教育部. 普通高等学校学生管理规定[EB/OL]. (2017-02-04). http://www.moe.edu.cn/srcsite/A02/s5911/moe_621/201702/t20170216_296385.html.

[3] 张槃. 对大学的文化传承与创新职能的辩证思考[J]. 云南大学学报(社会科学版), 2013(5): 100-106.

[4] 郭根珠. 浅谈在班级活动中培养学生自我管理的能力[J]. 新教育时代电子杂志(教师版), 2015(10): 71.

高校经济困难生心理健康状况调查与对策研究

林瑜茂　厉　蓉

（浙江工商大学　管理工程与电子商务学院　浙江杭州　310018）

摘　要：随着高等教育的大众化，高校经济困难生的数量在逐年增加。作为高校中的一个特殊群体，经济困难生不仅承受着经济压力，也更容易在对比中产生心理健康问题。本文通过问卷调查，运用实证研究的方法，分别从心理环境、认知、情绪情感等方面对比分析经济困难生存在的心理健康问题，并从思想政治教育、经济资助机制和心理健康教育体系等几个方面提出行之有效的解决措施，以期为高校的政治教育工作者针对经济困难生的心理健康教育提供参考和借鉴。

关键词：经济困难生　心理健康　对策研究

在扩大高等教育规模和推进高校收费改革的过程中，由于经济发展不平衡等多种原因，使高校中经济困难生的数量持续增加；因经济压力而产生的个性特征和心理健康方面的负性变化也随之产生，因此在关注经济困难生的同时，要充分关注他们的"心理贫困"。

2006年，宁夏大学教育科学学院心理健康教育中心主持完成的调查报告指出，经济困难生的抑郁状态普遍高于非经济困难生。调查显示，约73.27%的经济困难生对生活状况不满意，64.51%的经济困难生体会不到生活的幸福，52.53%的经济困难生存在抑郁状态或抑郁倾向。相关研究报告也说明了这个问题："经济困难生具有突出的抑郁倾向，其抑郁状检出率高达51%，远远高于其他人群，SDS标准分在50—60分之间为轻度忧郁，占35.34%；中度忧郁（60—70分）占12.7%，重度忧郁（70—80分）占3%，均高于普通大学生。"[1]

纵观已有的关于经济困难生心理问题的研究，主要停留在定性描述上，而且缺乏系统的从心理结构上进行的研究，导致在对经济困难生进行思想教育和心理疏导时缺乏系统化的心理学理论指导。本文运用已有的心理学相关理论和大学生心理健康标准，通过一定量的问卷调查，揭示经济困难生心理健康方面存在的问题及其原因，并根据调查结论提出针对性的对策。

一、研究思路和变量设计

本文在内容的构成方面分为三个部分，第一部分的研究为描述分析，通过对调查问卷的统计分析，明确高校经济困难生的心理健康现状；第二部分的研究为解释研究，通过交叉分析、独立样本 T 检验等统计方法，对研究对象从心理环境、认知问题、情绪情感三个方面进行深入的分析；第三部分主要是根据统计分析的结果来提出相应的对策建议。

为真实了解高校经济困难生的生活情况，切实关注经济困难生的心理健康，本文采用定量研究的方法，利用心理健康问题所包含的内容作为了解问题的切入点，进行问卷制作和调查分析。笔者选取浙江工商大学的 300 名学生作为本次问卷调查对象，问卷发放 300 份，回收 295 份，回收率为 98.3%；有效问卷为 293 份，有效回收率为 97.7%。在被调查的 293 名大学生中，男生 119 名，约占 40.6%；女生 174 名，约占 59.4%。大一、大二、大三和大四学生分别为 79 人、75 人、76 人和 63 人，分别占 27.0%，25.6%，25.9%和 21.5%。其中，独生子女为 138 人，约占 47.1%；非独生子女 155 人，约占 52.9%。经济困难生 120 人，约占 41.0%；非经济困难生 173 人，约占 59.0%。样本具体构成见表 1。

本文利用 SPSS 17.0 统计软件，主要运用交叉分析、独立样本 T 检验等统计方法把非经济困难生和经济困难生在各方面的数据进行横向对比和分析。

表 1　样本基本情况

	变量	样本量	百分比
性别	男	119	40.6%
	女	174	59.4%
生源	城市	109	37.2%
	农村	184	62.8%
年级	大一	79	27.0%
	大二	75	25.6%
	大三	76	25.9%
	大四	63	21.5%

续 表

	变量	样本量	百分比
家庭收入	2000 元以下	103	35.2%
	2000—5000 元	3	1.0%
	5000—8000 元	58	19.8%
	8000 元以上	129	44.0%
	独生	138	47.1%
	非独生	155	52.9%
经济状况	经济困难生	120	41.0%
	非经济困难生	173	59.0%

资料来源：根据问卷统计数据整理。

二、统计分析

(一)心理环境方面存在的问题

心理环境是指在主体已有的认知经验指导下，以现实的客观环境为认知对象，以个体的心理感知为基础，而形成的以主体为中心，由普遍的心理认同要素所构成的环境。[2]良好的心理环境对个体的心理健康有积极的促进作用，而不良的心理环境则会增加个体的心理负担和压力。样本心理环境方面的调查结果如表 2 所示。

表 2 心理负担和压力调查统计表

变量	指标	非经济困难生占比	经济困难生占比	F 值
学习动机	强	28.4%	61.6%	8.428***
	一般	49.5%	30.5%	
	弱	22.1%	7.9%	
学习感受	有困难	66.0%	34.0%	3.815**
	一般	24.5%	45.5%	
	没有困难	9.5%	20.5%	

续 表

变量	指标	非经济困难生占比	经济困难生占比	F值
学习情绪反应	紧张、焦虑、恐惧	55.2%	74.8%	4.143**
	轻松	30.4%	19.6%	
	无所谓	14.4%	5.6%	
为学费、生活费担心	经常	38.2%	81.8%	13.495***
	偶尔	32.6%	18.2%	
	没有	29.2%	0	
就业压力	很大	63.6%	84.5%	2.344
	一般	37.4%	13.7%	
	没有	0.9%	1.8%	

注：* $p<0.05$，** $p<0.01$，*** $p<0.001$。

1.偏重的心理负担和压力

从表2中我们可以看出，在关于学习动机方面的调查内容的回答上，认为学习动机强的非经济困难生与经济困难生的比例分别为28.4%和61.6%，认为一般的非经济困难生与经济困难生比例分别为49.5%和30.5%，认为学习动机弱的非经济困难生与经济困难生的比例分别为22.1%和7.9%；并且通过独立样本T检验输出的F值及p值可以看出，非经济困难生和经济困难生在学习动机($F=8.428$，$p=0.000<0.001$)上呈现出统计显著性，即二者存在显著差异；在关于学习感受方面的内容调查中，认为学习存在困难的非经济困难生与经济困难生的比例分别为66.0%和34.0%，认为学习没有困难的非经济困难生与经济困难生的比例分别为9.5%和20.5%，并且二者存在显著性差异($F=3.815$，$p=0.005<0.05$)；在学习情绪反应方面，感觉到紧张、焦虑、恐惧的非经济困难生与经济困难生的比例分别为55.2%和74.8%，且存在显著性差异($F=4.143$，$p=0.002<0.05$)，这表明经济困难生在学习方面的负面情绪要高于非经济困难生，因学习压力所带来的一系列心理健康问题会对其发展产生不利影响。

在为学费和生活费用担心方面，非经济困难生与经济困难生经常担心的比例分别为38.2%和81.8%，有32.6%的非经济困难生和18.2%的经济困难生偶尔为学费、生活费担心，且二者呈现出统计显著性，即存在显著差异性($F=13.495$，$p=0.000<0.001$)。这表明经济困难生的家庭经济困难导致他们的学费、生活费长

期没有保障，沉重的经济压力使得他们经常陷入紧张、焦虑和恐惧的情绪之中。

通过表 2 还发现，非经济困难生和经济困难生在就业压力上感觉很大的比例分别为 63.6％和 84.5％，感觉压力一般的比例分别为 37.4％和 13.7％，二者在就业压力上虽然存在差异，但是其 F 值并未呈现出统计显著性（F＝2.334，p＝0.055＞0.05）。这表明非经济困难生和经济困难生在就业方面感受到的压力并没有显著的差异。

2. 较为严重的封闭和自卑心理

封闭是把自己的真实思想、情感、欲望掩盖起来，是一种对环境不适的病态心理现象，其影响学习和工作，妨碍自身的全面发展。自卑是个人由于某些生理缺陷或心理缺陷及其他原因而产生的轻视自己、认为自己在某个方面或某些方面不如他人的情绪体验，也是导致交往恐惧的重要原因。从表 3 中我们可以发现以下几点内容。

表 3　封闭和自卑心理的调查统计表

变量	指标	非经济困难生占比	经济困难生占比	F 值
对人际交往的态度	很重要	58.9％	70.0％	1.728
	一般	35.3％	29.2％	
	无所谓	5.8％	0.8％	
人际交往的感受	轻松愉快	63.7％	11.2％	8.428***
	紧张困难	21.5％	56.1％	
	交往平淡	11.4％	23.6％	
	与个别难以交往	3.4％	9.1％	
人际关系评价	较好	51.9％	21.3％	4.118**
	一般	35.3％	58.7％	
	较差	12.8％	20％	
影响人际交往原因	自卑	21.9％	60.4％	2.939*
	沟通障碍	43.6％	11.9％	
	不信任他人	19.2％	10.6％	
	羞怯心理	15.3％	17.1％	

注：* p＜0.05，** p＜0.01，*** p＜0.001。

经济困难生内心交往意愿与自我感受交往结果形成反差。在对待人际交往的态度上，有 58.9%的经济困难生认为很重要，说明他们内心交往的欲望非常强烈，这和非经济困难生的 70.0%的认同相一致，其 F 值未呈现出统计显著性（F=1.728，p=0.143>0.05）；然而在人际交往的感受上，仅有 11.2%的经济困难生认为自己的人际交往是轻松愉快的，而非经济困难生中则有 63.7%的学生认为自己的人际交往是轻松愉快的，二者存在显著性差异（F=8.428，p=0.000<0.001）。

在人际关系评价方面，经济困难生的评价较低。在对自己的人际关系的评价中，仅有 21.3%的经济困难生对自己的人际关系评价为“较好”，而非经济困难生对自己的人际关系评价为“较好”的高达 51.9%；认为自己人际关系一般的非经济困难生和经济困难生的比例分别为 35.3%和 58.7%，可以看出二者在人际关系评价上存在显著差异性（F=4.118，p=0.003<0.01）。即经济困难生由于各种原因在人际交往中处于被动位置，感受不到人际交往所带来的愉快和便利，使自己的人际关系处于一种意愿高、评价低的矛盾当中。

经济困难生的人际交往障碍来自严重的自卑心理。在影响人际交往的因素中，经济困难生的自卑成为首要因素，占比达到 60.4%；而在非经济困难生中，自卑因素仅占 21.9%，二者存在显著差异性（F=2.939，p=0.021<0.05）。表 3 中的数据差异表明，自卑是影响经济困难生进行人际交往最主要的因素。

（二）认知及价值观方面存在的问题

认知是指人认识客观事物、反映客观事物的特性与联系，并揭露客观事物对人的意义和作用的心理活动。[3] 良好的认知对心理健康起推动和维护作用，片面错误的认知和非理性的认知往往会直接导致个体产生不良情绪，这不利于心理健康和个人发展。高校经济困难生在心理健康方面存在的问题还表现在认知方面，本文通过问卷从经济困难生对金钱的看法，对贫困的看法、应对方式、态度和归因影响等几个方面展开认知调查，结果如表 4 所示。

表 4　关于认知问题的调查统计表

变量	指标	非经济困难生占比	经济困难生占比	F 值
对金钱的认识	必要但不是唯一	89.9%	78.4%	2.282
	无所谓	4.6%	5.1%	
	有钱就有一切	5.5%	16.5%	

续 表

变量	指标	非经济困难生占比	经济困难生占比	F值
对贫困的看法	暂时的	96.1%	61.8%	2.939*
	听天由命	2.4%	19.7%	
	出身不好	1.5%	18.5%	
对待贫困态度	害怕别人知道	2.7%	31.2%	4.143**
	坦然	89.6%	63.8%	
	无所谓	7.7%	5.0%	
遇到困难归因	家庭出身	12.8%	28.4%	6.972***
	自身能力	85.3%	33.1%	
	社会不公	1.9%	38.5%	

注：* $p<0.05$，** $p<0.01$，*** $p<0.001$。

从表4中的数据可以看出，在对金钱的认识方面，经济困难生和非经济困难生中的大部分虽然都能认识到金钱是生活的必要条件(非经济困难生中的89.9%、经济困难生中的78.4%)，但是选择“有钱就有一切”的经济困难生占16.5%，而非经济困难生则仅占5.5%，说明部分经济困难生对金钱的看法存在极端化。在对贫困的看法中，二者中的大部分都认为是暂时的(经济困难生占61.8%、非经济困难生占96.1%)。而选择“听天由命”和“出身不好”的经济困难生为19.7%和18.5%，而非经济困难生为2.4%和1.5%，存在显著差异性($F=2.939$，$p=0.021<0.05$)。在对待贫困态度方面，选择“害怕别人知道”的经济困难生占31.2%，非经济困难生为2.7%；选择“坦然”的经济困难生占63.8%，非经济困难生为89.6%，数据的差异说明部分经济困难生表现出不敢面对社会现实和逃避现实的心理。在遇见困难归因方面，经济困难生归为“家庭出身”的占28.4%，而非经济困难生归为“家庭出身”的占12.8%；经济困难生归为“自身能力”的占33.1%，而非经济困难生归为“自身能力”的占85.3%；经济困难生归为“社会不公”的占38.5%，而非经济困难生归为“社会不公”的占1.9%，二者存在显著差异性($F=6.972$，$p=0.000<0.001$)。从表4可以看出，大多的经济困难生把造成困难的原因归为“社会不公”，认为非自身能力所致，对社会表示不满，出现了对社会问题的理解偏差。数据比例上存在的巨大差异表明，部分经济困难生对社会的贫富悬殊

等问题的认识比较偏激，情绪化更为突出，对经济困难生的心理健康也产生了不利影响。

(三)情绪和情感方面存在的问题

情绪和情感都是对客观事物是否符合人的需要与愿望、观点而产生的体验，是人的需要得到满足与否的反映。[4]高校经济困难生心理健康方面存在的问题还表现在情绪、情感方面，本文依据情绪和情感表现形式进行问卷设计和调查，从经济困难生的情绪情感稳定性，受情绪情感困扰的情况、种类、原因及方式展开情绪情感调查，调查数据见表5。

表5 关于情绪情感问题的调查统计表

变量	指标	非经济困难生占比	经济困难生占比	F值
情绪情感稳定性	稳定	67.2%	33.7%	3.815**
	不稳定	32.8%	66.3%	
受情绪情感困扰的情况	经常	32.6%	70.1%	3.459**
	偶尔	22.1%	23.4%	
	很少	45.3%	6.5%	
不良情绪种类	焦虑	24.2%	27.3%	2.430*
	自卑	9.8%	36.1%	
	抑郁	36.2%	12.4%	
	压抑	11.5%	10.1%	
	恐惧	18.3%	14.1%	
情绪问题原因	学习困难	20.0%	27.4%	2.178*
	经济困难	4.8%	41.7%	
	失恋	24.9%	11.3%	
	人际关系紧张	13.7%	8.7%	
	担心前途	28.8%	9.2%	
	身体原因	7.8%	1.7%	

续 表

变量	指标	非经济困难生占比	经济困难生占比	F值
情感困扰应对方式	自己解决	59.9%	34.7%	7.967***
	逃避自责	3.7%	33.2%	
	怨天尤人	2.5%	17.6%	
	找朋友倾诉	21.4%	8.9%	
	向父母、老师求助	12.5%	5.6%	

注：* $p<0.05$，** $p<0.01$，*** $p<0.001$。

1. 情绪情感不稳定

从本次的情绪情感稳定性调查结果来看，经济困难生的情绪情感稳定性比非经济困难生要差。在对自己情绪情感稳定性的评价中，选择“稳定”的非经济困难生占67.2%，经济困难生仅占33.7%；选择“不稳定”的非经济困难生仅占32.8%，而经济困难生则高达66.3%，二者存在显著差异性（$F=3.815$，$p=0.005<0.01$）。在对是否受到情绪情感困扰中，选择经常性的非经济困难生远远低于经济困难生（非经济困难生占32.5%、经济困难生占70.1%）；选择很少受到困扰的，非经济困难生占了45.3%，而经济困难生则仅占6.5%，二者存在显著差异性（$F=3.459$，$p=0.009<0.01$）。经济困难生正处在青春期，处于生理与心理走向成熟的时期，他们在诸多矛盾冲突中成长，他们的情绪更加多变和不稳定，这也将对他们的学习、生活、身心健康等造成很明显的影响。

2. 较为严重的负面情绪

在困扰自己的不良情绪情感的调查中显示，困扰经济困难生的不良情绪情感依次为自卑（36.1%）、焦虑（27.3%）、恐惧（14.1%）、抑郁（12.4%）、压抑（10.1%）。经济困难生的不良情绪情感表现为经常性的焦虑和忧郁，急于证实自己的价值，又对外界舆论异常敏感，在内心中无法对自我进行求证，因而转移为希望得到外界的求证，如果经常陷于这些不良情绪情感中不能自拔，或者对这些情绪体验的强度较大和持续时间较长，就会妨碍学习和生活，影响他们的身心健康和发展。

3. 应对情绪情感困扰的方式存在不足

应对方式就是指在应对过程中继认知评价之后所表现出来的具体的应对活动，是应激与健康的中介机制，对身心健康有重要影响。[5]如表5所示，在应对情绪情感困扰时，选择“自己解决”的，非经济困难生占了 59.9%，而经济困难生则仅占 34.7%；选择“退避自责”的，非经济困难生占 3.7%，而经济困难生为 33.2%；选择“怨天尤人”的，非经济困难生占了 2.5%，经济困难生为 17.6%；选择“找朋友倾诉”的，非经济困难生占 21.4%，经济困难生为 8.9%，二者存在显著差异性（$F=7.967$，$p=0.000<0.001$）。综合比较，非经济困难生应对情绪情感困扰时，主要的渠道是自己解决和找朋友帮助，显示出了非经济困难生自立自强和人际交往的优势，而经济困难生则除了部分能靠自己解决之外，更多的是选择了逃避和自责。同时，从表 5 中还可以看出，有一部分经济困难生能接受问题、分析问题，自己解决问题，但对向老师、父母或好朋友求助的应对方式使用较少，逃避、自责的应对方式使用较多，甚至一部分学生会抱怨他人。

三、解决高校经济困难生心理健康问题的对策和思考

通过以上数据对比和分析发现，高校经济困难生在心理环境、认知及价值观、情绪及情感等方面存在不同程度的心理健康问题，因此如何帮助经济困难生在得到经济资助的同时，使其思想和心理也得到健康发展，成为摆在高校教育工作者面前的非常现实又必须解决的问题。造成经济困难生心理健康问题的原因是多方面的，高校在对经济困难生进行心理健康教育时应该努力营造一个包括自我调适、思想政治教育、经济资助机制和心理健康教育体系在内的综合性的教育环境。

（一）完善经济困难生救助体系

经济困难是引起高校经济困难生心理健康问题的主要因素，针对目前社会经济救助和高校助学体系存在的不足，我们应该不断完善经济救助体系和缓解经济困难生的经济压力，这是解决高校经济困难生心理健康问题的根本。

第一，不断完善国家和学校的助学贷款工作，将国家政策性银行，如国家开发银行、中国农业发展银行等作为推行助学贷款的主渠道。第二，积极动员社会资助力量，解决经济困难生的经济困难，比如以地域为导向的温商奖学金，或者以专业领域为导向的宝供物流奖学金及各类专项奖学金。

（二）加强对经济困难生的思想政治教育

一方面，要坚持正确价值观的引导，帮助经济困难生走出心理困惑。高校

思想政治工作者要加强对经济困难生的思想教育，引导他们正确看待贫穷，让他们明白贫穷是一种暂时存在的客观现实，是完全可以通过努力而改变的。同时，要帮助广大经济困难生树立正确的价值观，提高经济困难生的自我教育能力。

另一方面，要营造支持经济困难生自立自强的群体氛围。心理素质的培养离不开良好的校园文化氛围，小群体密切的人际互动关系对他们的心理有着重要的影响，高校应重视班级和寝室的作用，在这些小群体、小环境里营造一种相互尊重、相互信任的良好的人际环境，通过经常性地组织学生开展各种丰富多彩的文化、娱乐、体育等活动，让经济困难生感受到集体的温暖，化解孤独、抑郁等不良情绪，进一步增强自信心。

（三）多渠道开展经济困难生心理健康教育

第一，利用网络开展高校经济困难生心理健康教育。通过调查发现，与非经济困难生相比，经济困难生较少寻求工具和社会性支持，较少通过与他人交流或在朋友中寻求帮助的安慰，也不善于通过其他娱乐活动来缓解内心的压力。网络则能很好地解决这一问题。通过设置心理知识讲座、心灵对话、案例讨论、心情卡片等栏目，让教师与学生、学生与学生之间实现互助与交流，弥补传统的心理健康教育方式的不足，让教师能够更多地了解和解决经济困难生的心理问题，从而取得更有效的教育效果。

第二，做好经济困难生的心理咨询工作。在个别辅导的过程中，教师应表达对经济困难生的理解与支持，采用情绪疏导、认知调节和行为指导等基本方法，鼓励经济困难生直面环境和压力，培养正确的自我意识，从而支撑起他们的内心世界和精神世界。同时，可以利用课堂、校园文化阵地、网络和心理咨询等多种途径开展心理健康教育活动，对于克服出现的自卑、封闭、焦虑等问题有很好效果。通过以上对策，相信最终会使高校经济困难生的心理健康问题得到妥善解决，实现其身心健康和自我发展。

参考文献

[1] 程丹．对高校贫困生心理健康教育工作的思考[J]．南方青少年研究，2000(3):35-36.

[2] 王卫红．心理学通论[M]．重庆：西南师范大学出版社，2003.

[3] 谢炳清，伍自强，秦秀清. 大学生心理健康教程[M]. 武汉：华中科技大学出版社，2004.

[4] 罗洪铁，周琪，张家建. 人才学原理[M]. 成都：四川人民出版社，2006.

[5] 熊建圩，王巧云. 大学生心理健康教育教程[M]. 上海：上海交通大学出版社，2006.

高校辅导员转岗问题研究

石周燕　孙一凡

（浙江工商大学　管理工程与电子商务学院　浙江杭州　310018）

摘　要：现今，辅导员的无序转岗对辅导员的职业化和专业化提出挑战。辅导员转岗的原因有理想和现实的冲突、生活和工作的矛盾及职业身份和尊严的错位。正确看待辅导员转岗问题，提供制度保障、解决现实问题和克服职业倦怠是实现辅导员队伍可持续发展的有效途径。

关键词：辅导员　转岗　职业化　专业化

2014年3月25日，教育部以教思想政治〔2014〕2号印发《高校辅导员职业能力标准（暂行）》，定义辅导员是高校教师队伍和管理队伍的重要组成部分，具有教师和干部的双重身份。根据教育部的数据，2015年，全国高校专职辅导员的人数已经超过13万。但是，目前我国辅导员队伍职业化、专业化程度较低，由于工作繁重、认可度和薪资待遇不高等问题，高校辅导员队伍并不稳定，流动性很高，高校辅导员转岗和离职的现象较为常见。

辅导员转岗是指原担任辅导员工作的个人，在学校内部招聘或者聘岗过程中，经过学校批准之后转往其他教职和管理岗位的现象。长期以来，辅导员的职业化和专业化是针对辅导员的研究的重点，而辅导员转岗现象一直存在却又被忽视，国内的相关研究基本属于空白，因此对高校辅导员转岗问题的研究有很强的现实意义。

一、高校辅导员转岗的研究意义

近期笔者对国内高校的调查研究表明，在辅导员离职去向中校内转岗占绝大多数。对辅导员转岗开展研究有以下三点现实意义。

（一）研究辅导员转岗现象，是提高辅导员职业化、专业化水平的需要

2005年1月，教育部出台了《关于加强高校辅导员班主任队伍建设的意见》，提出要统筹规划辅导员班主任队伍的建设与发展，鼓励和支持工作骨干参加培训进修、长期从事辅导员工作，使辅导员队伍向职业化方向发展，因此高校

辅导员队伍的职业化建设越来越得到重视。要提高辅导员队伍的职业化、专业化水平,就需要留住经验丰富、综合素质和工作能力突出的辅导员人才。

(二)研究辅导员转岗现象,是促进辅导员队伍稳定、保障高校辅导员工作的需要

目前,高校辅导员队伍比较普遍地存在队伍不稳定、职责不清、专业性不强、职业发展不明等问题,辅导员转岗是辅导员队伍中的人才流失。因此研究辅导员转岗现象,对于促进辅导员队伍稳定、保障高校辅导员群体的战斗力大有裨益。

(三)研究辅导员转岗现象,是满足辅导员个人职业发展的需要

辅导员转岗,涉及辅导员自身职业生涯的发展问题,通俗地讲,就是辅导员的出路问题。充分分析辅导员转岗现象背后的因素,可以对辅导员个人职业的发展提供参考意见。

二、高校辅导员转岗的特征分析

高校每年都在招聘辅导员,但辅导员每年都在流失,流动性非常大。通过分析,我们发现,辅导员转岗并非随机的,也有其特征和规律。

(一)辅导员在岗的平均时间为5年左右

王爱祥研究后发现,辅导员离职的平均工作年限是5.1年。[1]刘世勇研究后发现,工作4—7年的高校辅导员的职业信念得分最低,认为所工作年限的不同对高校辅导员的职业信念有显著影响。[2]我们发现,辅导员转岗时的工作年限从2—10年不等,转岗的主要途径是学校内部招聘或者3年一次的绩效聘岗。现在进入高校任专职辅导员的都要硕士研究生,而且部分高校要求辅导员必须带班至少一届就是4年后才能转岗。辅导员带完一届学生后即获得转岗资格,如果恰逢学校聘岗,能力较强的辅导员能在辅导员学工线晋升中留下来,没有机会晋升的辅导员可能会选择去学校内的其他行政部门。同时,带完一届学生之后,辅导员能力得到提升,对学生工作非常熟悉,也开始遇到发展瓶颈和职业倦怠问题。

(二)辅导员转岗男女有差别

女性在就业中通常处于弱势地位。高校招聘辅导员,男女报名的比例一般在5∶1以上,录取比例则女性明显低于男性。也正因为如此,现在越来越多的

高校在招聘辅导员时要求男女人数相同，但是笔试分开，面试集中。工作一个周期之后，男性辅导员转岗的流动性更强，发展空间更大；在转岗的去向上，男性辅导员主要转岗去了人事处、组织部或者宣传部等校级行政机关，而女性则转做教务秘书等院级行政管理岗位。除少数博士辅导员能转成专任教师外，受学历和学科限制，绝大多数高校辅导员转成专任教师的可能性较小。相比较而言，稳定、有寒暑假等条件容易让女性辅导员获得职业舒适感，因此处于就业弱势地位的女性辅导员对职业的认同感高于男性。

（三）辅导员转岗受校内部门欢迎

如果说辅导员“在岗思转岗”是其转岗的内在动力，那么高校内职能部门主动接收辅导员则是辅导员转岗的外在动力。高校行政体系是倒金字塔结构，辅导员处于金字塔的最底端，学校内部各个职能部门布置下来的工作往往落在学院辅导员身上。也正是因为如此，辅导员在纷繁复杂的工作中对高校各个部门的工作职责都有一定的了解；更重要的是，在处理各种问题过程中高校辅导员的组织、协调、沟通等方面的能力得到了提升，所以职能部门在聘岗的过程中更愿意寻找跟自己部门有过接触的学院辅导员。相比于新招聘的应届毕业生或者其他岗位的工作人员，做过几年学生工作的辅导员更容易适应和上手工作，更有竞聘的优势。

三、辅导员转岗的原因分析

高校辅导员在生活和工作中的冲突和矛盾对自我认同感、他人认同感、职业认同感、工作认同感、工作权威性都产生很大影响，进而使得辅导员产生转岗的想法。

（一）理想和现实的冲突

奖学金、助学金和国家助学贷款的发放、班级管理、评奖评优、社团建设、心理健康、职业规划等都是高校辅导员的工作，任务繁重、事无巨细、面面俱到，且事务性工作多，同时辅导员在高校中还接受院校双层领导，一方面接受学工部管理，另一方面接受二级学院党委领导。在以安全稳定为底线的高校中，“24小时不关机”“随时随地接到学生电话”等状态，让辅导员面临巨大的工作压力。在 1∶200 的师生比条件下，做大学生思想的引路人和良师益友更多的是辅导员前进的理想目标，现实中高校辅导员的时间和精力都被纷繁的事务性工作所牵制。“每天都在忙，忙的晕头转向，回过头来却不知道自己在忙什么”成为很多高校辅导员的工作常态，而且是日复一日、年复一年。相比较而言，高校其他部门的工作却轻松很多，早上上班，下午下班，把基本工作做好，不会有学生电话，无疑对辅导员有很大的吸引力。

（二）生活和工作的矛盾

辅导员的工作性质决定了他们的生活和工作容易融合，很难剥离，这也是辅导员工作区别于其他工作的最典型特征之一，单身的时候还容易应对，但是一旦成家矛盾就会凸显。研究生毕业一般 24 岁左右，工作 3 年左右，就要面临成家的问题，一旦步入婚姻，家庭生活会给辅导员带来更大的压力。中国的传统社会要求男性承担家庭生活的主力，高校辅导员虽然收入稳定，但是男性辅导员要买房买车养家的压力不小；对女性辅导员来说，家庭责任和传统观念要求她们不可能像入职那样全身心地投入辅导员的工作中去。尤其是有了孩子之后，辅导员的工作实际和家庭要求之间的矛盾越发突出，特别是女性辅导员，怀孕、哺乳等诸多情况引发的问题难以调和，无形之中加深了辅导员的转岗诉求。

（三）身份和尊严的错位

《中国青年报》曾刊文称“辅导员＝民工的体力＋领袖的头脑＋文员的文笔＋打字员的速度＋侦探的洞察力＋外交官的口才＋教师的知识＋医生的常识＋超级适应力＋神经病的忍耐”，辅导员是高校中处在领导、专业教师、行政人员和学生四者之间的夹心层。政策规定辅导员兼具教师和干部的双重身份，可现实是两边都靠的结果是两边都不靠，教师不是教师、干部不是干部，工作的时候辅导员是行政人员，考核的时候又要看科研。在专业教师眼中，辅导员相当于“保姆”，学生的吃喝拉撒都要管；在学生眼中，辅导员没有专业老师的知识渊博，无法树立教师威信，获得对教师该有的尊敬。在高校行政主导的体系下，在领导和行政人员眼中，辅导员是多面手，是干活的一把好手，随叫随到，办事利索。

四、让辅导员队伍可持续发展的建议

（一）正确认识辅导员转岗现象

《普通高校辅导员队伍建设规定》（2006 年教育部 24 号令）第二十条规定：“高校应把辅导员队伍作为后备干部培养和选拔的重要来源，根据工作需要，向校内管理工作岗位选派或向地方组织部门推荐。”也就是说，教育部门是鼓励辅导员向校内部门转岗的。辅导员转岗会带来年龄普遍年轻化、工作经验断层、不利于大学生思想政治教育的开展等一系列问题，有人甚至认为辅导员转岗是相对于辅导员职业化、专业化政策的倒退。事实并非如此，高校应该支持辅导员转岗，但是应该反对频繁、大面积地转岗，以不影响工作的开展为前提，对辅导员转岗的诉求综合考虑。与此同时，还要纠正对辅导员职业化、专业化的错误认知。高校辅导员职业化包含两层意思：一是指将辅导员工作作为长期的、稳定的甚至终身的职业来规划；二是指辅导员工作状态的标准化、规范化和制度化。[3]辅导员是一项职业，它有一整套的职业标准和技能，这是可以通过学习掌握的，这项职业也有辅导员—学办主任—党委副书记—党委书记等系列晋升通道，是可以作为一项终身事业的。辅导员的专业化与辅导员的职业化是不可分割、密切联系的，辅导员的专业发展是辅导员实现专业化的成长过程，是个体从“普通人”成长为“教育专家”的发展过程，它是一个动态的、灵活的而不是静态、线性的发展过程。[4]

(二)为辅导员发展提供制度保障

辅导员职业生涯发展无非两条路，或者行政级别，或者职称评定，事实上，两条路都不好走。政策规定辅导员可以评定思想政治教育副教授、教授职称，但是辅导员作为行政人员，要坐班；而且事务性工作繁杂，不能如专业老师一样上完课就可以安心做科研，直接导致的结果是大多数辅导员硕士毕业多年后仍是讲师职称，评上高级职称的凤毛麟角。行政级别也是稀缺资源，辅导员—学办主任—党委副书记—党委书记，每前进一步都非常不容易；更有甚者，有些学校对行政职务也有职称要求。行政级别和职称都与个人薪酬水平挂钩，如果两者都无法前进，那么摆在辅导员面前的只有转岗一条路。按照《辅导员职业能力标准》的要求，对辅导员的发展有培训，但是大多数学校没有落实到位，因此务必要加强对辅导员科研素质的培训，同时在职业晋升时杜绝非辅导员线的工作人员占用晋升名额；此外，虽然政策规定辅导员可以教授“大学生心理健康教育”“形势与政策”和“大学生职业生涯规划”等课程，但是在实际工作中也没有得到严格执行。因此务必要让辅导员选择一个专业方向进行教学，掌握必要的课堂教学技巧。

(三)要帮助辅导员克服职业倦怠

高校针对辅导员的管理理念需要转变，以人为本，实现从“控制型”“命令型”的管理向“教育型”“引导型”和“服务型”的转变。[5]领导重视和领导关怀是辅导员克服职业倦怠的前提，领导要把学生工作与教学工作放在同等重要的位置，要关注辅导员的队伍建设。良好的师生关系是解决职业倦怠的基础，辅导员关爱学生，真诚相待，公平、公正地对待每一个学生，只有真心实意地帮助学生成长才能获得学生的信任，辅导员在收获信任的同时也会收获成就感，成就感可以有效地帮助辅导员克服职业倦怠。对于辅导员自身来讲，要及时发现个人存在的职业倦怠情况，主动寻求帮助，积极进行心理调适。学校也应设立专门的针对教师心理问题和职业倦怠的咨询机构，定期对高校教师和辅导员进行心理普查，及时发现问题并进行咨询，除此之外学校还应该多组织工会活动，帮助单身辅导员解决个人问题，更重要的是拓宽辅导员的人际交往圈子，为人际互动增加频率。

五、结　语

高校辅导员频繁、大面积地转岗必然带来队伍的不稳定，进而直接影响到大学生思想政治教育的效果；另外，辅导员的工作性质决定了需要不断地充实新鲜血液，同时人才的流动也有利于资源发挥最大效率。因此，必须正确看待辅导员转岗问题，为辅导员发展提供制度保障，保证辅导员内部晋升通道的畅通，满足辅导员个人职业和专业发展的诉求。优先考虑辅导员在高校内部的向上流动，逐层有序地开展辅导员的转岗工作，才能促进辅导员队伍的可持续发展。

参考文献

[1] 王爱祥. 高校辅导员职业发展评估与分析——基于 E 校 2005—2015 年辅导员流动的实证研究[J]. 思想教育研究，2016(3)：92-97.

[2] 刘世勇，李姣艳，王林清. 高校辅导员职业认同现状研究[J]. 湖北社会科学，2016(1)：178-181.

[3] 徐涌金，章珺. 关于有效推进高校辅导员职业化的思考[J]. 思想政治教育研究，2010(3)：95-97.

[4] 史仁民. 高校辅导员专业发展研究[D]. 大连：辽宁师范大学，2014.

[5] 元昕怡. 高校辅导员职业倦怠克服研究——以上海市部分高校为例[D]. 上海：华东师范大学，2016.

基于霍兰德职业兴趣理论浅析"微时代"背景下大学生的职业选择

应玉燕　王奕鉴　牛　翔

（浙江工商大学　法学院　浙江杭州　310018）

摘　要：霍兰德职业兴趣理论一直被广泛应用于大学生职业规划中，它包括科学的理论基础和测评方法。针对微时代背景下，大学生职业选择多样化、创新化、个体化和功利化的现状，霍兰德职业兴趣理论能够进一步明确大学生职业发展兴趣、提供职业决策的努力方向，并更好地指引大学生自主择业。

关键词：霍兰德职业兴趣理论　微时代　大学生　职业选择

近几年来，随着时代的快速变革和互联网的高速发展，各种新兴网络媒体频繁出现在大众视野中，越来越多的事物以"微"命名。我们正处在"微时代"的客观环境中，我们天天更新的微博、时刻翻阅的微信朋友圈、网络上层出不穷的微话题和微公益广告等，都宣告着"微时代"的到来。微信、微博等新一代网络平台，不仅满足了当代大学生人际交往的社交需求，同时也对大学生的职业选择产生了一定影响。

霍兰德职业兴趣理论作为当下最受欢迎和最具影响力的职业发展理论，从兴趣的角度出发来探索职业偏好，在大学生职业规划和就业指导中发挥着重要作用。因此，本文试图在理性分析"微时代"背景下大学生职业选择特征的基础上，运用霍兰德职业兴趣理论，探讨该理论在"微时代"背景下大学生职业选择中的具体应用，具有重要的理论意义和实践价值。

一、"微时代"背景概述

微信、微博等的广泛普及使"微时代"迅速占领了网络主导地位。微信、微博等的出现宣告着"微时代"的到来，一系列互联网服务等微产品随之而来，并逐步改变着大学生的思想和行为方式。

(一)"微时代"的内涵

"微时代"是以使用微博、微信为主要代表的新时代，其蕴含着文化传播、人际交往、社会心理、生活方式等多种复杂语义。“微时代”的信息传播内容更加丰富，传播渠道更加广泛，传播速度更加快速。目前，“微时代”已发展成为涵盖微博、微信、微语录、微广播、微视频、微电影、微公益等微信息、微文化、微传播、微生活等各种形式在内的一个以“微”见长、无“微”不至的全新时代。对于“微时代”的具体内涵，目前还没有统一的说法和界定。简单来说，“微时代”是指利用新媒体工具搭建平台，通过移动通信技术和简洁的图文影音等载体，实现信息高效传播和互动的时代。

（二）“微时代”的主要特征

1. 微媒体形式多样

近年来，随着智能手机和移动应用的大范围普及，各类微媒体层出不穷，微媒体形式也越来越多样化。人们日常使用的微博、微信、QQ、陌陌等都是常见的微媒体形式。此外，微小说、微电影、微公益、微语录等新兴微媒体形式正在日益壮大，并不断改变着人们的生活方式。微信是我国目前最受大众欢迎的微媒体形式，已经逐渐成为人们娱乐、社交、获取信息的不可或缺的媒介。

2. 微传播速度快

数字信息技术和计算机网络技术的迅猛发展，打破了传统的信息传播方式。“微时代”人们对信息的接收、发布不再局限于台式电脑和网线，可以通过以智能手机、平板电脑等为代表的小巧、便携通信设备随时随地收发电子邮件，浏览网页，登录QQ、微博、微信等进行沟通交流，极大地突破了时空的限制，使信息能够实时更新，传播速度更快。如某人在微信朋友圈发布一条状态，其微信好友会看到，并以其好友为原点裂变式地扩散传播信息，这里的每个人相当于单独的次信息源，促使信息呈几何数量飞速传播，这样的传播速度远高于传统大众传播时代。

3. 微内容题材日常化

相对于传统媒介中依靠大投入形成的媒体内容，微内容短小精悍，其题材往往取自社会热点和个人生活，更反映新时代人们的日常生活和思想动态，体现了最新潮流和社会动态。在微平台中，人们更关注日常生活中的微小事件。“晒”已成为微文化的重要代表，晒自拍、晒旅游、晒情绪，凡是和微民日常生活相关的内容都囊括其中。微民们试图通过碎片叙事的方式，随时随地抒发自己的人生体验，创造出属于微民群体的特殊话语和仪式标准。

4. 微受众群体广泛

在“微时代”中，人人都可以创造自己的微语录，可以自由发表言论，掌握着较大的话语权。以微博和微信为代表，其中每一条信息简洁明了，字数较少。对于微受众来说，信息的编辑和发布不需要像写作那样结构完整、文采优雅、构思严谨。脑海中一闪而过的想法都可成为信息源进行发表，且可以通过智能手机、平板电脑等设备随时随地进行信息的关注和更新，这极大地减轻了信息发布的负担，还激发了普通人畅所欲言的兴致，从而间接削弱了社会公众人士在信息传播中的主导地位。“微时代”下，人人都可参与微公益等活动，传播微文化，尽自己的一份微薄之力。

二、“微时代”下大学生职业选择的特点

“微时代”的到来，不仅对社会，也对个人产生了巨大的影响。当代大学生伴随着新媒体的发展而不断成长，见证了“微时代”的变迁，同时也推动、引领着“微时代”的发展。他们在进行职业选择时，也深受“微时代”和微传播的影响，体现出以下特征。

(一)职业选择“多样化”

近年来，“微平台”的迅速发展时刻影响着企业招聘模式的变革。大部分企业倾向于通过信息技术在微媒体上进行招聘信息的发布、收集与评估。此外，“微时代”的到来衍生出一大批新兴职业，如新媒体建设、网络运营、在线客服等。由于新平台、新机制、新模式的不断增加，新的就业资源和方式不断涌现，就业选择也更加灵活多样。大学生步入职场时，随着就业观念和方式的持续更新，将面临更多更新颖的职业选择，因此大学生就业呈现出多元化趋势。

(二)职业选择“创新化”

“微时代”下的大学生自主性强，他们对自己的职业生涯有初步的规划，对职业发展有特殊要求。因此，“有岗不就”的比例明显上升。大学生伴随着网络的发展而成长，他们见识面广，敢于汲取新知识，拥有丰富的想象力和创造力，这使得他们思维灵活、敢于创新。对于一些在创新能力方面要求较高的职位，如手机游戏体验师、软件开发工程师等，已受到了诸多大学生求职者的青睐，并逐渐展现出超越前辈的“独特风格”。

(三)职业选择“个体化”

受“微时代”下“微文化”的熏陶，大学生这群被外界视为“年轻”“有想法”却

又“自我”“任性”的职场新人在进行求职选择时，往往更加注重工作与自身性格相结合，与自身能力、价值观相匹配。他们注重自我表现，追求职业的自由性和适配性。

(四)职业选择“功利化”

据调查，近年来，大学生职业选择时首要考虑的因素是经济价值。“微时代”的发展在一定程度上增强了大学生的个体意识，但与此同时，大学生的功利主义倾向也日趋严重。如今的大学生在进行利益权衡时，考虑到现实生活感受的微化及对物质生活的追求，往往更多地选择物质利益。调查结果显示，我国高校大学生在就业方向的选择上，多数的首选往往为一线、二线城市，事业单位、国企，这些体现了目前大学生以“实际利益”为标尺的择业取向。

三、霍兰德职业兴趣理论的基本思想

霍兰德职业兴趣理论由美国著名的心理学教授、职业指导专家约翰·霍兰德于 1959 年提出。该理论指出人的人格类型、兴趣与职业紧密关联，从事和自身兴趣相符的职业，可以极大地提高人们的工作积极性，促使人们主动地、愉快地从事该职业。

(一)六种职业兴趣类型的划分

霍兰德指出，大多数人的职业兴趣可以归纳为六种类型：实用型(R)、研究型(I)、艺术型(A)、社会型(S)、企业型(E)和事务型(C)。每一种类型均有相应的职业类型相匹配，可以用定性或定量的方法加以评估。

实用型(Realistic)：喜欢具体的任务，善于使用工具，动手能力强；不喜欢和人打交道的活动，厌恶从事教育性、服务性和劝导说服性的职业。匹配职业：计算机硬件人员、机械装配工、汽车修理工、木匠、园艺师等。

研究型(Investigative)：喜欢探索和理解事物，抽象思维能力强，善于思考和分析。匹配职业：实验室人员、科学家、生物学家、电脑程序员、大学教授等。

艺术型(Artistic)：喜欢自我表达，富有想象力和创造力，追求美、自由和变化，具备艺术修养、创造力。匹配职业：演员、雕刻家、漫画家、歌唱家、作曲家、编辑、小说家、诗人、室内装潢设计师等。

社会型(Social)：喜欢从事与人有关的活动，善于服务他人，帮助他人解决问题，拥有良好的人际交往技能。匹配职业：社会工作者、教育行政人员、高校辅导员、咨询人员、公关人员等。

企业型(Enterprising):喜欢支配他人,善于通过领导、劝说他人或推销自己的观念、产品而达到目标,希望成就一番事业,具备经营、管理等领导才能。匹配职业:市场部经理、销售人员、政府官员、法官、律师、保险代理等。

事务型(Conventional):喜欢传统的、秩序性强的工作或活动,愿意从属于一个大的机构,善于细致有序地处理文字、数据和事务,注重细节,有系统且有条理。匹配职业:文字编辑秘书、记事员、会计、税务员、行政助理、图书馆管理员等。

(二)职业兴趣结构分析

1969 年,霍兰德提出职业兴趣的环形结构模型,如图 1 所示。

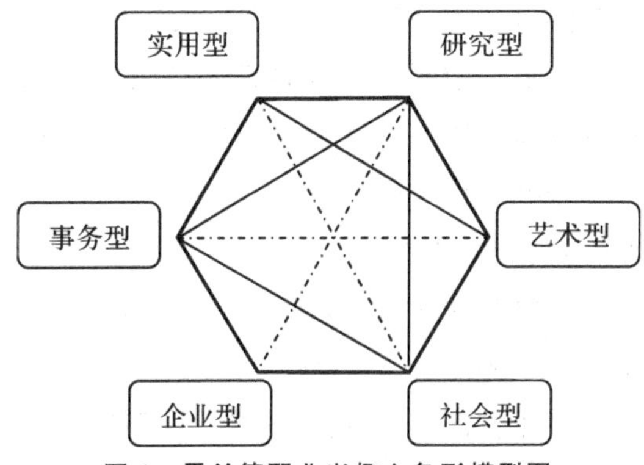

图 1　霍兰德职业兴趣六角形模型图

根据霍兰德职业兴趣理论,个体兴趣不是单一的,可能同时具备多种类型,特别是相邻的类型,但是往往其中一种类型占主导优势,其他相对微弱。六种职业兴趣类型分别位于六角形模型的一角,两种兴趣类型间有相邻、相隔、相对三种关系。图 1 中的相邻和相隔关系以实线表示,线条越粗,表示关系越为紧密;相对关系则以虚线表示,表明关系较远。

霍兰德职业兴趣六角型模型可以帮助我们对人格特质类型与职业环境类型之间的适配性进行评估。如实用型和事务型相邻,所以两者相似性很高。相比于其他类型的人,这两种类型的人都更喜欢与具体的事务打交道,只是实用型更侧重于和事务打交道的技能,而事务型则强调做事细致有条理。艺术型和事务型处于对角线上,所以两者具有完全相反的特质:前者追求自由和个性化,喜欢自我表达,而后者更循规蹈矩。

四、霍兰德职业兴趣理论在“微时代”下大学生职业选择中的应用

当前，霍兰德职业兴趣理论已被应用于包括大学生职业规划、就业指导和企业招聘等各个方面。认真学习和应用该理论，可以帮助“微时代”下的大学生更好地做出职业选择，这主要体现在以下几个方面。

（一）明确职业兴趣和发展目标

根据霍兰德职业兴趣理论，兴趣是职业发展的原动力，个体的职业兴趣与其职业满意度呈正相关关系。只有个体的职业兴趣和职业内容相匹配时，个体的潜在能力才能被激发，工作业绩也更为显著。

在“微时代”下，大学生在职业选择中更加注重“实际利益”，忽视了职业兴趣对其日后工作的促进作用。大部分大学生对自己真正的兴趣所在持茫然和怀疑的态度，在霍兰德职业兴趣测试的帮助下，大学生可以进一步明晰自己的职业兴趣类型，从而在众多的职业选择中找到最合适自己的职位，明确发展目标，避免“盲目择业”和“功利化择业”。

（二）提供职业决策的努力方向

受“微时代”文化的熏陶，大学生习惯于从微博、微信这样的平台了解社会时事和热点，掌握周边及世界的动态。这样的学习方式和传统的大信息量课堂教学截然不同，导致大学生在课堂上习得新知识时更容易疲劳和倦怠。长此以往，大学生的学习兴趣会降低、动力减半；动力缺乏又引起学习投入的减少，学习困难增加，职业选择产生恐慌，进而形成恶性循环。

通过对霍兰德职业兴趣理论的学习和职业倾向测验，大学生能够从自身“隐藏”的兴趣里找到新的出发点和努力方向，学习相关知识，为适合自己的职业而不断充实和锻炼自己。

（三）引导大学生自主择业

霍兰德提出的人格类型与职业类型模式说明，不同类型人格的人需要匹配不同的生活或工作环境。如艺术型的人需要更为宽松自由的工作环境，这样才能发挥其“艺术潜力”，这种情况称为人格与职业的“和谐”。大学生就业和择业时需注重人格与职业环境的匹配，以增强日后职业满意度和成就感。

“微时代”的发展使大学生的职业选择更加多样化和创新化，霍兰德职业兴趣理论可以帮助大学生找到适合自己的“和谐”的职业类型，引导大学生依据自

身兴趣和特点自主择业，自主进行后期的职业调整，从而以更自信和更从容的姿态应对职场挑战。

参考文献

[1] 顾明. 霍兰德职业兴趣理论在大学生就业指导中的应用[J]. 全国商情(经济理论研究)，2010(11)：93-94.

[2] 刘芳芳，王明丽. 市场经济条件下大学生择业观变化特点及其影响因素[J]. 林区教学，2000(2):65-66.

[3] 刘海玲，王利山. 霍兰德职业兴趣理论及其价值分析[J]. 职业理论，2005(22)：5-7.

[4] 刘海艳，李跃鹏. 90后大学生就业观特点分析[J]. 科教导刊，2012(4)：234-235.

[5] 冉龙燕. 微时代大学生价值观教育研究[D]. 重庆：西南大学，2016.

[6] 沈洁. 霍兰德职业兴趣理论及其应用述评[J]. 理论与应用研究，2010(7)：9-10.

[7] 孙戌星. 浅析霍兰德职业兴趣测验在大学生职业指导中的应用优势[J]. 张家口职业技术学院学报，2010(3)：45-47.

[8] 徐曼. “微时代”大学生思想政治教育工作研究[D]. 沈阳：沈阳师范大学，2014.

[9] 薛海，韩颍. “微时代”大学生思想政治教育的“6微”模式构建[J]. 广西师范学院学报，2017，38(6)：123-127.

[10] 杨威. “微时代”中思想政治工作如何突破[J]. 思想政治工作研究，2010(4)：28-30.

精准扶贫理念下高校贫困认定过程中存在的问题及对策研究
——以浙江某高校为例

张　洁

（浙江工商大学　外国语学院　浙江杭州　310018）

摘　要：习近平总书记在党的十九大报告中指出："让贫困人口和贫困地区同全国一道进入全面小康社会是我们党的庄严承诺，确保到2020年我国现行标准下农村贫困人口实现脱贫，贫困县全部摘帽，解决区域性整体贫困，做到脱真贫、真脱贫。"在高校，精准扶贫的关键是对贫困大学生的认定工作，贫困认定是资助工作的前置关键动作，直接关系到后续相关资助工作的质量和效果。由于贫困认定的复杂性和客观条件的限制，在贫困认定过程中还存在很多不完善的地方，本文试图在总结问题的基础上，提出相关的策略建议。

关键词：高校　贫困认定　精准　资助

一、调查样本基本情况

本文采取网上调查方式，调查对象为浙江某高校本科生，共757份问卷。其中，浙江省内生源占比为55.00%，城镇生源占比为31.70%；大学一年级学生占比为49.80%，大二占比为19.42%，大三占比为22.06%，大四占比为8.72%；其中，非经济困难生占比为43.20%，一般经济困难生占比为37.91%，特别困难生占比为18.89%。本文调查样本涵盖经管类、理工类、文科类学生，样本覆盖范围较合理，数据真实性高。

二、某高校当前贫困认定过程中存在的问题

精准扶贫是粗放扶贫的对称，是指针对不同贫困区域环境、不同贫困农户状况，运用科学有效的程序对扶贫对象实施精确识别、精确帮扶、精确管理的治贫方式。一般来说，精准扶贫主要是就贫困居民而言的，谁贫困就扶持谁，在当

前高校扶贫过程中，贫困认定工作是核心环节，明确并解决贫困认定过程中存在的问题，是进行精准扶贫的关键。

1. 农村贫困生资助力度存在相对不公平现象

目前，对于贫困生的认定分为两档，分别是一般困难和特别困难，每档对象对应相应的资助标准，这是我国高校贫困认定的普遍操作。但是这种操作，也存在一定的不合理性。

通过对比贫困生月均消费（图 1）可以看出，在一般困难生中，1000 元以下档，农村比城镇高出 13.72%；而在 1000—1300 元档，农村比城镇低 13.00%。在特别困难生中，1000 元以下档，农村和城镇基本持平，但是差距出现在 1300—1600 元档，此时城镇高出农村 15.73%。总体而言，城镇经济困难生的实际消费水平高于农村消费水平。

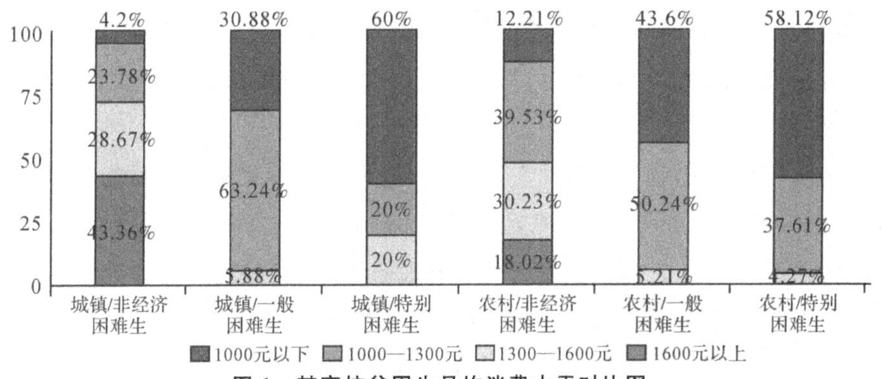

图 1　某高校贫困生月均消费水平对比图

结合城镇及农村家庭净收入，可进一步了解城镇贫困生和农村贫困生的经济状况，通过图 2 可以看出，在一般困难生中，城镇家庭净收入高于农村家庭净收入，特别困难家庭中同样存在此结论。

综合城镇及农村困难生月均消费及家庭净收入可以看出，农村经济困难生的处境比城镇经济困难生的处境更加艰难，即城镇经济困难生的生活水平高于农村经济困难生的生活水平。在同等资助力度下，对农村经济困难生的资助力度存在相对不公平的问题。之所以出现这种情况，和我国长期以来的资助机制有关，高校资助工作普遍缺乏大数据支撑，特别是对各省市生源地情况无法准确了解，不能做到精准资助，只能采取底线思维，保证经济困难的学生得到资助，所谓的相对公平难以确切实现。

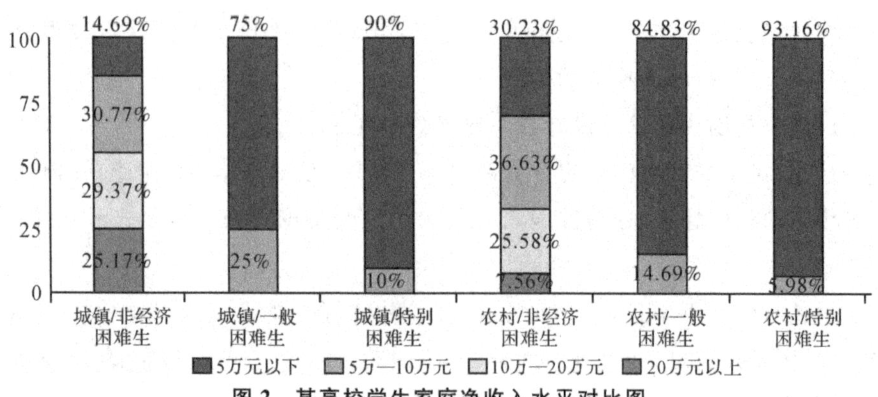

图 2　某高校学生家庭净收入水平对比图

2. 大学生对贫困认定存在的意义模糊

贫困认定是资助工作的前置动作，大学生只有清楚其存在的意义，才能明确其后续关联的各种资助项目，包括勤工助学、助学金、励志奖学金、学费减免、贷款等相关优惠政策。但是，很多大学生并不清楚贫困认定的意义，认为是可有可无的。

通过调查发现(图 3)，将近有 38.88%的大学生不了解贫困认定在资助体系中存在的作用，这一环节出现问题，继而影响之后的资助工作。总体而言，对于贫困认定意义模糊的同学还是占了很大一部分比例，这是一个普遍性的问题。其说明学校及学院在进行贫困认定及资助过程中没有通过合适的方式方法深入宣传贫困认定的意义，进而造成相当一部分经济困难生没有及时进行认定，同时也反映出当代大学生对关切自身利益的相关规章制度没有认真研读。

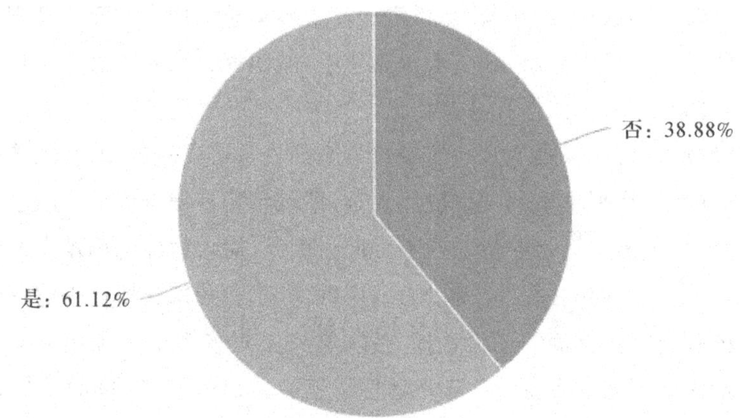

图 3　某高校学生对贫困认定的理解情况图

3."面子问题"影响大学生申请贫困认定

大学生在思想及心理方面还不够成熟,这和大学生群体有关,处于人生观、价值观和世界观的塑造时期,在很多时候不能正确对待困难,甚至会选择逃避。在沿海经济发达地区,贫困生承受着更大的思想和心理压力。

调查显示(图 4),"面子问题,怕同学另眼相看"是影响贫困生放弃申请的首要因素、经济困难生担心周围同学的另眼相待,影响自己和周围群体融入,甚至在正常的日常消费中会受到客观压力的节制而无法表达自我的选择,这种思想和心理的担忧在大学生群体中比较普遍,而且可以看出,农村生源地的的大学生在此问题上表现得更加突出,但是放弃申请认定可能导致更严重的困难,继而引发相关不稳定因素,比如大量的经验证明,贫困生更容易成为诈骗对象。除此之外,第二个影响因素是担心贫困认定名额有限而放弃申请,这个因素与"面子问题"存在关联,因认定失败导致的"面子问题"的机会成本在一定程度上降低了大学生申请认定的积极性,归根到底还是由"面子问题"导致的。

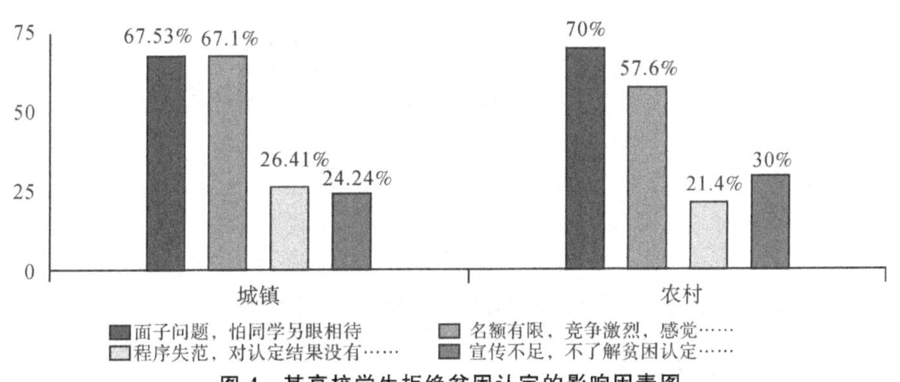

图 4　某高校学生拒绝贫困认定的影响因素图

4. 贫困认定存在假贫困的现象

基于贫困认定工作的复杂性和跨区域性,一般采取线下操作,由于信息不对称,容易造成真假贫困生难以鉴别,产生假贫困的现象;目前,贫困认定的方法一般采取填写"家庭情况调查表"及提交相关证明材料与谈心谈话相结合的方式进行。一方面,要求在"家庭情况调查表"上敲盖乡镇或者街道印章,其依据的是村委会或者社区的相关证明,而我国的人情社会在一定程度上影响了"家庭情况调查表"的真实性;另一方面,谈心谈话一般是由带班辅导员进行的,由于辅导员工作烦琐,时间、精力有限,通过一场谈心谈话很难深入判定学生是否真困难,进而影响贫困认定工作的质量。统计发现(图 5),平均有 18.07%的被谈话者认为身边存在假贫困的现象,而且有随着年级逐渐上升的趋势,大四生中 28.13%的被谈话者认为身边存在假贫困的现象。经分析,随着同学之间的交往日益加深,对贫困生的平时消费习惯更加了解,认为存在超标消费现象,这与高年级大学生日益增长的赚钱能力也存在相关性,大三、大四学生的就业实习机会和兼职工作,会增加贫困生的经济收入,这些经济收入使其生活水平不断提高,甚至脱离经济困难状态,这是向好的趋势。但是,如果贫困认定没有及时更新,还是依据原始的证明材料进行认定,进而无法做到贫困认定的动态管理,很可能出现假贫困的现象,这种现象不但影响周围大学生对贫困生的观感,也会影响资助工作的公平性和权威性,对资助工作具有很强的腐蚀性。

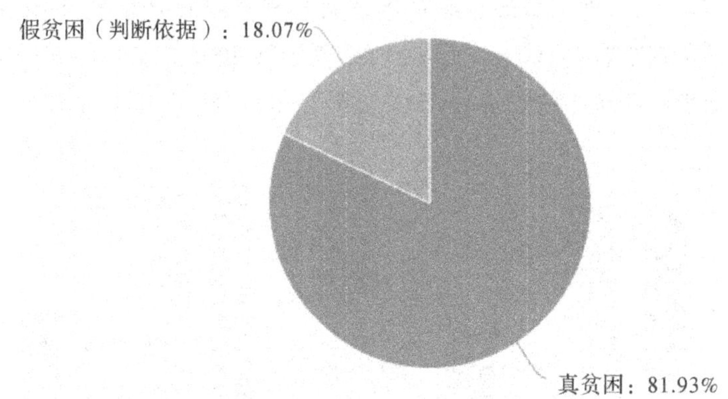

图 5　某高校假贫困调查比例图

5. 无偿资助产生弊端

无偿资助是指不需要进行偿还或者提供劳动服务而获得的资助,是相对有偿而言的,在大学资助体系中,有偿和无偿兼有,包括"奖、贷、助、勤、补、减、免",贫困生资助体系中的"奖、助、补、减"是无偿的,"勤、贷"是有偿的。通过样本数据(图 6)可以看出,绝大多数贫困生会优先选择奖学金和助学金资助,其次是勤工助学。无偿资助也会产生问题,一部分贫困的学生存在依赖思想,对自我应该如何应对贫困、渡过难关想得很少,而对各类不需要负责的奖学金、助学金热情很高,对于需要牺牲时间和付出劳动的校外兼职和勤工助学的兴趣则没有那么大;另外,由于资助范围较广、数量大,分配到个人的资助金额较少,对贫困的学生来说难以从根本上解决问题。

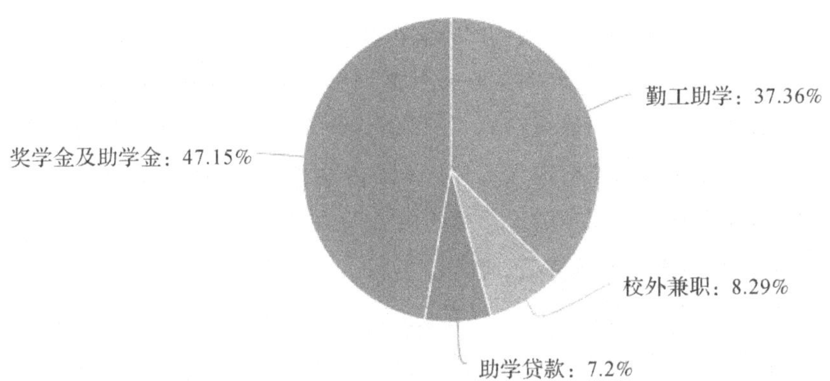

图6 某高校大学生优先选择的资助方式图

三、克服贫困认定中的问题的相关策略建议

为提高高校扶贫质量和效果，针对调查产生的五个方面的问题，笔者提出以下建议和措施。

1. 细化指标，提高农村贫困生的公平感

精准扶贫的目的是真正辨识出经济困难人群，并采取个性化的策略解决贫困问题。在高校里，城镇贫困生和农村贫困生在心理状态、行为模式等方面也存在着差异，从调查结果可知，农村贫困生更加注重“面子问题”、内心更加敏感，生活消费水平也相对较低。因此，在纵向上，应该重新审视贫困判定标准并进行细化，在现有贫困认定档次的基础上，细分出城镇一般贫困和农村一般贫困、城镇特别困难和农村特别贫困；根据两个群体的平均消费水平，对比高校大学生生源地的消费水平，给予农村大学生一定数量的补贴；在横向上，根据农村和城镇大学生生源数量，可以适当增加农村贫困生认定的比例，扩大资助面，即通过横向和纵向两个方面，提高农村贫困生的相对公平感。

2. 加强对贫困认定及资助体系的宣传

贫困认定工作是资助工作的基础，关系到资助工作的质量和效果，因为必须让参与各方都对贫困认定及资助工作有深入透彻的理解。在学校层面，可以举办相关的资助知识竞答比赛，扩大宣传面；或者将该知识加入始业教育考试中，和学分相关联，倒逼大学生去学习和了解；还可以拓宽宣传的渠道，比如可以利用印有资助关系图和流程图的单页，直白地传达这方面的知识。在学院层面，首先，要利用时间节点进行宣传，比如在新生入学第一课上，辅导员及班主

任老师就应该开宗明义地强调贫困认定的作用及相关的资助体系；可以在贫困认定的过程中，召开班会，向同学阐明和宣讲相关政策及相关标准；可以采取现场互动的方式，为同学们答疑解惑；还可以让班级自己组织建立学校的资助体系，通过班级公众号来进行深入宣传。只有宣传到位、理解到位，才有可能做到精准扶贫，助力真正有困难的大学生接触资助体系。

3. 加强对大学生的教育，正视贫困问题

“面子问题”的症结是大学生不能正视贫困的问题。从上述调查结果可知，经济情况越困难，出现“面子问题”的比例越高。从经验来看，这个问题确实是影响资助效果的首要因素，进而影响精准扶贫的开展。特别是在当前的社会环境中，社会的拜金主义风潮不断侵蚀大学生的思想，让这种“面子问题”更加突出，反而是一些假贫困生抛下“面子”拿到名额，这就违背了资助的初衷。鉴于此，必须对全体大学生进行诚信教育和感恩教育，让他们正视贫困问题，树立正确的金钱观。在社会舆论方面，政府应该做好引导工作，大力宣扬社会主义核心价值，尊重知识、尊重人才，在全社会范围内进行诚信教育，打造风清气正的社会氛围；在学校层面，使思政课程和课程思政相结合，发挥思想政治理论课在大学生思想政治教育中主渠道的作用，同时，其他课程也应该通过一定的形式和方法对大学生进行贫困教育，特别是具有商科背景的专业，这一问题尤为重要；在大学生本身层面，应该认识到贫苦并不是缺陷，它是人生成长的垫脚石，只有学会在艰难困境中磨炼自己才有可能实现人生的逆袭。

4. 贫困认定动态管理，消除假贫困

贫困认定工作应该是一个持续动态的工作，但实际情况可能并非如此，有些贫困生从大一被认定后，直到毕业还是贫困生。这种情况不一定真实、客观，随着各方面的变化，过去的贫困生可能不再贫苦，过去不贫困的学生可能因为变故而贫困，这种情况下就容易出现假贫困的现象。解决假贫困问题，除了依靠诚信教育之外，还应该采用相关的技术方法实现对贫困认定过程的动态管理。因为无现金支付的流行，在浙江地区，支付宝和微信是支付的主要方式且是实名制的。因此，可以和相关方合作，在一定限度内抓取贫困大学生的消费情况，可以是季度也可以是半年度的，据此可以相对客观地了解贫困生的消费情况，而不仅仅是依据一张“家庭情况调查表”；另外，应该加强对贫困生的日常关怀，作为辅导员和班主任，应该定期与贫困生进行谈心谈话，一方面是了解他们思想和心理的变化，帮助其成长；另一方面，可以对他们贫困的真实度有一定的感性了解。一旦发现异常情况，应该及时启动贫困认定的例外程序，实现贫困生库存的流动，从而实现精准扶贫。

贫困认定是实现精准扶贫的前提，高校的扶贫攻坚工作受到全社会的关注，这关系到大学生的切身利益和成长成才；高校的扶贫攻坚工作应该紧跟全国精准扶贫的大形势，与时俱进，不断创新方式方法，实现资助公平、效率，实现资助育人，在不断创新和发展中解决出现的问题，最终实现精准扶贫在高校领域的目标。

参考文献

[1] 李少荣. 建立和完善高校贫困认定制度的探讨[J]. 高等工程教育研究，2005(6).

[2] 徐晓军. 权利与义务对等的高校贫困生资助模式探讨[J]. 人文杂志，2004(2).

[3] 李永宁. 高校贫困生经济资助体系的困境与对策[J]. 事业财会，2006(6).

[4] 李振江. 我国经济困难学生资助体系存在的结构性矛盾探析[J]. 发展，2008(2).

[5] 李良田. 浅析高职院校贫困生认定工作的难点及对策[J]. 教育教学论坛，2015(5)：13-14.

[6] 丁明秀. 高校贫困生认定工作的实践难题与对策[J]. 教育与职业，2013(26)：50-51.

[7] 张莹. 高校学生资助工作的现状与展望——以上海高校为例[J]. 思想理论教育，2014(2)：108-111.

[8] 潘国华，毛曦，曹浩. 高校贫困生认定的问题与思考[J]. 南京医科大学学报(社会科学版)，2010，12(4).